“十四五”时期
国家重点出版专项规划项目

现代学前教育观念丛书

丛书主编　原晋霞　虞永平

YOUERYUAN KECHENG DE
BIANGE YU FAZHAN

幼儿园课程的变革与发展

原晋霞　虞永平 等 著

江蘇鳳凰教育出版社
Phoenix Education Publishing, Ltd

感谢您使用本书。您在使用本书时如有建议或发现质量问题，请联系我们。

【内容质量】 电话：4008283622

【印装质量】 电话：4008283610

图书在版编目（CIP）数据

幼儿园课程的变革与发展 / 原晋霞，虞永平等著 .—南京：江苏凤凰教育出版社，2023.6

（现代学前教育观念丛书 / 原晋霞 虞永平主编）

ISBN 978-7-5499-9883-8

Ⅰ. ①幼… Ⅱ. ①虞… Ⅲ. ①幼儿园—课程—教学研究 Ⅳ. ①G612

中国版本图书馆 CIP 数据核字 (2022) 第 004240 号

现代学前教育观念丛书

书　　名 幼儿园课程的变革与发展
作　　者 原晋霞　虞永平　等
出版策划 刘　煜
编辑统筹 林　静
责任编辑 林　静　石贤权
封面设计 马海云
出版发行 江苏凤凰教育出版社（南京市湖南路 1 号 A 楼　邮编 210009）
苏教网址 http://www.1088.com.cn
照　　排 南京理工出版信息技术有限公司
印　　刷 南京顺和印刷有限责任公司（电话 025-83682876）
厂　　址 南京市江宁区麒麟街道天和路 78 号
开　　本 787 毫米×1092 毫米　1/16
印　　张 18.5
版　　次 2023 年 6 月第 1 版
印　　次 2023 年 6 月第 1 次印刷
书　　号 ISBN 978-7-5499-9883-8
定　　价 58.00 元
网店地址 http://jsfhjycbs.tmall.com
公 众 号 苏教服务（微信号：jsfhjyfw）
邮购电话 025-85406265，025-85400774
盗版举报 025-83658579

总　序

架起金桥通胜境

“现代学前教育观念丛书”即将出版了。这是一套凝聚了作者们心血和智慧的丛书，也是一套承载了理论研究者和实践工作者希冀的丛书。感谢作者们的齐心协力和发奋进取，感谢不断给我们提供启发和经验的广大幼儿园教师。感谢江苏凤凰教育出版社的大力支持。这套丛书的出版试图达成以下几个方面的目的。

第一，在教育原理和教育实践之间架起桥梁。这套书的主要目的不是原理性知识的生产，而是对基本原理的汇集、解读和说明，在此基础上扩展和充实解释性知识。因此，这套丛书关注对基本理论的梳理和解读，关注对理论核心内涵的解释，关注对不同理论观点的整合和融汇。围绕相应的观念，形成对观念的解释体系，使理论在不同的层次上得到呈现。本套丛书还努力用实践经验和事实说明理论，用理论解读学前教育实践的改革和发展，即将理论和实践结合起来，让理论真正指导实践，让实践提升和充实理论。

第二，在理论前沿和焦点问题之间形成联结。这套丛书关注了近十年来影响学前教育实践的重要观念。根据理论的逻辑，形成了一整套相对完整的观念体系。这些观念具有理论的前沿性，能体现理论研究的最新问题和最新进展，触及理论研究的最新成就，关注国际学术研究和国内学术研究的综合性成果。同时，所选择的观念又具有强大的实践关联性，具有明显的问题导向，聚焦实践研究的焦点问题。在学术前沿性和问题焦点之间形成联系，强化丛书的先进性和实践指导性。

第三，在理论运用和理论创新之间形成张力。这套丛书对原理的解读、解释和细化是为了实践运用。运用理论是学前教育科学化的必然要求，是学前教育高质量发展的必然要求，也是学前教育理论发展的重要路径。现代学前教育的重要标志就是对发展心理学、学前教育原理等理论的运用，真正让科学理论来指导学前教育实践。教育理论运用的前提是理论学习，通过学习把握理论、理解理论。学前教育理论运用的现实基础是反思性实践，通过反思明确问题和不足，借鉴理论，形成解决问题的思路和策略，并进一步检验、创新和发展理论。因此，理论运用和理论创新经常是同一个过程的两个方面，两者之间形成了张力，相互促进和提高。

第四，在理论研究者和实践工作者之间生发对话。这套丛书本身就是一场理论和理论之间的对话、理论和实践之间的对话。这场对话是旷日持久的对话，是延续，也是起步。所谓延续，是因为这种对话长期进行着，是旷日持久的。所谓起步，是我们期待这套丛书能引发更深入、更广泛的对话，更好地拉近理论研究者和实践工作者之间的距离。相信本套丛书倡导的教育观念将在实践中引发实践工作者之间、实践工作者和理论工作者之间更加广泛和深入的对话，尤其是能生发实践工作者和理论研究者之间的积极对话，使他们相互理解、相互促进。在对话中，实践探索不断推进、深化理论的运用研究，反思实践过程，生发更多的实践策略、实践智慧；在对话中，不断反思理论，不断提升实践经验，不断充实理论表达，拓展理论内涵。在理论研究者和实践工作者之间形成一种相互启发、相互促进和相互成就的力量。

无论是理论创新还是实践变革都是一个渐进的、艰难的过程。形成一种处于学术体系中介层次上的学术成果也是需要不断磨炼和积累的。作为一套具有中介和桥梁性质的读物，我们的工作只是告一段落，还没有正式结束。我们为此而努力了，但还需要不断研究、不断探索、不断为在理论和实践之间架起坚实的桥梁而努力。

虞永平

2023 年 5 月

目 录

第一章

CONG GUANNIAN DAO
XINGWEI

从观念到行为

改革开放以来，特别是 1989 年《幼儿园工作规程（试行）》(以下简称《规程（试行）》) 颁布后，我国幼儿园课程变革的步伐越发快速与稳健，并获得了前所未有的成就。课程观念与课程行动作为幼儿园课程的一体两面，相辅相成、互为促动。它们就像两股力量，推动着幼儿园课程不断发展，课程观念的演变与进步最终落实在课程实践上，而课程实践又因其产出的经验、智慧丰富了观念与理论。

一、幼儿园课程观念的演变

（一）1978 ~ 1988 年：幼儿园课程观念变革的萌动

1978 年，十一届三中全会胜利召开，我国迎来了社会主义事业发展的春天，学前教育也进入全面恢复与改革的发展新阶段。这一时期，学前教育领域的主要任务是尽快恢复幼儿园正常教育教学的秩序，因此，幼儿园课程延续了苏联分科课程模式，这对消除“文革”所带来的消极影响起到了很大的作用。随着对过去思想偏差的反思、政府工作重心的转移，人与社会的关系被重新认识，这些新观念逐渐被接受并渗透到学前教育政策文件中。[①] 因此，这一时期的幼儿园课程总体上也开始显现出对儿童身心发展规律和学习特点的日益关注，学前教育领域中新的课程观念正在萌芽。

1979 年召开的全国托幼工作会议提出：“婴幼儿正处在身心发展极为重要的时期，必须十分重视从各方面创造条件，保证他们在德、智、体等方面得到良好的发展，使他们健康活泼地成长……要根据儿童年龄特点积极创造条件，开展各

① 蒋雅俊. 新中国成立 70 年幼儿园课程的历史变迁［J］. 课程 · 教材 · 教法，2019，39（6）：48–55.

种生动活泼的有教育意义的游戏。在各种活动中，充分发挥儿童的主动性和创造性。"① 这次会议的召开为当时的学前教育发展指明了方向，促使学前教育的价值立场从"阶级斗争"向儿童的成长发展转移，呼吁人们对儿童的态度要回到"以儿童的方式对待儿童"上来，提倡研究儿童心理，尊重其成长规律。②1981 年颁布的《幼儿园教育纲要（试行草案）》进一步明确："根据我国的教育方针和总的培养目标，结合幼儿的年龄特点，幼儿园的教育任务应是向幼儿进行体、智、德、美全面发展的教育。"③ 儿童发展整体观初见端倪。同时，其在第一部分详细描述了 3 ～ 6 岁幼儿在不同年龄段身心发展的主要特点，强调了把握幼儿身心发展规律的重要性，这对引导教师建立有关幼儿的较为全面、科学的印象具有一定意义，更表明了国家将了解儿童、熟悉儿童作为开展学前教育工作的前提要求。④ 这一时期的学前教育政策虽然还未摆脱分科课程的局限，仍过于注重知识和技能，过于强调教师的作用，但已经开始关注儿童的特性，更加重视儿童的发展规律。

同时，改革开放后，随着国际交流日益频繁，众多国外先进的心理学、教育学理论，如儿童认知发展理论、人类发展生态学理论、人本主义教育理论等开始传播到国内。此外，陈鹤琴、陶行知等人的课程思想也重新得到重视和研究。在此基础上，分科课程模式所存在的一系列问题，尤其是"成人主宰儿童"这一弊端逐渐得到深入认识，学术讨论聚焦儿童的主体性，不断重新审视课程中教师与儿童的关系。"儿童是什么""应当如何对待儿童"等问题开始被学前教育研究者所重视并思考，在这过程中逐步明确了认识儿童在教育中的决定性作用。⑤

综上，在这一时期，伴随着我国进入全面改革开放的社会主义建设新阶段，幼儿园课程改革也打开了新局面，科学的儿童观和教育观开始萌芽，新的课程观念正在酝酿。

---

① 中国学前教育研究会．中华人民共和国幼儿教育重要文献汇编［M］．北京：北京师范大学出版社，1999：122.

② 王海英．20 世纪中国儿童观研究的反思［J］．华东师范大学学报（教育科学版），2008（2）：16–24.

③ 中国学前教育研究会．中华人民共和国幼儿教育重要文献汇编［M］．北京：北京师范大学出版社，1999：168.

④ 虞永平，张斌，等．中国教育改革 40 年：学前教育［M］．北京：科学出版社，2019：132.

⑤ 虞永平，张斌，等．中国教育改革 40 年：学前教育［M］．北京：科学出版社，2019：130–131.

（二）1989 ~ 1995 年：幼儿园课程中儿童立场的回归与课程模式的转变

在吸取 20 世纪 80 年代广大幼教工作者的课程改革实践经验以及相关理论研究成果的基础上，1989 年 6 月 5 日，国家教育委员会颁布了《规程（试行）》，于 1990 年 2 月 1 日起试行。《规程（试行）》的颁布具有历史性意义，它既代表着国家行政力量开始自上而下地推动幼儿园教育理念与幼儿园课程变革，也标志着幼儿园课程理念在进入 20 世纪 90 年代后迎来全新的转变，改革开放以来一直处于酝酿当中的课程理念变革终于到来。

其一，是儿童观的根本性转变，幼儿园课程中的儿童立场得到确认。《规程（试行）》的突出特征就是强调幼儿在课程中的主体地位以及教育活动中幼儿的主动性。在幼儿园保育和教育的主要目标方面，《规程（试行）》关注幼儿发展的关键素养，突出幼儿的发展特点，充分重视幼儿的兴趣、需要和能力，彰显了幼儿学习和发展的主动性，从根本上改变了以往知识导向和教师说教的倾向。① 在幼儿园教育方面，《规程（试行）》指出幼儿园教育工作的原则是要“遵循幼儿身心发展的规律，符合幼儿的年龄特点，注重个体差异，因人施教，引导幼儿个性健康发展”，强调教育要“面向全体幼儿，热爱幼儿”，要“以游戏为基本活动，寓教育于各项活动之中”。② 上述这些指导原则从根本上实现了课程中心的一系列转变，使课程由教师中心、知识中心、上课中心逐步转变为儿童中心、经验中心和活动中心。

其二，是由分科课程到综合课程模式的转变。随着幼儿园课程中儿童立场的回归，分科课程模式不再适应我国幼儿园教育的现实。分科课程有其自身的优势，满足了我国“文革”结束后快速恢复学前教育发展的需要，但其基本的教育观将儿童视为被动接受知识的“容器”，忽视儿童个体的主动性、差异性和创造性，与我国幼儿园教育现代化的价值追求是不相适应的。因此，从 20 世纪 80 年代初开始，分科课程成为幼儿园课程改革的矛头所指，《规程（试行）》要求“合理地综合组织各方面的教育内容，并渗透于幼儿一日生活的各项活动中，

---

① 张斌，虞永平 . 基本立场的回归与内在本质的高扬——改革开放 40 年我国学前教育观念的流变［J］. 学前教育研究，2019（1）：3-8.

② 李铁映 . 幼儿园工作规程（试行）［J］. 幼儿教育，1989（10）：4-7.

充分发挥各种教育手段的交互作用”①，充分肯定了幼儿园课程要具有整体性和联系性。

（三）1996～2000年：幼儿园课程中儿童立场的深化与领域课程的探索

20世纪90年代中后期的幼儿园课程改革和观念变革是20世纪80年代到20世纪90年代初已有成果的进一步发展。这一时期，国际的交流进一步加强：加德纳的多元智能理论、派纳的“课程回归儿童生活”思想等源源不断地进入我国幼教工作者的视野；同时，维果茨基的最近发展区理论、建构主义学习理论等也再次得到学界关注。这些理论为我们更深入、全面地研究幼儿园课程提供了多元视角。尤其是20世纪80年代开始逐渐盛行的人本主义教育思想，其主张以人为本的教育观念，以及整体性的教育观、整合性的课程观和“完整的儿童”形象，都持续影响着我国幼教工作者，促使我国对教育观、课程观和儿童观的探索和思考日益丰富且深入。

1996年3月，国家教育委员会修订并正式颁布《幼儿园工作规程》(以下简称《规程》)，这次修订完全沿袭了《规程（试行）》的基本发展理念和根本价值立场，并在此基础上进一步发展了对儿童的认识。《规程》将幼儿园的性质定义为“对三周岁以上学龄前幼儿实施保育和教育的机构，是基础教育的有机组成部分，是学校教育制度的基础阶段”②。相较于1989年《规程（试行）》中对幼儿园的定义——“对三周岁以上学龄前幼儿实施保育和教育的机构，属学校教育的预备阶段”③，新的定义充分肯定了学前教育阶段的独特价值，明确它是学校教育制度的基础阶段，而不只是学校教育的预备阶段。同时，《规程》在总则中增加了“尊重、爱护幼儿，严禁虐待、歧视、体罚和变相体罚、侮辱幼儿人格等损害幼儿身心健康的行为”④这一规定，是在意识到幼儿的主体性、个体差异性的基础上对幼儿作为人的更深入的认识，是对幼儿作为人的基本权利的保障和尊重。

同时，这一时期对幼儿园课程的整体性和综合性也有了更深入的认识和探

① 李铁映.幼儿园工作规程（试行）[J].幼儿教育，1989（10）：4–7.
② 幼儿园工作规程[J].学前教育研究，1996（4）：60.
③ 李铁映.幼儿园工作规程（试行）[J].幼儿教育，1989（10）：4–7.
④ 幼儿园工作规程[J].学前教育研究，1996（4）：60.

素，许多研究者和实践工作者开始从领域的视角探究幼儿园课程整合。不同于分科课程对知识体系化和逻辑性的过分强调，领域课程注重知识之间的关联性、相似性和类别化，而淡化知识的纵向逻辑。①因此，领域课程能够打破学科的界限，实现不同学科知识在领域内的整合，进而优化幼儿园课程内容体系。这一课程观念提倡从领域的角度关注儿童发展，通过多领域的相互联系、相互促进，达成儿童整体发展的目标，反映出一种与分科课程不同的整体性、综合性的学前课程观。②

（四）2001 ~ 2009 年：幼儿园课程走向更以儿童为本位、更多元的方向

进入 21 世纪后，在总结我国幼儿教育改革的经验，并充分吸收世界范围内早期教育优秀思想与研究成果的基础上，2001 年 7 月，教育部颁布了《幼儿园教育指导纲要（试行）》(以下简称《纲要》)。作为幼教改革的一个阶段性成果，《纲要》从颁布至今一直引领着我国幼教的发展方向，带动了儿童观、教育观的再一次更新，实现了课程观念在课程目标、内容、实施、评价等方面的全面转向，我国幼儿园课程观念呈现出更以儿童为本位、更多元的发展趋势。

《纲要》的重要意义在于它进一步深化了《规程》的基本精神和理念，并将一些新鲜的教育思想和课程理念引入学前教育变革中：一是深化了幼儿园教育的本质属性，提出“幼儿园教育是基础教育的重要组成部分，是我国学校教育和终身教育的奠基阶段”③，它要为“幼儿一生的发展打好基础”④。这体现出一个洋溢着时代精神的新教育观——终身教育理念，它符合以幼儿长远的、可持续的发展为本的价值追求，必将推动着幼儿园课程向着追求幼儿全面、和谐、可持续发展的方向前进。二是强调学科的融合，将教育内容相对划分为健康、语言、社会、科学、艺术五个领域，并指出各领域内容可以相互渗透，从不同角度促进幼儿情感、态度、能力、知识、技能等方面的发展。这标志着领域课程的正式确立，明

① 虞永平，原晋霞．幼儿园课程［M］. 北京：高等教育出版社，2014：131.

② 虞永平，张斌，等．中国教育改革 40 年：学前教育［M］. 北京：科学出版社，2019：193.

③ 中华人民共和国教育部．幼儿园教育指导纲要（试行）［M］. 北京：北京师范大学出版社，2001：1.

④ 中华人民共和国教育部．幼儿园教育指导纲要（试行）［M］. 北京：北京师范大学出版社，2001：1.

确幼儿园课程应贴近幼儿的生活，即幼儿生活是整个的，因此课程内容就应该是整体的，不能进行简单的切割。三是将教育活动的组织与实施看作一项创造性工作，引导教师要“从本地、本园的条件出发，结合本班幼儿的实际情况，制订切实可行的工作计划并灵活地执行”，使得“教师直接指导的活动和间接指导的活动相结合，保证幼儿每天有适当的自主选择和自由活动时间”。① 这其实是对课程实施方式多样化与灵活性的要求。除此之外，《纲要》也对教育评价工作进行了详细指导，如提出评价主体要多元，评价过程要真实、自然，评价方法要多样，以及评价要关注到幼儿的个体差异，并指向促进幼儿全面、和谐发展的总体目标。

从上述教育思想和课程理念的转变中可以看到以皮亚杰为代表的认知发展理论和瑞吉欧课程理念的影子，这两个理论是 21 世纪初影响我国幼儿园课程改革的两股重要力量。认知发展理论所强调的知识的建构性和过程性充分体现在了《纲要》以及该时期的主流话语中，它让广大幼教工作者认识到幼儿作为学习者不是被动地去接受系统化的书面知识，而是在与周围环境的相互作用中建构自己的知识体系，由此推动了课程内容由知识到经验的转向。瑞吉欧课程理论和实践所主张的方案教学模式、互动合作理念、环境作为第三位教师的观念等，也都为该时期我国幼儿园课程的发展提供了有益的经验和启示。

（五）2010 年以来：幼儿园课程生活化、游戏化的深入探索

2010 年以后，我国幼儿园课程改革迎来了新的发展契机。2010 年，国务院颁布《国务院关于当前发展学前教育的若干意见》，提出要“把发展学前教育摆在更加重要的位置”，“遵循幼儿身心发展规律，面向全体幼儿，关注个体差异，坚持以游戏为基本活动，保教结合，寓教于乐，促进幼儿健康成长”。② 随后，2012 年教育部正式颁布《3 ～ 6 岁儿童学习与发展指南》（以下简称《指南》），它通过提出 3 ～ 6 岁各年龄段儿童学习与发展的目标和相应的教育建议，希望帮助教师

① 中华人民共和国教育部 . 幼儿园教育指导纲要（试行）[M]. 北京：北京师范大学出版社，2001：9–10.

② 中华人民共和国国务院 . 国务院关于当前发展学前教育的若干意见［EB/OL］.（2010-11-21）［2020-10-16］. http://www.moe.gov.cn/jyb_xxgk/moe_1777/moe_1778/201011/t20101124_111850.html.

和家长实施科学的保育和教育，让幼儿度过快乐而有意义的童年。这些政策文件的颁布，促使我国学前教育事业进入一个快速发展期，也推动了幼教工作者对幼儿园课程生活化和游戏化理念的深入探索。

生活、游戏对幼儿的发展具有重要价值，它们既是幼儿学习的重要内容，也是其重要的学习途径。① 实际上，对于生活、游戏与课程关系的探讨并不是新时期的新课题，从《规程（试行）》开始就充分肯定了生活和游戏在课程中的核心地位，提出要以游戏为基本活动，“游戏是对幼儿进行全面发展教育的重要形式”②，要将教育内容“渗透于幼儿一日生活的各项活动中”③ 等观念，为生活化和游戏化的探索奠定了基础；从陈鹤琴、张雪门等幼教前辈的研究中也都可以窥见相关理论。2010 年后，课程生活化和游戏化得到了更加广泛的关注，许多研究者开展了丰富且深入的研究，使得生活化、游戏化理念愈加明晰。生活化和游戏化是幼儿园课程的应有之义，是课程的基本特性，因为幼儿的身心发展特点决定了幼儿园课程必须与幼儿生活相融合，以游戏为基本活动。所谓“幼儿园课程生活化”，其本质是通过课程，使幼儿真正处在一个自己的需求与兴趣能够得到充分重视、潜能能够得到充分发挥的世界里，使幼儿的生命更具活力；其基本特征是课程的具体性、直观性、主体性，即课程从幼儿自然的发展规律中设定目标，从生活世界中寻找内容，以向现实经验的还原为指针确定实施的策略。④ 而课程游戏化作为一种理念和实践，其本质是让幼儿园课程真正成为有趣的、有效的和生动活泼的过程。⑤ 因此，课程生活化和游戏化的共同特点就是要让课程回归幼儿本身，让课程回归教育的本真。

新时期，我国幼儿园课程观念深化发展的重点是探索如何将《规程》《纲要》等政策文件所主张的教育思想和课程理念落实到实践中，加强课程观念的实践指导意义。幼儿园课程生活化和游戏化探索能够为教育理念转化为教育行为提供导向，实现理论与实践的双向互动。

---

① 虞永平，张斌，等．中国教育改革 40 年：学前教育［M］．北京：科学出版社，2019：198.

② 李铁映．幼儿园工作规程（试行）［J］．幼儿教育，1989（10）：4-7.

③ 李铁映．幼儿园工作规程（试行）［J］．幼儿教育，1989（10）：4-7.

④ 虞永平，张帅．从模仿借鉴到规范创新——新中国成立 70 年来幼儿园课程的发展［J］．南京师大学报（社会科学版），2019（6）：34-48.

⑤ 虞永平，张帅．从模仿借鉴到规范创新——新中国成立 70 年来幼儿园课程的发展［J］．南京师大学报（社会科学版），2019（6）：34-48.

二、幼儿园课程实践的变革

（一）1978 ~ 1988 年：来自课程实践领域的率先尝试

随着改革开放后学前教育科学研究的逐渐复苏，我国的幼儿园课程在实践层面也开始了一些自发的实验与改革，如南京师范大学和南京市实验幼儿园合作的“幼儿园综合教育结构的探讨”研究（1983 年），中央教育科学研究所与北京市第五幼儿园及北京市崇文区第二幼儿园进行的以常识教育为中心的“幼儿园综合教育”实验（1984 年），上海市长宁区的“幼儿园综合性主题教育”实验（1985 年），天津市的“系列主题综合教育活动”实验（1986 年），黑龙江省的“幼儿园综合性主题教育”研究（1988 年），南京师范大学的“农村学前一年综合教育课程研究”（1988 年），福州市台江实验幼儿园的“幼儿园分组教育活动”实验，合肥市宿州路幼儿园的“整体课程改革”，以及东北师范大学的“幼儿园整体优化课程”研究（1988 年），等等。这些来自学前教育一线的变革，为《规程（试行）》的制定提供了丰富的实践经验，为接下来幼儿园课程的规范与创新发展奠定了基础。

特别是赵寄石教授带领南京师范大学研究团队与南京市实验幼儿园合作，初步尝试用“行动研究法”来研究课程，打破了当时分科课程“一统天下”的局面，初步建构了不同于学科教学的，而是以常识为中心，以主题为组织形式的课程模式的框架；总结出了三个方面的综合（内容、手段、过程）及三个层面的综合（主题活动、一日活动、个别活动）的课程综合机制。① 在完成“幼儿园综合教育课程”第一阶段的研究之后，赵寄石教授团队开始在农村地区实践综合课程，开展了全国教育科研“七五”规划项目“农村学前一年综合教育课程研究”。这为后来我国幼儿园课程形态从分科走向综合、从领域走向核心奠定了基础。

（二）1989 ~ 2000 年：“幼儿中心”的转向与素质教育的启程

20 世纪 90 年代，我国幼儿园课程的实践主要是以贯彻落实《规程（试行）》和 1996 年正式颁布的《规程》为核心任务。国家教育委员会在《幼儿园管理条

---

① 唐淑．赵寄石学前课程思想的发展历程［J］．早期教育（教育教学），2010（9）：4–5．

例》和《规程（试行）》的实施意见中指出：当前幼儿园保育、教育和管理工作较普遍存在忽视幼儿身心发展特点和教育规律的现象，因此必须从端正教育思想入手，使广大幼教工作者、幼儿家长以及社会人士明确幼儿园保育和教育的指导思想、培养目标和应该遵循的基本原则，建立正确的儿童观和教育观。① 这反映出《规程（试行）》“以当时在幼儿园教育实践中普遍存在的‘三中（教师中心、教材中心和上课中心）’的状况为靶”②，对幼儿园教育工作者提出了如下要求：“从单纯知识灌输、技能训练，到培养能力，发展智力，进而研究幼儿各方面的协调发展；从注重考虑教师如何教，到研究幼儿在教育过程中如何从被动受教育转变为主动发展。”③ 幼儿园课程的中心不再是“上课”，而是幼儿的健康成长。借助行政渠道，《规程（试行）》及《规程》将学前教育理念、幼儿园课程变革的精神向全国各级行政职能部门和各级各类学前教育机构推广，在短时间内掀起研究、贯彻落实相关精神的幼儿园课程改革活动。1999 年 1 月，国务院批转了教育部制定的《面向 21 世纪教育振兴行动计划》，部署实施“跨世纪素质教育工程”，整体推进素质教育，全面提高国民素质和民族创新能力，提出实施素质教育要从幼儿阶段抓起。④1999 年 6 月，中共中央、国务院颁布《关于深化教育改革全面推进素质教育的决定》，标志着我国素质教育改革的启程。

在这一期间，涌现出一批比较有代表性的课程改革实践案例。如上海市开展的“一期课改”，开始强调“一日生活都是课程”，教师要关注幼儿在园学习和生活的所有环节，要促进幼儿的全面发展，开始注重教学活动的游戏性和操作性。⑤ 又如“八五”规划期间，史慧中带领中央教育科学研究所（后更名为中央教育科学研究院）的科研人员和十个省（自治区、直辖市）的幼教工作者开展了“适应我国国情，提高幼儿素质的实验研究”，在幼儿园课程实践方面取得了

---

① 中国学前教育研究会 . 中华人民共和国幼儿教育重要文献汇编［M］. 北京：北京师范大学出版社，1999：304.

② 朱家雄 . 幼儿园课程的理论与实践［M］. 上海：华东师范大学出版社，2010：217.

③ 陈巧兰，朱慕菊 . 关于《幼儿园管理条例》和《幼儿园工作规程（试行）》中的几个问题［J］. 学前教育研究，1990（2）：4–9.

④ 中国学前教育研究会 . 中华人民共和国幼儿教育重要文献汇编［M］. 北京：北京师范大学出版社，1999：478.

⑤ 上海托幼 . 上海市学前教育界纪念改革开放 30 年专题：与时俱进的学前教育装备［EB/OL］.（2009-4-28）［2020-11-16］. http://www.cnsece.com/KindTemplate/MsgDetail/27490.

一些突破——研发专门的幼儿活动观察记录表，对幼儿行为进行仔细观察和认真分析，依据观察对幼儿“因人施教”①；基于对“素质”的分析，设计了幼儿园三个年龄班的主要目标和六个学期的课程标准，涵盖了身体健康、生活习惯、自我意识、人际关系、科学与社会常识、语言与阅读、道德、审美等多个方面②；有的幼儿园将活动室划分为美工区、玩沙玩水区、自然科学区、建筑区、语言区、木工区、角色区、发泄区等，供幼儿自由选择游戏内容、玩具材料和同伴，并且尝试让幼儿参与环境创设与管理③；有的教师反思教学活动中的问题，采用幼儿探索在前、教师指导在后的教学模式，尝试分组教学、灵活调整教学时间、开展室外教学④；有的幼儿园将备课从“备如何教”变为“备幼儿如何学”，将评价幼儿的标准设定为“是否在原有的基础上努力、进步、提高”⑤。再如，南京市实验幼儿园持续研究综合教育课程，立足《幼儿园管理条例》《规程（试行）》等法规的思想观念，完善了多层次的幼儿发展目标，建构了幼儿发展评估的体系，深入探讨活动过程中幼儿的主体地位问题，了解每个幼儿的发展基础与需要，充分为幼儿创设良好的条件，引导幼儿同周围环境的人、事、物进行积极的交流，发生交互作用。“九五”规划期间，该园开展了“自主创新型综合办园模式”的课题研究，其课程从强调计划性转向重视幼儿的兴趣和计划性相结合，从重知识转向重视幼儿情感能力的发展，从固有的主题活动转向开放的主题框架。⑥

20 世纪 90 年代的十年间，正是对《规程（试行）》及《规程》精神的落实与深化，使得我国的幼儿园课程实践更加关注对幼儿终身学习的支持，更加关注幼儿主动建构自己的经验，更加关注带有自然色彩的活动环境和创设温和亲切的

---

① 方明．面向全体　因人施教［M］// 史慧中．谈幼儿园的素质教育——《适应我国国情，提高幼儿素质的实验研究》丛书（一）．北京：科学普及出版社，1994：23–28.

② 史慧中．将素质教育作为幼儿园改革的核心［M］// 史慧中．谈幼儿园的素质教育——《适应我国国情，提高幼儿素质的实验研究丛书》（一）．北京：科学普及出版社，1994：41–63.

③ 柳春如．幼儿园活动室的环境创设［M］// 史慧中．谈幼儿园的素质教育——《适应我国国情，提高幼儿素质的实验研究》丛书（一）．北京：科学普及出版社，1994：239–245.

④ 齐斌．如何设计教学活动［M］// 史慧中．谈幼儿园的素质教育——《适应我国国情，提高幼儿素质的实验研究》丛书（一）．北京：科学普及出版社，1994：249–251.

⑤ 温滢．更新教育观是“培养素质”的关键［M］// 史慧中．为幼儿奠定良好的素质基础——“适应我国国情，提高幼儿素质的实验研究”丛书（二）．北京：科学普及出版社，1997：58–59.

⑥ 南京市实验幼儿园．我园综合教育课程的建构与发展［J］．学前教育研究，2002（3）：51–52.

氛围①。我们通过对比三个版本的《规程》(见表 1-1)可以发现，遵循幼儿身心发展规律、促进幼儿全面发展、综合各项教育内容、重视一日活动、以游戏为基本活动、以环境创设支持幼儿学习等课程理念一以贯之并不断被重申，这为近三十年来我国幼儿园课程实践确立了坚实、稳定、明确的方向。

表 1-1　三个版本的《幼儿园工作规程》部分条目比较

条目	幼儿园工作规程（试行）	幼儿园工作规程	幼儿园工作规程（2016 年修订）
幼儿园的任务	实行保育与教育相结合的原则，对幼儿实施体、智、德、美全面发展的教育，促进其身心和谐发展。 为幼儿家长安心参加社会主义建设提供便利条件。	实行保育与教育相结合的原则，对幼儿实施体、智、德、美诸方面全面发展的教育，促进其身心和谐发展。 为家长参加工作、学习提供便利条件。	贯彻国家的教育方针，按照保育与教育相结合的原则，遵循幼儿身心发展特点和规律，实施德、智、体、美等方面全面发展的教育，促进幼儿身心和谐发展。 面向幼儿家长提供科学育儿指导。
保教目标	促进幼儿身体正常发育和机能的协调发展，增强体质，培养良好的生活习惯、卫生习惯和参加体育活动的兴趣。	促进幼儿身体正常发育和机能的协调发展，增强体质。培养良好的生活习惯、卫生习惯和参加体育活动的兴趣。	（一）促进幼儿身体正常发育和机能的协调发展，增强体质，促进心理健康，培养良好的生活习惯、卫生习惯和参加体育活动的兴趣。
	发展幼儿正确运用感官和运用语言交往的基本能力，增进其对环境的认识，培养有益的兴趣和动手能力，发展智力。 萌发幼儿爱家乡、爱祖国、爱集体、爱劳动的情感，培养诚实、勇敢、好问、友爱、爱惜公物、不怕困难、讲礼貌、守纪律等良好的品德、行为、习惯，以及活泼、开朗的性格。 萌发幼儿初步的感受美和表现美的情趣。	发展幼儿智力，培养正确运用感官和运用语言交往的基本能力，增进对环境的认识，培养有益的兴趣和求知欲望，培养初步的动手能力。 萌发幼儿爱家乡、爱祖国、爱集体、爱劳动、爱科学的情感，培养诚实、自信、好问、友爱、勇敢、爱护公物、克服困难、讲礼貌、守纪律等良好的品德行为和习惯，以及活泼开朗的性格。 培养幼儿初步的感受美和表现美的情趣和能力。	（二）发展幼儿智力，培养正确运用感官和运用语言交往的基本能力，增进对环境的认识，培养有益的兴趣和求知欲望，培养初步的动手探究能力。 （三）萌发幼儿爱祖国、爱家乡、爱集体、爱劳动、爱科学的情感，培养诚实、自信、友爱、勇敢、勤学、好问、爱护公物、克服困难、讲礼貌、守纪律等良好的品德行为和习惯，以及活泼开朗的性格。 （四）培养幼儿初步感受美和表现美的情趣和能力。

① 王春燕 . 中国学前课程百年发展与变革的历史研究［M］. 北京：教育科学出版社，2004：157.

（续表）

条目	幼儿园工作规程（试行）	幼儿园工作规程	幼儿园工作规程（2016年修订）
教育原则	幼儿园教育工作的原则是体、智、德、美诸方面的教育应互相渗透，有机结合。 遵循幼儿身心发展的规律，符合幼儿的年龄特点，注重个体差异，因人施教，引导幼儿个性健康发展。 面向全体幼儿，热爱幼儿，坚持积极鼓励、启发诱导的正面教育。 合理地综合组织各方面的教育内容，并渗透于幼儿一日生活的各项活动中，充分发挥各种教育手段的交互作用。 创设与教育相适应的良好环境，为幼儿提供活动和表现能力的机会与条件。 以游戏为基本活动，寓教育于各项活动之中。	幼儿园教育工作的原则是体、智、德、美诸方面的教育应互相渗透，有机结合。 遵循幼儿身心发展的规律，符合幼儿的年龄特点，注重个体差异，因人施教，引导幼儿个性健康发展。 面向全体幼儿，热爱幼儿，坚持积极鼓励、启发诱导的正面教育。 合理地综合组织各方面的教育内容，并渗透于幼儿一日生活的各项活动中，充分发挥各种教育手段的交互作用。 创设与教育相适应的良好环境，为幼儿提供活动和表现能力的机会与条件。 以游戏为基本活动，寓教育于各项活动之中。	幼儿园教育应当贯彻以下原则和要求： （一）德、智、体、美等方面的教育应当互相渗透，有机结合。 （二）遵循幼儿身心发展规律，符合幼儿年龄特点，注重个体差异，因人施教，引导幼儿个性健康发展。 （三）面向全体幼儿，热爱幼儿，坚持积极鼓励、启发引导的正面教育。 （四）综合组织健康、语言、社会、科学、艺术各领域的教育内容，渗透于幼儿一日生活的各项活动中，充分发挥各种教育手段的交互作用。 （五）以游戏为基本活动，寓教育于各项活动之中。 （六）创设与教育相适应的良好环境，为幼儿提供活动和表现能力的机会与条件。

资料来源：

① 中国学前教育研究会．中华人民共和国幼儿教育重要文献汇编［M］．北京：北京师范大学出版社，1999：288，420–421.

② 中华人民共和国教育部．幼儿园工作规程［EB/OL］．（2016-01-05）［2020-12-20］. http://www.moe.gov.cn/srcsite/A02/s5911/moe_621/201602/t20160229_231184.html.

（三）2001 ~ 2009 年：课程实践的百家争鸣时期

在国家开展新一轮基础教育课程改革的背景下，教育部于2001年颁布了《纲要》，推动了学前教育实践的进一步变革：一方面，教育部提出通过广泛宣传、先试点再推开、研究问题、总结经验等策略推行《纲要》，并要求幼儿教师培养机构做好相应的教育工作，客观上推动了广大一线教师（及准教师）课程理念的提升；另一方面，这一时期，一些引人注目的国外学前教育模式也越来越为国内幼儿教师所熟悉，如高瞻课程、方案教学、瑞吉欧教育体系等，不少幼儿园在学习、模仿上述模式的过程中摸索出了课程实践的新路径。

此时，我国幼儿园课程改革进入了百家争鸣的多元化阶段，在开放的学前教育领域内共存着多种多样的课程模式，既有来自国外成熟的幼儿园课程模式，又有不断努力中国化、科学化的本土幼儿园课程实践。其中，以下课程实践比较突出。

渗透式领域课程。《幼儿园渗透式领域课程》由赵寄石教授等组织编制，一直以来受到国内众多一线幼儿园的关注和采用，该课程是对《纲要》中关于五大领域相互渗透，促进幼儿在认知、情感、态度等不同方面发展的精神的贯彻与实践。渗透式领域课程在关注领域之于幼儿园课程组织的价值、保持各领域系统性的同时，强调各领域之间的渗透，从而实现课程的整合；渗透式领域课程借助主题（话题）线索，将来自不同领域的课程内容统整联系起来，在一定程度上弥补了领域课程在实施中各领域间相互割裂的缺陷。课程设计了涵盖领域、学期、具体活动的目标体系，采用诸多较为先进的教学方法，教学活动设计思路清晰，非常便于教师操作和使用，但也存在以目标为导向、结构化程度过高的问题。①

田野课程。田野课程是南京师范大学与南京市太平巷幼儿园从 2001 年开始合作探究出的一种学前课程模式。“田野”一是指原初、自然、本真，强调课程以幼儿生活为中心，为幼儿提供真实、丰富多彩、自然的环境，这些环境中蕴藏着丰富的教育资源；“田野”二是理解为深入现场与情景，让幼儿在现实场景、生活情景中学习，让幼儿成为现实情景中的一员。基于此，田野课程形成“真实、参与、现场、开阔、清新”五大理念，交融互通。②③ 田野课程具有一套完整的课程框架：①在课程目标上，培养“健康的人、博爱的人、智慧的人、富有个性的人”；②在内容选择上，基于生活与幼儿的已有经验，以五大领域为基础，从幼儿的兴趣和问题出发，以主题活动和非主题活动的方式开展，同时注重整合性、趣味性和挑战性；③在课程实施上，以主题活动、领域活动和生活游戏活动三种方式为主进行组织，并通过系统活动、项目活动、游戏活动、生活活动、亲

---

① 虞永平，张斌，等．中国教育改革 40 年：学前教育［M］. 北京：科学出版社，2019：195.

② 秦红．走进田野——我园园本课程的理念与实践［J］. 学前教育研究，2002（3）：61.

③ 南京市太平巷幼儿园．田野课程［J］. 学前课程研究，2007（Z1）：14.

子活动等五种形式开展；④在课程环境上，创设支持幼儿学习的真实场景或拟真场景，引发幼儿与场景中的人、事、物进行有效互动并在解决问题中获取经验；⑤在课程资源上，开发一切可利用的人力、物力以及自然环境充实田野课程资源，包括人员、材料、信息、动植物等多方面的内容；⑥在课程评价上，根据幼儿的特点和田野课程的组成要素，通过收集、分析、比较等方法，科学地判断课程对幼儿、教师、家长等参与者所产生的价值和效益。①

生活化、游戏化幼儿园课程。该课程是南京师范大学虞永平教授主持的全国教育科学“十五”规划重点课题“生活化、游戏化的幼儿园课程研究”的实践成果。该研究一方面致力于从多学科的理论视角研究生活、游戏与幼儿发展和幼儿园课程的关系，建构幼儿园课程生活化、游戏化的基本理论框架；另一方面又尝试通过实践形成相关实践策略，课题组组织全国数十家幼儿园参与了该课程的设计编制与使用试验，并依托专家团队和“学前课程网”，通过线上、线下相结合的方式对课程设计与使用过程中的现实问题及时进行有针对性的指导，使得该课程既形成了在一定程度上能观照幼儿生活的体系，又激发了一批幼儿园基于幼儿生活开发课程活动的自主意识，为日后这些幼儿园建设园本课程奠定了坚实的基础。② 该课程立足于课程回归幼儿生活的基本立场，认为对幼儿而言，生活和游戏是重要的学习内容，也是重要的学习途径；生活和游戏包容了多学科的知识，也包容了幼儿情感态度和行为发展的机会；生活和游戏是幼儿园课程内容整合的重要途径，幼儿的一日生活、与幼儿有关的社会生活及幼儿的游戏都是重要的课程资源；而幼儿园课程设计的一项重要工作就是将学科知识还原为活动和经验，并在活动和经验的层面上尽可能实现综合和系统化。③

各地园本课程的建设。随着《纲要》的推行，幼儿园的课程决策权逐渐被重视，以幼儿园为主体的园本课程建设开始成为课程建设的热点。不少幼儿园取得了成果，如南京市实验幼儿园的综合教育课程、南京市梅花山庄幼儿园的民间艺术教育课程、无锡市实验幼儿园的“生活·学习·做人”课程等。这些园本课程

---

① 南京市太平巷幼儿园．田野课程介绍［J］．学前课程研究，2007（2）：47-48.

② 根据对《生活化游戏化幼儿园课程教师参考书》主编之一张春霞老师的电话访谈整理，访谈时间 2021 年 2 月 20 日。

③ 彭彭．幼儿园课程要生活化游戏化——记南京师范大学教育科学学院虞永平博士［J］．教育导刊（下半月），2003（1）：5.

充分扎根于幼儿园的基础、现状、背景、实际、条件，即与幼儿园的资源等条件相匹配，是由参与幼儿园教育的有关人员为改善幼儿园的教育品质所开发的有个性化的课程①，具备较强的课程适宜性。

另外，2001 年，中国学前教育研究会在上海举办“瑞吉欧教育经验与中国学前教育改革学术研讨会”，全国各地许多幼儿园开始借鉴瑞吉欧方案教学，瑞吉欧所提倡的“重视儿童自己的探索”“鼓励儿童多样式的表达”“让儿童在探究中学习共同合作”等教育理念得到广泛认同。2004 年，国内第一所华德福学校在四川成立，重视智力以外的心灵发展的华德福教育得到实践。

不难看出，这一时期我国的幼儿园课程实践异彩纷呈，课程的研究者和广大教师们用头脑和行动解读、落实着《纲要》的精神：幼儿园教育中“传统的说教减少了，儿童的自主学习增多了；生硬的拼盘教学减少了，灵活的融合教学增多了；大班额的集体活动减少了，小班化的分组教学增多了；形式化的教学总结减少了，有价值的教学反思增多了；表面、单一的虚假互动减少了，自然、多样的真实互动增多了；单调固定的环境布置减少了，丰富多变的环境创设增多了；整齐划一的课程内容减少了，富有特色的园本课程增多了；模式化的终结性评价减少了，多元化的形成性评价增多了……”②教师们的教学“注重在与幼儿的互动过程中生成发展活动”，“采用符合幼儿年龄特点的活动组织方式”，“充分关注了幼儿的兴趣、需要、注意时间等，在活动中能够面全体、注重个别差异，将教师的角色定位为观察者、支持者、引导者”③。

（四）2010 年以来：直面现实问题的课程建设

2010 年以来，我国的学前教育进入政府高度重视、事业飞速发展、质量逐渐提升的阶段。旨在化解我国学前教育事业发展突出问题的政策法规密集出台，这使得许多课程改革的举措开始更为明确地针对现实问题。

---

① 王春燕．幼儿园课程概论［M］．北京：高等教育出版社，2007：255.

② 岳亚平．十年践行路［J］．幼儿教育（教育教学），2011（9）：1.

③ 宁谊幼儿教育研究中心．走进整合课程教室：幼儿园活动整合课程优秀案例选辑［M］．南京：南京师范大学出版社，2007：Ⅳ.

2010年，国务院颁布《国务院关于当前发展学前教育的若干意见》，提出发展学前教育“必须坚持改革创新，着力破除制约学前教育科学发展的体制机制障碍……必须坚持科学育儿，遵循幼儿身心发展规律，促进幼儿健康快乐成长”①。2012年，教育部发布了《指南》，用大量可观测的典型表现阐释幼儿的各项发展目标，并将幼儿教育工作者及幼儿家长作为主要读者，这为幼儿园课程在幼儿发展层面提供了更为科学、准确、明晰的方向与依据。《指南》提出“实施科学的保育和教育，让幼儿度过快乐而有意义的童年”的目标，教育应把握幼儿的整体性、个体差异、学习方式与特点，重视幼儿学习品质的养成。2016年，已实行20年的《规程》被修订，其中的教育目标做了一定调整，并增加了大量关于保护幼儿身心健康和安全的内容。2011年、2018年，教育部分别发布了《教育部关于规范幼儿园保育教育工作 防止和纠正“小学化”现象的通知》和《教育部办公厅关于开展幼儿园“小学化”专项治理工作的通知》，反复要求幼儿园教育要遵循儿童身心发展规律。这是我国政府首次针对学前教育机构和社会教育中违背儿童身心发展规律和教育科学问题进行的大规模整顿。

在上述背景之下，全国涌现出一批具有改革意义的课程实践尝试：

以幼儿园为主的改革。以厦门市第九幼儿园、深圳市教育幼儿园等为代表的混龄教育、走班活动，让幼儿在更为丰富的人际环境中获得多样化的发展；成都市蒲江县鹤山镇南街幼儿园、苏州市吴江区金家坝幼儿园等开展的自然教育，让幼儿在农事劳作、博物研究、与自然田野的互动中建构有意义的经验；无锡市实验幼儿园的“经历学习”课程，强调幼儿通过直接参与生活过程、生活事件进行综合性、过程性的学习；苏州幼儿师范高等专科学校附属花朵幼儿园的“生活化、游戏化”课程，延续并发扬前文所述的“生活化、游戏化的幼儿园课程研究”的精神，通过营造“实习场”环境、开展丰富的社会实践活动、贯穿课程审议等手段，支持幼儿通过生活事件建构有益经验……

以地方政府为主的改革。如江苏省从2014年启动并持续至今的“幼儿园课程游戏化项目”，该项目针对江苏省学前教育保教质量有待进一步提高，以游戏为基本活动、保教结合、寓教于乐的要求未能得到有效落实，“小学化”倾向仍

① 中华人民共和国国务院.国务院关于当前发展学前教育的若干意见[EB/OL].(2010-11-21)[2020-10-16]. http://www.moe.gov.cn/jyb_xxgk/moe_1777/moe_1778/201011/t20101124_111850.html.

然存在的现状，提出力求通过幼儿园课程游戏化建设，引导幼儿园树立正确的儿童观、游戏观和课程观，推进幼儿园课程实施符合幼儿身心发展规律和学前教育规律，促进幼儿健康快乐成长。又如，2017 年 11 月，浙江省教育厅发布《浙江省教育厅关于全面推进幼儿园课程改革的指导意见》，提出“幼儿园课程质量是学前教育质量的核心。要推动幼儿园课程质量的不断提升，关键是全面推进幼儿园课程改革”，针对该省在课程实践中出现的“区域性差异和园所间差异，部分幼儿园仍然存在‘小学化’倾向或‘看管式’‘放羊式’现象；课程方案参差不齐，质量不高；课程内容脱离幼儿园实际，课程资源开发不足；一日活动安排不够合理、科学，课程实施随意性大；课程评价相对缺失”等问题，总体上要求“强化‘一日生活皆课程’理念，坚持以游戏为基本活动。编制园本化课程方案，完善课程结构；加强课程建设，丰富课程资源；改进课程实施，提高活动实效；深化课程评价改革，提高教育整体质量，促进师幼共同发展”。①

三、观念与实践交互作用下的成就

就幼儿园课程改革而言，观念一方面指导着实践，一方面又为实践所验证，在实践中拓展深化，得以生生不息。通过 30 余年的课程实践，幼儿园课程领域的一些重要观念被一次次地审视、研判，愈加接近人们对理想教育的理解。

（一）课程内涵的厘清：从知识到经验

对课程本质内涵的理解是课程观中最根本的认识。在我国幼儿园课程观念流变的过程中，课程的本质内涵也在发展变化中不断被厘清。

课程概念由学科走向活动和经验。在学习苏联理论和实践经验的很长一段时期内，课程“学科说”一直是幼儿园课程的本质内涵，幼儿园课程被看作幼儿园开设的各门科目。一直到 20 世纪 80 年代末，随着分科课程弊端的不断显现，以学科来界定课程的局限性受到重视，以活动来界定课程的倾向开始出现，如将广义的幼儿园课程定义为“实现幼儿园教育目标而组织安排的全部教育活动，或指

① 浙江省教育厅 . 浙江省教育厅关于全面推进幼儿园课程改革的指导意见［EB/OL］.（2017-11-08）［2020-07-03］. http://jyt.zj.gov.cn/art/2017/11/8/art_1532986_27488111.html.

规定的全部教学科目及其目的、内容、范围和进程的总和”①。进入20世纪90年代后，随着对幼儿园课程概念的理解更加多元化，课程的“学科说”“活动说”和“经验说”成为三种主要界定幼儿园课程的倾向，并且随着幼儿园课程改革的不断深入及课程观念的逐步深化，“活动说”“经验说”及“活动—经验说”逐渐取代“学科说”，占据主导地位。而课程概念由学科走向活动和经验的过程，其实质是课程由重物到重人的转变，体现出对课程中儿童主体地位的尊重。②伴随学前教育的改革，我们的教育逻辑发生了彻底的变革——以幼儿为本、具有“儿童意识”的价值立场已大致形成，幼儿、经验与活动取代了教师、知识与课堂，成为学前教育的起点与归宿，这些理念将指引我们的学前教育朝向更健康、科学的方向。③

课程态性由静态、封闭走向动态、开放。当把课程理解为学科时，课程就被静态化为书面的符号知识。随着对课程的理解倾向于活动与经验，课程便成了幼儿与周围环境相互作用建构知识的动态过程。而关注课程实施的过程是课程态性由静态、封闭走向动态、开放的重要表现。从1989年的《规程（试行）》到后来的《纲要》等一系列文件，都强调将教育活动看作以多种形式有目的、有计划地引导幼儿主动活动的过程。教师和幼儿不再被孤立于课程之外，而是成为这一过程的有机组成部分，在相互作用中共同建构课程意义。

课程设计由单纯的预设走向生成与预设协同。在“教师中心”课程观念的指导下，课程设计关注教师要教什么、怎么教，课程从而具有很强的确定性，只需要按照教师的想法进行课程内容的选择、教学活动的实施。但当“儿童中心”取代“教师中心”后，课程中幼儿的需要、兴趣和经验凸显出来，课程要回归儿童的生活世界，便具有了较大的不确定性。而课程的确定性问题，其实涉及了课程是预设还是生成的问题，这不是一个非此即彼的问题，预设与生成不是完全对立的。课程由预设走向生成的过程，其实是二者相互融合的过程，课程是在预设与生成的“共舞”中不断被建构与实施的。

---

① 祝士媛，唐淑．幼儿教育百科辞典［M］．上海：上海教育出版社，1989：49.

② 虞永平，张帅．从模仿借鉴到规范创新——新中国成立70年来幼儿园课程的发展［J］．南京师大学报（社会科学版），2019（6）：34–48.

③ 虞永平，张斌．改革开放40年我国学前教育的成就与展望［J］．中国教育学刊，2018（12）：18–26.

（二）课程价值取向的确立：从重教授到重发展

改革开放以来，特别是 20 世纪 90 年代以来，幼儿园课程改革的趋势之一是儿童的地位在教育中变得越来越重要了。幼儿、经验和活动取代教师、知识和上课，成为课程的中心，促进幼儿身心健康和谐发展成为教育的首要追求和根本目的。幼儿园课程的价值取向从重视教师的教学转向重视引导幼儿的学习与发展，教师的角色从“教书先生”转变为幼儿学习的合作者、支持者和引导者。

1979 年颁布的《城市幼儿园工作条例》提出：教师要教给幼儿初浅的自然常识和社会常识，发展幼儿的智力（注意力、观察力、记忆力、想象力、思维能力、特别是口头语言的表达能力），教给幼儿音乐、美术、舞蹈等方面初浅的常识和技能，培养他们对艺术的爱好。这些表述反映出当时对教师“教授”的重视和对幼儿学习者主体地位的忽视。而 1989 年《规程（试行）》的颁布则扭转了幼儿园课程中对幼儿主体地位和主动性的忽视，正式确认幼儿园课程的儿童立场。所谓的幼儿园课程的儿童立场，就是遵循儿童的身心发展规律，以儿童为主体。① 可以说，从 20 世纪 90 年代至今，幼儿园课程变革实现了儿童立场的回归，牢固树立了以儿童发展为本的课程价值取向。

1989 年的《规程（试行）》关注幼儿的发展规律和学习特点，注重幼儿的个体差异及实际经验和兴趣，明确提出：“幼儿园的任务是对幼儿实施体、智、德、美全面发展的教育，促进其身心和谐发展……遵循幼儿身心发展的规律，符合幼儿的年龄特点，注重个体差异，因人施教，引导幼儿个性健康发展。面向全体幼儿，热爱幼儿，坚持积极鼓励、启发诱导的正面教育。创设与教育相适应的良好环境，为幼儿提供活动和表现能力的机会与条件”②。1996 年颁布的《规程》在坚持《规程（试行）》基本理念的基础上，进一步强调要“尊重、爱护幼儿，严禁虐待、歧视、体罚和变相体罚、侮辱幼儿人格等损害幼儿身心健康的行为”③。可以看出，在 20 世纪 90 年代已形成了较为先进的对儿童的认识：儿童是人，生来具有一切基本人权；儿童是一个处在特殊发展时期的人，具有主

---

① 虞永平，张斌，等．中国教育改革 40 年：学前教育［M］. 北京：科学出版社，2019：200.

② 李铁映．幼儿园工作规程（试行）［J］. 幼儿教育，1989（10）：4-7.

③ 幼儿园工作规程［J］. 学前教育研究，1996（4）：60.

体性、完整性、潜能和个体差异；童年不只是为成年做准备，它自身拥有价值；儿童应当享有欢乐自由的童年。[①]2001 年，《纲要》所提出的“以人为本”的儿童观是对 20 世纪 90 年代基本观念的拓展与深化，其字里行间都非常鲜明地体现了“以儿童发展为本”的理念。而 2016 年修订的《规程》在根本价值立场上与上述文件也是一脉相承的。通过这些文件可以看出，我国幼儿园课程将儿童的健康成长与发展作为最高追求，将儿童的需要、兴趣和潜能作为儿童学习的重要驱力，价值立场真正实现了从重教授到重发展的历史性转变。

（三）课程内容的选择：回归生活，关注本土，重视资源

分科课程模式以知识为中心，按照学科逻辑选择课程内容，组织教学活动。随着课程模式由分科走向综合、领域等多元模式，“儿童中心”取代“知识中心”，儿童成为幼儿园课程内容选择的主要依据。在“以儿童发展为本”价值取向的指导下，课程内容的选择呈现出回归经验、回归生活、关注本土、重视资源的发展趋势。

课程内容的选择回归经验。建构主义学习理论在我国的广泛传播使得“经验”这一概念逐渐成为幼儿园课程领域核心的关键词之一。建构主义学习理论提出，幼儿的学习是基于其已有经验，通过与环境的相互作用获得并拓展经验。可见，经验是幼儿学习的起点，经验的拓展、延伸、积累、重组是判断教育是否真实发生的标志。[②]1989 年颁布的《规程（试行）》就指出，“教育活动的内容应根据教育目的，幼儿的实际水平和兴趣，以循序渐进为原则，有计划地选择和组织”[③]。这一原则要求幼儿园课程内容的选择要从幼儿的兴趣、需要出发，以幼儿的经验为中心。幼儿有其独特的认识世界的方式，他们通过直接感知、实际操作和亲身体验进行学习，他们是感性的、直接的，他们的思维是具体、形象的，因此课程的内容必然是回归经验的。正如 2012 年颁布的《指南》，其所呈现的就是幼儿通过学习可以获得的经验体系。

---

① 虞永平，张斌 . 改革开放 40 年我国学前教育的成就与展望［J］. 中国教育学刊，2018（12）：18–26.

② 张斌，虞永平 . 基本立场的回归与内在本质的高扬——改革开放 40 年我国学前教育观念的流变［J］. 学前教育研究，2019（1）：3–8.

③ 李铁映 . 幼儿园工作规程（试行）［J］. 幼儿教育，1989（10）：4–7.

课程内容的选择回归生活。课程内容回归经验的本质就是回归生活，幼儿已有的经验和可能获得的经验必然是与其生活息息相关的。从《规程》和《纲要》中都可以看出我国一直以来对幼儿园课程生活化的重视。《规程》指出，要“合理地综合组织各方面的教育内容，并渗透于幼儿一日生活的各项活动中”①。《纲要》更加明确地提出幼儿园教育活动内容的选择原则——“既适合幼儿的现有水平，又有一定的挑战性；既符合幼儿的现实需要，又有利于其长远发展；既贴近幼儿的生活来选择幼儿感兴趣的事物和问题，又有助于拓展幼儿的经验和视野”，并强调要“寓教育于生活、游戏之中”②。这充分表明生活正逐步成为幼儿园课程的内容、实施手段及实现过程。幼儿园课程生活化的理念主要体现在三个方面：①将一日生活的各环节作为课程的重要内容。②以幼儿的生活为基点来组织各个方面的课程内容。③语言、数学、科学、社会、艺术等领域的课程内容强调和幼儿生活相联系。③

课程内容的选择关注本土。课程内容的本土化是伴随着园本课程探索而展开的，也是课程内容经验化和生活化的必然要求。21 世纪以来，本土化、园本化的课程建设是推进课程改革的主要力量，这要求幼儿园的课程设计要因地制宜，具有适宜性。早在 1989 年颁布的《规程（试行）》中就显现出重视周围环境的有利条件，因地制宜创设活动条件的特点。《纲要》进一步指出：“城乡各类幼儿园都应从实际出发，因地制宜地实施素质教育”“幼儿园应与家庭、社区密切合作，与小学相互衔接，综合利用各种教育资源”“从本地、本园的条件出发”“充分利用自然环境和社区的教育资源”。④

课程内容的选择重视资源。这一点可以说是“关注本土”理念的操作化、行动化。近年来，随着幼儿园课程改革的不断深入，主动利用课程资源、开发课程资源的意识与行动已比较普遍，这一点是我国幼儿园课程实践的历史成绩之一。1989 年以来，《规程（试行）》的颁布与其所带来的儿童观、教育观、课程观、

① 幼儿园工作规程［J］. 学前教育研究，1996（04）: 61.

② 中华人民共和国教育部 . 幼儿园教育指导纲要（试行）［M］. 北京：北京师范大学出版社，2001: 9.

③ 秦光兰，杨春燕 . 从典型课程方案看 21 世纪以来我国幼儿园课程发展的特点［J］. 学前教育研究，2013（12）: 27–31.

④ 中华人民共和国教育部 . 幼儿园教育指导纲要（试行）［M］. 北京：北京师范大学出版社，2001: 1，9–10.

教师观的转变，借助行政力量得以快速向全国推广，并进一步推动了很多地区的课程改革尝试。这些为开发、利用课程资源的观念得到广泛认同奠定了基础。《纲要》提出“环境是重要的教育资源，应通过环境的创设和利用，有效地促进幼儿的发展”，以及利用幼儿园环境、幼儿同伴群体、教师、家庭、自然与社区资源、偶发事件等支持幼儿学习的建议。自此，“课程资源”成为幼儿园课程实践体系中的重要概念，围绕课程资源开发与利用的行动与研究伴随着 21 世纪以来我国幼儿园课程样态多元化的发展持续至今。幼儿园课程是达成教育目的的手段，是帮助幼儿获得有益经验、促进其身心全面和谐发展的各种活动的总和。课程内涵的限定决定了课程资源的开发与利用应当是一个以促进幼儿经验建构为内在目的的过程。尽管课程资源往往都是生活中常见的事物或事务，但当其一旦进入课程行动体系时，它将超越对日常生活的复制，成为能够促进幼儿经验延续、拓展、深化、提升、改造或重组的条件。也就是说，课程资源要参与课程，发挥教育作用，“物质”形态的资源必须最终转化为“精神”形态的幼儿经验，要引导幼儿利用资源“学习”起来。① 而有关幼儿学习的理论又告诉我们，幼儿建构经验的主要方式就是行动。因此，课程资源的开发与利用可以看作将资源转化为幼儿活动，且幼儿因此引发学习、建构有益经验的过程：“资源—活动—经验”构成了该过程的基本环节。②

（四）课程的组织与实施：多样化与游戏化

改革开放初期，我国幼儿园课程组织与实施的方式主要是单一的“上课”形式，但这种以“上课”为主的课程实施模式明显具有小学化和成人化倾向。20 世纪 80 年代后期，随着“教育活动”概念的提出，一日生活的各项活动均可成为教育手段，幼儿园课程的组织与实施在不断实现“两个追求”中发展。

其一，追求灵活多样。1989 年颁布的《规程（试行）》要求“充分发挥各种教育手段的交互作用；以游戏为基本活动，寓教育于各项活动中；灵活地运用集体活动与个别活动的形式，为幼儿提供充分活动的机会”③。这改变了以上课为课

① 虞永平，张斌，等．从课程资源到儿童经验丛书［M］. 南京：南京师范大学出版社，2019：总序 1.

② 此部分根据张斌《资源：造就更具活力的幼儿园课程》一文整理，原载《幼儿教育（教育教学）》2019 年第 10 期。

③ 李铁映．幼儿园工作规程（试行）［J］. 幼儿教育，1989（10）：4-7.

程实施主要形式的局面，课程的组织与实施方式越来越多样，集体教学活动、区域活动、生活活动、游戏活动等成为幼儿园课程组织与实施的多样方式。在2001年颁布的《纲要》中，更是将教育活动的组织与实施看作教师创造性地开展工作的过程，强调“教育活动的组织形式应根据需要合理安排，因时、因地、因内容、因材料灵活地运用”①。这进一步突出了课程组织与实施的灵活性，即依据具体情境和条件的不同，教师可以灵活多样地开展教育活动。

其二，追求游戏化。自《规程（试行）》颁布以来，游戏成为幼儿园的基本活动，被视为对幼儿进行全面发展教育的重要形式。2010年，《国务院关于当前发展学前教育的若干意见》重申要“坚持以游戏为基本活动”②。2012年颁布的《指南》更是提出“幼儿的学习是以直接经验为基础，在游戏和日常生活中进行的。要珍视游戏和生活的独特价值”③。2018年，《中共中央 国务院关于学前教育深化改革规范发展的若干意见》进一步重申“坚持以游戏为基本活动，珍视幼儿游戏活动的独特价值，保护幼儿的好奇心和学习兴趣，尊重个体差异，鼓励支持幼儿通过亲近自然、直接感知、实际操作、亲身体验等方式学习探索，促进幼儿快乐健康成长”④。这些文件都充分肯定了游戏在幼儿园教育中的重要性及其不可替代的独特价值，这是因为游戏是幼儿的基本活动，是幼儿通过模仿和想象，有目的、有意识、创造性地反映生活的活动，是人的社会活动的初级形式。⑤追求幼儿园课程组织与实施的游戏化，不仅要将游戏作为幼儿园的基本活动形式，还要充分保证幼儿每天进行游戏的时间和条件，更为关键的是，要将游戏精神注入幼儿园课程的组织与实施中。所谓的游戏精神，指的是一种“自由、自主、创造和愉悦”的精神⑥，这种精神应该要渗透在幼儿园的一日生活中。

---

① 中华人民共和国教育部．幼儿园教育指导纲要（试行）[M]．北京：北京师范大学出版社，2001：9.

② 中华人民共和国国务院．国务院关于当前发展学前教育的若干意见[EB/OL].（2010-11-21）[2020-10-16]. http://www.moe.gov.cn/jyb_xxgk/moe_1777/moe_1778/201011/t20101124_111850.html.

③ 中华人民共和国教育部．3~6岁儿童学习与发展指南[M]．北京：首都师范大学出版社，2012：3.

④ 中共中央 国务院关于学前教育深化改革规范发展的若干意见[EB/OL].（2018-11-7）[2020-12-16]. http://www.gov.cn/gongbao/content/2018/content_5343737.htm.

⑤ 王忠民．幼儿教育辞典[M]．北京：中国大百科全书出版社，2004：970.

⑥ 虞永平．课程游戏化的意义和实施路径[J]．早期教育（教育教学），2015（3）：4–7.

（五）课程评价的视野：关注过程，关注发展

不论是在研究上还是实践中，课程评价一直是幼儿园课程发展较为薄弱的一个环节。20 世纪 80 年代后，受国外课程评价理论与实践的影响，我国开始关注课程评价的问题，一些学者着手进行课程评价相关研究。而课程评价真正受到重视是进入 21 世纪后，《纲要》将教育评价作为与总则、教育内容与要求、组织与实施相并列的四个基本领域之一进行了专门阐述，首次明确提出“教育评价是幼儿园教育工作的重要组成部分，是了解教育的适宜性、有效性，调整和改进工作，促进每一个幼儿发展，提高教育质量的必要手段”①，并对幼儿园教育评价工作的开展给予了具体的指导。在《纲要》的引领下，我国幼儿园课程逐步形成了关注过程和发展的评价观。

一是关注过程。21 世纪以前，我国的课程评价观一直是“目标导向”的，强调终结性评价，注重结果，强化评价的选拔和甄别功能。2001 年的《纲要》特别提出，“评价应自然地伴随着整个教育过程进行”②，将“过程导向”评价观引入我国的课程评价中。“过程导向”下的课程评价意味着要拓宽评价范围，拓展评价功能，将课程实施过程的全部情况都作为评价对象，关注过程的变化，从形成性评价中获取有用信息，对课程发展提出改进建议。因此，这种评价的意图在于改进，而不仅仅是证明；它关心的是课程实施的整个过程，而不仅仅是最后的结果，从而更有利于课程的发展和幼儿的成长。

二是关注发展。《纲要》提出，“评价的过程，是教师运用专业知识审视教育实践，发现、分析、研究、解决问题的过程，也是其自我成长的重要途径；对幼儿发展状况的评估，要明确评价的目的是了解幼儿的发展需要，以便提供更加适宜的帮助和指导”③。这实际上是要求建立一个发展性教育评价体系，用以促进幼儿、教师、课程与教学不断发展。《纲要》围绕评价问题，提出了评价过程动态

① 中华人民共和国教育部 . 幼儿园教育指导纲要（试行）[M]. 北京：北京师范大学出版社，2001：12.

② 中华人民共和国教育部 . 幼儿园教育指导纲要（试行）[M]. 北京：北京师范大学出版社，2001：12.

③ 中华人民共和国教育部 . 幼儿园教育指导纲要（试行）[M]. 北京：北京师范大学出版社，2001：12–13.

化、评价主体多元化、评价方法多样化、评价情境自然化等具体要求，而这些要求其实都指向了发展性的评价观，即教育评价的本质目的是指向发展的。因此，《纲要》的颁布即意味着幼儿园教育评价观的根本转型：由竞争本位的、分等排序为核心的评价观转向以人的发展为核心的评价观。① 这样一种评价理念既符合幼儿身心发展的规律，又能够体现课程的本质特征，凸显幼儿教育的最高追求，应该成为我国幼儿园课程评价的应然取向。

（本章作者　张斌、曾晓滢）

① 虞永平，彭俊英. 对我国幼儿园课程评价现状的分析和建议［J］. 人民教育，2003（11）：23-24.

第二章

CONG KECHENG SHISHI DAO
KECHENG JIANSHE

从课程实施到课程建设

一、超越课程实施

幼儿园教师不是照本宣科的“教书匠”，对幼儿园教师来说，由于面对的教育对象主要不是通过书面符号学习的，因此“书”的作用是有限的。真正的课程在幼儿的行为里，教师只有了解、理解了幼儿的发展现状，才可能决定真正意义上的课程和活动。从这个意义上说，幼儿园教师应该是以学定教，而不是以书定教。所以，幼儿园教师是幼儿园课程的设计者和实施者，设计课程——规划学习的目标、内容和活动，是幼儿园教师重要的职责。幼儿园教师工作的起点不是教学，而是课程的设计。

（一）幼儿园课程的特质

在我国，幼儿园课程是一个很特殊的研究领域。几十年来，在国家学前教育文件中很少见到“幼儿园课程”这个词。当然，专业人员能清楚地认识到在这些文件中课程的范畴和内涵之所在。但在幼儿园教育实践中，课程还是热门的词语之一。近年来，在地方政府文件中，“课程”一词出现的频率在逐步增加，甚至一些省教育行政部门还专门出台了关于幼儿园课程的文件。政策和实践之间的反差在逐渐弱化。20 世纪 90 年代，甚至到了 21 世纪，一些教育领域的专家仍发出这样的疑问：“难道幼儿园有课程吗？”在他们的心目中，课程是系统的学科知识，幼儿还不认识字，哪有幼儿园课程呢？如果幼儿园像中小学一样，人手一套课本，不就违背了幼儿身心发展的规律和学习特点了吗？幼儿园教育不就小学化了吗？他们的愿望是美好的，要避免过早地让幼儿接受与其年龄段不符的教育，但对幼儿园课程特质的认识是片面的。

幼儿园是学校教育系统的重要组成部分，是教育机构，没有课程就称不上教育机构，就无法落实幼儿全面发展的教育任务。因此，幼儿园课程肯定是存在的。一些教育专家对幼儿园课程有疑惑，正好说明幼儿园课程具有特殊性。幼儿园课程肯定跟中小学课程不同，它面向的是处于感知运动和前运算阶段的幼儿，应通过多样化、幼儿多感官参与的活动展开教学，以满足幼儿的需要，促进幼儿的发展。

幼儿的身心发展特点决定了幼儿园课程不是以幼儿获得系统的学科知识为目的，也不是以系统地讲授书本知识为手段，它是一个让幼儿通过多种感官的参与获得综合性经验的过程。幼儿通过获得多方面的经验，实现全面发展。课程理论告诉我们，课程有强调学科知识的，也有经验性的，还有活动性的。它们的理念和组织形式不尽相同，但都能实现教育的目的。幼儿园课程无疑是偏向活动和经验的。

“幼儿园课程”这一概念产生的历史既悠久又短暂。说其悠久，是因为从幼儿园建立之初，就有幼儿园课程。在我国学前教育专家陈鹤琴、张雪门的教育论著中，有很多涉及幼儿园课程的理论见解和实践经验。如果把幼儿园课程看作一个实践领域，那历史就更长了，甚至在教育实践中从来没有缺失过。说其短暂，是因为“课程”这个词在我国学前教育实践中曾经缺失了一段时间。从 20 世纪 50 年代初到 20 世纪 80 年代之前，很少使用“幼儿园课程”这个词，幼儿园课程作为一门独立的高等师范院校课程，基本上是 20 世纪 90 年代中期的事了。到了 21 世纪，幼儿园课程才真正成为幼儿园教师难以回避的专业词语。但人们对幼儿园课程的理解可能存在很大的差异。学前教育工作者对课程内涵的认识宽窄不同、焦点不同、样态不同，甚至理念上也有很大的差异。这也在一定程度上说明，学前教育工作者对课程内涵尚需形成更多的共识，对课程本质的把握还需要一个过程。因此，还很有可能在观念上和实践中出现问题和矛盾。当今幼儿园课程实践中出现的问题，都与人们对课程的认识不到位、不一致有关。

其实，课程就是为了达成教育目标而确定的实践方案及其落实的过程。课程包括不断细化的目标体系以及与目标相对应的内容体系和活动体系。幼儿园课程中的活动多种多样，包括集体教学、区域活动、各类游戏以及日常生活活动等。支撑这些活动的是课程资源，包括各种材料、工具、图画书等。幼儿园课程之间的差异往往跟课程理念有关。幼儿园课程从何而来？为什么是如此这般？这都要从幼儿园课程的特殊性出发加以考虑。

（二）幼儿是课程的起点

幼儿是幼儿园课程的起点。幼儿园教师的基本素养之一就是了解并理解幼儿的发展。教师应能从对幼儿行为的观察中，从与幼儿的互动中发现幼儿的兴趣和需要。教师应能用适宜的方法和手段支持并引导幼儿的学习与发展，能通过环境创设和其他适宜、有效的途径，让幼儿不断接受新的挑战，获得新的经验。幼儿园课程建设的首要任务就是观察幼儿、研究幼儿，并根据《指南》的目标，创设丰富多样的环境，促使幼儿投入多样化的活动中，从而实现全面发展的目标。教师作为一名研究者，“要批判地观察儿童，观察你自己的教学乃至其他人的实践，并以此为鉴，不断地评估你的工作对儿童及其家庭的影响：不断探索创新，寻找能证明有效性的证据；通过观察、阅读以及参加非正式讨论和正式会议，向其他人学习；了解其他专业人员当前的工作；以探究的精神对待在教室中的工作——提问、尝试、观察、反思、再次尝试”①。因此，幼儿园教师的工作总是围绕着幼儿及幼儿教育的成效展开。

幼儿园课程建设要聚焦幼儿，聚焦幼儿的生活。幼儿主要通过直接经验学习，他们学习的内容大多并不是通过符号呈现的。幼儿需要与周围的环境相互作用，因此，为幼儿创设丰富多彩的环境，提供多样化的材料，引发适宜的活动，并不断探索和实践，是课程建设的重要内容。幼儿园教师的重点工作就是在观察和分析幼儿行为的基础上，不断完善课程内容和方法，增强课程的适宜性和有效性。观察、分析幼儿的行为是幼儿园教师的基本专业能力之一，也是幼儿园教师基本的职责之一。教师对幼儿行为的观察和分析，意义重大，作用多样，其中有三点特别重要。

一是有观察的习惯。幼儿园教师应理解观察幼儿行为的重要性并愿意花时间去观察，让观察变成制度性的行为，变成习惯，并真正从观察中获益。精心观察是幼儿园教师专业成长的重要途径之一，也是幼儿园教师理解幼儿、理解教育及发现问题的重要途径。一个教师若能坚持每天用心观察，哪怕只是花十分钟时间，都会得到苦思冥想所难以得到的收获。其实，教师对专业书本知识的理解也

---

① 莉森纳·福拉里．早期教育的基本理念与最佳实践［M］．霍力岩，任宏伟，魏洪鑫，等译．3版．北京：教育科学出版社，2019：16.

是可以在观察中不断深化的。

二是在观察和分析中理解幼儿的行为。幼儿活动，其实就是在同周围环境中的人、事、物发生相互作用。幼儿的外在行为往往是其内在心智的外化。因此，关注幼儿的行为，就是在关注幼儿的心智建构，在关注幼儿的心灵世界。幼儿对工具和材料的选择和使用、与同伴的交往、对自己工作的反思、对新材料和新方法的尝试、对发现的问题和现象的探索、对自己行为的记录，都体现了他们对已有经验的运用和新经验的获得，体现了他们对挑战的好奇和期待。走马观花不是真正意义上的观察，带着一定的目的、聚焦对象并有一定持续性的观察才能真正取得效果。

三是在观察和分析中形成适宜的支持策略。对幼儿园教师来说，观察不是目的，而是了解幼儿的手段。幼儿园教师应对幼儿的行为表现进行深入的分析，进一步理解幼儿的兴趣和需要，考虑幼儿的发展可能，在环境、材料等方面给予幼儿适当的支持，让幼儿真正面对挑战。中班上学期，一名教师常常为班上孩子的能力而自豪，因为孩子们在玩钓鱼游戏时总是很快地将“一池鱼”钓完，并按照大小分别放在两个大小不同的塑料筐里，然后将“鱼”重新倒入“鱼池”，继续玩，往往要连续进行好几遍。这说明这名教师看到了孩子的活动过程，但没有真正观察，没有在意孩子的表情，至少对任务结构和行为挑战的分析不够。试想，用 40 厘米长的钓鱼竿、20 厘米长的钓鱼线、直径 1.8 厘米的磁铁“钓鱼”，且只要求孩子按照大小分类，这种活动对中班孩子来说怎么会有真正的学习发生呢？哪里来的挑战呢？难怪孩子的表情漠然。其实，教师只要仔细分析，增加钓鱼竿和钓鱼线的长度，缩小磁铁的面积，增加“鱼”和“鱼筐”的分类维度，对幼儿而言挑战性就会增强。因此，观察后的分析非常重要。教师对《指南》的目标把握越清晰，对幼儿行为的分析就越透彻，对幼儿相应的学习支持可能也就越适宜。

幼儿是课程的出发点，只有遵循幼儿发展的规律，课程才有可能是科学、合理和有效的。幼儿园课程要以适宜的内容和方式引发幼儿主动、充分地活动，让幼儿有时间成为幼儿，有时间成为真正的主动学习者。研究课程的起点是研究幼儿，教师应努力使课程满足幼儿的需要，使课程灵活多样、生动有趣、行之有效。要切实创设能引发幼儿主动活动并获得有益经验的环境，避免因重复教育、过度教育而浪费幼儿的时间。幼儿的学习不是简单的行动，是有思维参与的、富有挑战的、能获得新经验的。教师应蹲下身、贴近心，与幼儿共同生活，感受幼儿的需要，这是教师与幼儿相处的重要原则，也是课程引发幼儿主动、专注地投入学习的重要保证。

（三）超越蓝本

中小学往往有课程标准，有教材，学生手上还有课本。教师的主要工作是教学设计，或者说是教材的教学法加工。随着课程改革的不断深入，虽然一些学校的校本课程比重不断加大，但总体而言，总是有在一个区域内广泛使用的国家和地方课程。尽管部分幼儿园也会购置一些现成的课程方案，主要涉及教学目标、教学内容安排、活动设计等，但一般不会强制使用。对幼儿园来说，这仅仅是课程的一个蓝本，不一定符合所有幼儿园的现实，需要改造和替换。幼儿园课程一定要超越蓝本，才能真正体现课程的适宜性和有效性。

幼儿园课程不是一个学科知识文本，不会全国采用同一个课程方案，更不会所有幼儿园教完全相同的内容。《规程》《纲要》和《指南》在不同层面上指导着幼儿园的课程建设。我们从中可以看到幼儿园课程的基本理念、基本目标、活动原则和途径、环境创设、资源挖掘等方面的基本要求。因此，国家对幼儿园课程建设是有明确的价值指向和实践指导的。正是在国家法规和政策的指导下，不同的机构编制了不同的课程方案。课程方案还不是课程本身，这些方案只有转化为幼儿获得经验的过程，才能成为真正的课程。因此，不能仅仅从方案来判断课程是否适宜，虽然方案的确能在一定程度上反映教育的立场、课程的理念、目标的完整性和适宜性、内容的生活化以及活动的游戏化。任何课程方案都需要经过园本化的改造，即使是幼儿园自己编制的课程方案，也需要随着实践的逐步深入而不断完善。因此，幼儿园课程建设是一个永无止境的过程。幼儿园教师要比其他基础教育阶段的教师更理解课程建设的重要性，更理解课程的质量对教育质量的影响，更理解课程建设是一个复杂的过程。

目前，我国大部分幼儿园还无法独自形成课程方案，需要参照一些现成的课程方案。一方面，绝大部分幼儿园的课程建设都是从模仿和借鉴开始的。从国家文件到幼儿园课程的形成要经历一个复杂的研究和探索过程，需要进行系统规划和设计，需要进行选择和比较，需要经过深入的实践和研究。因此，幼儿园借鉴一些成熟的课程方案的做法是可取的。另一方面，幼儿的身心发展规律和学习特点要求幼儿园课程一定要真正从幼儿出发，而不是从书本出发，要与幼儿的生活紧密结合，把游戏作为幼儿园的基本活动。因此，每个幼儿园的课程是不完全相同的，同一年龄段的不同班级的课程也可能是有一定差异的。这就要求幼儿园不能只是一味地模仿和借鉴，而应该在观察幼儿活动和发展的基础上，充分挖掘课程资源，对课程进行研究和探索，进行改造和创新，进行总结和积累，使课程真正适宜于幼儿的兴趣和需要，真正促进幼儿的发展。好的幼儿园课程就是要能满足幼儿的需要，能引发幼儿积极投入，不断获得新的经验，实现全面发展。因此，幼儿园课程建设的实质就是促使幼儿园课程更加具有适宜性、有效性，从而更好地促进幼儿的发展。

（四）设计是教师的职责

综上所述，幼儿园教师不是简单地对照文本传授课程的知识，而是要从幼儿的发展现实和发展规律出发去设计和改造课程，创设适合幼儿学习的环境和条件，支持和引导幼儿在多样化的活动中学习和发展。这是幼儿园教师的职责，也是幼儿园教师与中小学教师的重要区别之一。

幼儿园课程设计是一项具有专业性的工作，要求教师具备观察和分析幼儿行为的能力、课程规划和设计的能力，这些能力都是幼儿园教师的专业能力。具备观察和分析幼儿行为的能力，能帮助教师把握幼儿的现实发展水平，了解幼儿的兴趣和需要，以便有针对性地开展课程设计，给幼儿提供真正适宜的课程。课程规划和设计能力是幼儿园教师开展课程设计的关键能力，涉及特定年龄段幼儿（尤其是特定班级幼儿）发展目标的确定，课程内容的选择和组织，各类活动的预设和生成，活动时间、材料和空间的安排，等等。因此，幼儿园课程建设是一项系统而复杂的工作，要求幼儿园教师不断提高自己的专业能力，充分利用集体智慧，在实践中设计，在实践中改进。

幼儿园课程设计是一项实实在在的工作，对教育质量的提升具有决定性作用。对这项工作，幼儿园要精心安排，持续努力，不断完善。要避免“拿来主义”和形式主义。所谓“拿来主义”，就是不去深入地观察和研究幼儿，不考虑幼儿园周围的自然与社会条件，完全照搬照抄别人的课程方案，教师成了“教书匠”，而课程不能真正引发幼儿主动投入充满挑战的活动，不能有效促进幼儿的发展。其中，特别要避免崇洋媚外，即不考虑我国的文化因素，不考虑教师条件，盲目引进国外课程。形式主义的主要表现是一些幼儿园不把主要精力放在研究幼儿、环境和活动上，只注重书面文字工作，把出书当作课程建设，在没有长期深入研究的情况下，拼凑课程方案。更有一些幼儿园把力气花在课程的名称上，求新、求异、求洋，缺乏园内认同，缺乏研究支撑，缺乏实践成效。总之，幼儿园课程建设必须回到幼儿，回到生活，回到幼儿园的现实，回到探索和实践之中。

二、课程设计是一项系统的工作

幼儿园课程设计就是在一定理念的指导下，对教育目标、内容和活动进行的系统安排。幼儿园课程设计包含了课程理念的形成与完善、课程内容的选择与分配、课程方案的形成与完善、课程实践的优化与提升等基本环节。幼儿园课程设计既包括对幼儿园课程的预设，也包括在实践过程中对预设的课程内容和活动方式进行的调整，尤其应该包括对幼儿的新兴趣和新需要的关注，对外在新环境和新资源的关注，从而生发出新的内容和活动。

（一）课程理念的形成与完善

完善幼儿园课程理念，就是要强调以幼儿为本、关注现实生活、注重游戏精神、倡导主动学习，强调多感官参与的互动，强调让幼儿愿意学习、不断深入学习、有效表征学习，在学习中创造，在游戏中学习，在学习中发展个性，在学习中完善品质。要将这些思想融入幼儿园课程理念。生活不等于课程，课程应关注和融合生活；行动不等于学习，要强化在行动中学习；资源不等于经验，但多样化的、适宜的资源能给幼儿带来综合的经验。幼儿园课程理念应更好地彰显幼儿的主体地位，更好地体现幼儿的身心发展规律和学习特点，真正成为指导幼儿园课程建设的核心旗帜。幼儿园课程理念不同于幼儿园教育理念、管理理念和办园理念，课程理念切忌标新立异，切忌空洞虚化，要切实与国家法规的要求结合起来。因此，课程理念一定是幼儿园教师理解的、认同的，并且愿意去努力践行的。只有这样，理念才能真正转化为实践，才能真正指导教师的行动，促进幼儿的发展。

（二）目标的确立

幼儿园课程目标有不同的层次，有三年完整的目标体系，也有大、中、小班各个年龄段的目标，还包括不同学年、每个月、每周的目标，甚至每一个具体活动的目标。幼儿园教师要了解三个年龄段的整体目标，更要关注自己班级所在年龄段的目标。更重要的是要根据《指南》中的目标，结合幼儿园和班级实际，尤其是结合班级不同幼儿发展的现实情况分解目标，就是把年龄段的目标分解到学期、月、周、日等时段里去。这个过程就是确立课程目标的过程，通过分解，让课程目标更具体、更清晰，并实现课程目标的可操作、可落实、可检验。

确立目标的关键在于以班级幼儿的发展水平为现实依据。同一个年龄班，幼儿之间的年龄差异有可能是几个月，甚至十个月以上，因此，要考虑幼儿客观的发展差异。此外，即使是年龄接近的幼儿，也存在发展的个体差异，在不同的发展领域很可能不在同一水平上。因此，对幼儿园教师而言，了解幼儿的发展不是简单地回忆自己所学过的关于幼儿年龄阶段发展特征的知识，而是深入观察和分析幼儿的行为表现，与幼儿互动，关注每一个幼儿的现实发展。这才是真正地了解幼儿，在这个前提下设定的目标才可能是适宜的和科学的。这也从另一个角度说明了幼儿园教师的工作是非常具体、繁杂和专业的。

幼儿园课程目标的确立，要避免为了追求有新意而不切实际，无视现实条件和幼儿发展，标新立异，舍本逐末，造成目标的偏差；也要避免缺乏研究，缺乏严谨的态度，随心所欲，随意确定目标体系，从而造成一些重要目标缺失，一些目标又过于充分，使得全面发展的目标不能充分落实。教师要真正以《指南》为指引，将课程目标与幼儿的日常行为对照起来，提高对目标的敏感性，能从幼儿的行为表现中判断目标，能根据目标鼓励和支持幼儿的行为反应，真正确保课程目标的全面实现，促进幼儿发展。

（三）课程内容的选择与分配

课程目标是选择课程内容的基本依据，课程内容是实现课程目标的重要保证。课程内容选择以课程目标为依据，但不是课程目标本身，也不是课程目标的简单逻辑分解，而是一个需要综合考虑多种因素的选择过程。要在全面把握课程目标体系的基础上，深入分析幼儿的现实生活，结合幼儿园班级的环境和条件，考虑幼儿园课程资源的状况，合理选择课程内容。因此，课程内容的选择是一个发现、比较、加工和确认的过程，是一个需要认真研究和分析的过程。同一个目标，可以通过不同的内容来实现，教师要做的是选择最有效的内容。不能将指向同一目标的内容简单重复，从而造成目标重复实现，影响其他目标的实现。

课程内容的选择要围绕课程目标，关注幼儿发展的各个领域，确保课程内容的全面性，从而保障幼儿全面发展目标的实现。要注重课程内容的综合性，尽可能发挥课程内容的整体发展价值。避免在内容选择过程中忽视和遗漏一些核心目标，以致这些目标缺乏相应的内容支撑。更要避免以特色课程为名，对课程目标进行任意改变和取舍，使课程内容无视幼儿的发展需要，随意堆砌和放大，造成课程目标出现明显偏差，对全面发展教育造成严重影响。

幼儿园课程内容不是书面逻辑体系，而是与现实生活紧密相连的。幼儿园教师在课程内容的选择过程中，要观察和研究幼儿的生活，关注跟幼儿紧密相关的生活，关注幼儿感兴趣的生活，在各种生活中的事物、生活事件、生活习俗、生活环境中挖掘课程内容，让幼儿在关注现实生活、发现和解决生活问题、提高生活能力的过程中不断获得综合性的经验，让课程内容更加生活化、趣味化、情境化。

课程内容是一个有机的体系，不是杂乱堆积的内容。经过选择的课程内容要经过系统化组织，分配在不同的时间单元里，使内容呈现先易后难、先简单后复杂的特点，并使同一个领域的内容之间形成基本逻辑，不同领域的内容产生有机的联系，形成一个纵向和横向逻辑交织的完整的内容体系。这个体系能让幼儿在活动中不断获得新的挑战，同时又让幼儿获得不同领域的经验，实现经验的整合。

（四）课程方案的形成与完善

幼儿园应该在不断探索中完善幼儿园课程方案。几乎所有的幼儿园都有课程方案，课程方案是教师实施课程的基本蓝图。这些课程方案可能是幼儿园在长期的实践中通过逐步借鉴、开发、积累及改造得来的，或者是购买并简单调整、置换得来的，或者甚至就是直接购买的。这些方案都具有实践指引的意义，但园本化成分是不同的，其适宜性也可能不同。要在实践中不断评估和检验课程方案，并不断对课程方案进行修正和完善。现有的课程方案与《规程》《指南》的要求是否一致呢？与幼儿园的课程理念是否一致呢？是否有效促进了幼儿的学习与发展呢？这就需要对课程方案进行重新审视和评价，寻找存在的问题，以及解决问题的路径。没有一个幼儿园的课程方案是完美无缺的，幼儿群体和个体都是有差异的，教师队伍也是不断变化的，课程资源也是变化的，没有一个一劳永逸的课程方案。因此，课程方案的不断完善是课程建设的需要，是提升教育质量的根本保证。

幼儿园课程方案的完善是一个实践和思考的过程。课程方案的完善应以适宜性为原则。所谓适宜性，就是课程方案要符合学习者的发展状况，能满足他们的兴趣和需要。没有一个对各级各类幼儿园都普遍适合的课程方案。课程方案既要关注幼儿的学习和发展，也要关注教师的专业素质，还要关注幼儿园的资源和条件，甚至要关注幼儿园课程实践的历史和传统。因此，每个幼儿园都有其课程发展的独特路径，适宜于幼儿园的课程才能真正被教师接受、受幼儿欢迎，才能真正产生最大的成效。

课程方案的完善是让《规程》《指南》等法规精神融入方案的过程，也是让课程理念融入方案的过程。课程方案的完善也是让幼儿园长期积累的经验融入课程方案，让教师的专业热情和专业能力融入课程方案，让幼儿园拥有的资源融入课程方案。因此，课程方案的完善追求的是课程方案的适宜性和发展性，即适宜于幼儿园的实际，能最大限度促进幼儿发展。课程方案的完善不是给课程取名称和贴标签，也不是一定要无视现有的课程方案，白手起家，它是一个根据幼儿的实际，为了幼儿更好发展的目标，不断借鉴、调整、创新、生发和完善的过程。因此，把所谓的“最完善”的课程方案强加给所有幼儿园是不切实际的做法，也是违背适宜性原则的。幼儿园课程不能一统化、单一化，而是要鼓励课程的多样化、适宜性和有效性，努力促使幼儿园课程更加生动活泼，更加生活化，更具生命力和创造性。

（五）课程实践的优化与提升

课程方案的优化成效最终要在课程实施中得以延伸和显现。要结合课程方案，加强对课程实践的改革和优化。其实，课程方案的优化过程经常是与课程实践的过程紧密相关的。课程方案的优化不是一个简单的书面工作，而是一个需要实践支撑的过程。所以，课程方案优化与课程实践是同一个过程的两个方面，课程实践的优化也是课程方案优化的自然延伸。

课程实践优化的核心是与课程内容相适应的活动是否让幼儿获得应有的经验的问题，也就是能否形成一个与课程内容相匹配的有效的活动体系的问题。幼儿园课程的实践是开放的，活动形式是多样的、可选择的，适合不同年龄的幼儿、不同的课程内容，既满足幼儿集体的需要，也满足幼儿个体的需要。不同的活动之间可以相互生成和转换。因此，集体教学、区域活动、日常生活等多样化的活动都有承载课程内容的可能，都会给幼儿带来新的经验。衡量课程实践成效的关键是幼儿的发展。

要有效提升学前教育实践，教师就应充分准备，努力做有准备的教师，做有效回应和支持的教师。要"创造一个材料充足、经验丰富和互动频繁的学习环境；鼓励儿童探索材料、经验、关系和概念；尊重儿童，经常与儿童交流；有意识促进儿童所有领域的学习和发展……知道并使用对幼儿有效的一般教学策略；知晓并使用在不同的内容领域对儿童有效的特定的教学策略……"① 总之，教师要心中有目标，融入幼儿的活动环境，感知幼儿的需要和困难，给予幼儿支持和引导，让幼儿真正面临挑战，不断获得新经验。

我国的学前教育法规都提出幼儿园应以游戏为基本活动。对于课程建设来说，这就意味着幼儿园课程的游戏化。幼儿园课程游戏化关注的是实践过程和实践成效。它将生活、学习和游戏相结合，既关注幼儿应该获得的系统的关键经验，又注重幼儿的天性和身心发展规律，将内容的逻辑与生活的逻辑紧密结合起来，将幼儿的学习和游戏有机结合起来，让幼儿园课程充满游戏精神，让幼儿园课程真正有趣、有效和生动活泼，这就体现了课程游戏化。

为什么还要强调幼儿园课程游戏化？这是因为在现实的幼儿园课程实践中，存在着强化教师主导，忽视幼儿主体性的现象；存在着强化课程内容的系统学习，忽视幼儿游戏的现象；存在着幼儿的主体性受到限制，缺少自由、自主、创造及愉悦的游戏精神的现象；存在着无视幼儿的身心发展特点选择课程内容和实施方式的现象；等等。这些现象势必导致幼儿园教育的"小学化"，势必导致幼儿园课程的异化，势必导致幼儿园教育质量的低下。我们提倡课程游戏化，就是

① 安·S. 爱波斯坦. 有准备的教师——为幼儿学习选择最佳策略［M］. 李敏谊，张晨晖，郑艳，等译. 北京：教育科学出版社，2012：198-199.

要强调幼儿园课程应当回到幼儿的发展规律上来，回到幼儿的天性上来，回到幼儿园课程本源上来，回到国家的基本法规上来。

《规程》指出：“遵循幼儿身心发展规律，符合幼儿年龄特点，注重个体差异，因人施教，引导幼儿个性健康发展。幼儿园应当将游戏作为对幼儿进行全面发展教育的重要形式。以游戏为基本活动，寓教育于各项活动之中。幼儿一日活动的组织应当动静交替，注重幼儿的直接感知、实际操作和亲身体验，保证幼儿愉快的、有益的自由活动。幼儿园应当将环境作为重要的教育资源，合理利用室内外环境，创设开放的、多样的区域活动空间，提供适合幼儿年龄特点的丰富的玩具、操作材料和幼儿读物，支持幼儿自主选择和主动学习，激发幼儿学习的兴趣与探究的愿望……”国家法规中强调的就是课程游戏化的精神。幼儿园课程游戏化不是要创立一门新课程，而是幼儿园课程回归本源的过程，是对幼儿的身心发展规律与课程内容和实施形式真正有机结合的期待。

课程游戏化不是要把课程全部变成游戏，课程游戏化也没有改变游戏的本质。幼儿园课程游戏化是强化了幼儿园课程的特质，游戏化是幼儿园课程的应有之义。课程游戏化既不是将课程变成游戏，也不是简单地在课程中增加一些游戏的分量，更不是课程与游戏的机械对接。幼儿园课程与游戏不是分割的，应该是有机联系的，这是学前教育领域的共识，幼儿园课程游戏化的关键在“化”上。“化”意味着它是一个过程，是“展开”“浸润”“融合”“生发”。游戏包括了内涵、精神、价值、内容、形式等要素，课程游戏化中最核心的是对“自由、自主、愉悦和创造”的游戏精神的吸收、弘扬和生发，有了游戏精神，就有了游戏的灵魂，其他的要素会自然而然地呈现出来。因此，课程游戏化就是将幼儿园课程与游戏精神融合起来，或者说在幼儿园课程中注入游戏精神，让幼儿园课程真正成为幼儿的活动，让幼儿获得能促进自身全面发展的经验。

如何落实“自由、自主、愉悦和创造”的游戏精神呢？首先，要重新审视幼儿园的课程，甚至重新审视幼儿园的一日生活，真正了解、理解和落实幼儿的兴趣和需要，让一切规则更有利于幼儿自主性和创造性的发展，让时间和空间更好地为幼儿的活动服务，让幼儿对幼儿园活动充满兴趣，真正高度投入和充满热情。其次，要确保幼儿的自由游戏时间，游戏是幼儿的天性，是幼儿心灵成长的需要，因此课程超载导致的剥夺幼儿自由游戏时间的现象必须切实扭转过来。再次，在集体、小组或个别教学活动中，尽可能采用生动活泼的游戏方式，提高幼儿学习的兴趣，强化学习的效果，生发一些新的学习。在这方面，陈鹤琴先生早就进行过相关的探索，张雪门先生也有类似的思想。

三、全面推进课程建设

与中小学教师相比，幼儿园教师的工作向前延伸到了课程设计，还要进一步综合地延伸到整个的课程建设。幼儿园课程的产生、运行、保障和维护都是幼儿园教师的职责。这是幼儿园课程实践跨出的最重要的一步——课程建设。课程建设将成为未来幼儿园不断提升教育质量的核心保障。因此，幼儿园要超越课程设计，立足课程实施，全面推进课程建设，尤其应重视幼儿园环境规划和创设、资源挖掘和利用、课程文化培育和建设等方面的工作，不断推进课程建设的新突破。

（一）超越课程设计

从教学设计到课程设计，就是课程设计权回归幼儿园、回归教师，是幼儿园课程实践的必然要求。课程设计不只是课程发展的一个环节，而是让课程更接近真实的幼儿、让课程更适宜的关键路径。同时，也应该看到，课程设计不能真正决定课程的成效，不能真正决定教育质量。除了课程能否得到有效实施外，还有很多与课程成效相关的问题需要全面关注和深入考虑，不能停留于课程设计，要超越课程设计，关注影响课程成效的各方面因素。要从课程设计走向课程建设。幼儿园课程建设就是一个幼儿园课程产生、发展并不断改进和完善的过程，是一项系统工程，涉及课程设计、实施、评价及课程环境资源规划和利用、课程文化建设等多方面的工作。

课程建设自然要关注课程的设计、实施和评价，这是课程实践系统的基本要素。除此之外，还应该考虑幼儿园课程环境的建设，尤其是室内外各种环境的规划和利用，还包括园外环境的开发和利用。充分规划有利于幼儿学习和发展的各种微观环境因素，让环境最大限度地支持和促进幼儿的发展。要考虑幼儿活动的特点，挖掘和利用自然、社会和文化的各种资源，尤其是关注现实生活中各种生动多样的资源，以此满足幼儿学习和发展的需要。要以长远的眼光看到课程的可持续发展。要关注幼儿园课程文化建设，不断丰富和发展幼儿园的课程文化，真正让优良的课程文化引领幼儿园的课程建设。

（二）课程环境规划和创设

幼儿主要是通过直接经验学习的。幼儿园的环境包含幼儿进行活动的一切可能空间、设施和材料。什么样的环境，决定了幼儿获得什么样的经验。因此，环境对幼儿的学习和发展具有特别重要的意义。环境的空间大小和环境是否便利、丰富与多样，直接影响到幼儿的活动和发展。对环境的规划和创设是幼儿园课程建设的重要内容，也是影响课程成效的重要因素。

不断建设和完善幼儿园课程环境是课程建设的一项重要工作。没有适宜的环境，就没有幼儿有效的学习。环境建设的首要问题是安全达标，消除安全隐患，室内外面积符合国家规定的生均室内使用面积和场地面积的要求，符合国家关于活动基本场地设施规划要求，如室内区域及场地设施要求。其次，从户外场地规划和创设上看，环境创设应切实关注自然性，更多采用自然材料，增加草地面积、种植的树木，使花草的品种更多样化，让幼儿园的环境有更浓郁的自然气息，让幼儿有更多亲近自然的机会，尤其应给幼儿提供种植园地，让幼儿有种植、观察、收获的经历和体验。最后，幼儿园的户外场地不称操场，而是称为“户外活动场地”，这意味着多样化的活动均可在户外进行，户外是幼儿园课程实施的重要场所，做操的功能是户外场地所有功能中极小的一项。无论风霜雨雪，户外场地都具有课程的价值，都能让幼儿获得有益的经验。要从幼儿活动需要的角度出发，整体考虑户外活动场地的规划和布局，考虑场地的综合运用，既要有特定功能区（如玩沙玩水区等），又要避免过度分隔，剥夺幼儿奔跑和追逐的机会。要注重打通室内外活动之间的联系，如种植活动与生活活动之间的关系、文学作品阅读与大型表演之间的关系等，努力使室内外活动衔接，资源得到有效利用，使幼儿获得的经验得到延续。

环境建设的重点是完善活动区的规划与利用。区域活动、集体教学、日常生活是幼儿园课程实施的三种主要途径。我们从不否定集体教学的价值，认为集体教学是唯一的课程实施途径是固执僵化的表现，认为已经没有必要进行集体教学则是冲动莽撞的表现，两者对课程的实施都是不利的。关键是要明确集体教学到底指什么，不能把集体教学全部等同于教师的讲解。集体教学本身就是教师引导幼儿生动活泼、积极主动、采用多种感官探索发现、交往互动、表达表现的过程，这样的集体教学有合作、有分享、有争论、有互动、有效率，为何不能成为课程的主要实施方式？有效的集体教学一定是引导幼儿活动，而不只是幼儿听教师讲解。要正确认识集体教学，形成集体教学的正确图像。当然，什么内容适合集体教学也是需要深入研究的。日常生活不全是课程，但日常生活环节中有很多学习的契机，需要充分地加以利用，发挥它们的积极作用。因此，教师要有生活课程具有价值的意识，要有对幼儿经验的充分把握，以提升对生活事件、生活内容、生活环节的敏感性。对于高质量的幼儿园课程而言，最关键的问题是如何充分规划和利用班级的区域，促进幼儿学习和发展。对我国的幼儿园教师来说，传统意义上的区域主要是经典的游戏区域，如何创设一些适宜的学习区域是一个新课题、新挑战。区域的设计要考虑必要性和有效性，有些经验非常重要，用区域活动的方式能最大限度地达到实现课程的目的，那就需要设置相应的区域。区域的设置要考虑支持性和灵活性。任何一个区域，其运行和维护需要有相应资源的支持，否则幼儿难以获得相应的经验。同时，区域的设置不是一成不变的，可以根据需要灵活调整。区域的设置要多用“除法”，将区域空间除以区域数量，将一个区域的面积除以其中的幼儿数量，将桌面面积除以使用它的幼儿数量，看看空间是否足以支撑幼儿的活动。区域设置要有明确的目的，不能随大流，要切实考虑幼儿的学习与发展。区域之间应具有互补性，室内区域与户外活动之间具有互补性，区域活动与集体教学及日常生活活动之间也具有互补性。

（三）课程资源挖掘和利用

课程资源是决定幼儿园课程质量的重要因素。与中小学不同，幼儿的学习不是通过课本来进行的，而是通过多样化的活动进行的。活动过程中，幼儿通过多种感官，与多样化的资源和材料发生相互作用，从而获得经验。因此，从一定意义上说，资源的丰富程度、适宜程度、挑战程度决定了幼儿学习的质量和获得的经验。因此，幼儿园课程建设要努力完善课程资源。

对于强调在相互作用过程中学习的幼儿园课程实践来说，课程资源是幼儿活动的基础，也是幼儿与外界相互作用的主要对象。课程资源的丰富性和多样性，一定程度上影响着幼儿获得经验的丰富性和多样性。因此要重视并加强课程资源建设，提升对课程资源的敏感性。应全面落实国家关于图书、教玩具配备的基本要求，确保基本资源足量到位。同时，要加强幼儿园内外课程资源的调查、开发和利用。尤其是要用足自然资源，给幼儿更多亲近自然的机会，让幼儿真正带着兴趣去探索、发现和感受自然事物和自然现象，增加科学经验，丰富对自然的情感。要带领幼儿深入生活，在家长的支持下，共同挖掘本地的生活资源，考虑幼儿的发展需要，从习俗、地方文化、饮食习惯、服饰、日常用品等多个方面收集课程资源，规划和组织相应的活动，使幼儿获得相关的经验。课程资源的挖掘和利用应从幼儿的经验出发，从课程目标出发，注重资源的种类和数量，要在有效利用上下功夫，切实将课程资源优势转化为幼儿的经验优势。

（四）课程文化培育和建设

幼儿园课程建设还包括课程文化的培育。文化不只是作为宏观的课程背景而存在的，文化也是具体的、细微的和生动的，具有生命性、生活性[①]。课程文化是幼儿园课程实践中显现的比较稳定的精神和行为的特征，是幼儿园所有员工认同和践行的园内“风俗”。其中核心的要素包括四个方面：一是全体教职工在反复的学习和实践中逐渐形成正确的课程信念。所谓课程信念，就是有关课程的重要理念，不只是知道和理解，还坚信不疑，不受外在风潮影响，能长期坚持不懈，并不断完善。这是幼儿园课程可持续发展的重要影响因素。二是对有利于落实信念、提升质量的知识保持高度的敏感性和向往。集体中有学习的风气和对知识的渴望，有一定的知识倾向，有增长和交流知识的各类活动，如读书沙龙、好书推荐、书评分享、书讯分享、经典导读、理论一尝试等。三是幼儿园的环境中折射出特定的课程理念。这里的折射就是透视，呈现无形的精神和意义，而不是在环境中书写课程理念。环境中的各类事物，如空间关系，色彩设计，动植物种类、数量和空间安排，尤其是幼儿可支配空间的安排，都能反映幼儿园的课程信念，体现幼儿园的课程文化。四是教职工的行为方式中蕴含的文化意义。文化最终都是通过人的行为体现出来的。教职工，尤其是教师，其稳定的行为方式就是一个幼儿园课程文化的重要表现。教职工的行为又将影响幼儿的行为。教师与幼儿的相互作用过程是考察幼儿园课程文化最核心的渠道。在师幼互动过程中，包含了教师的信念和知识，也体现了环境和资源的特征，因此是课程文化表现的综合性因素。

---

① 虞永平．生活化的幼儿园课程［M］．北京：高等教育出版社，2010：205.

课程文化具有多样性的特点，但课程文化是有明显的价值倾向的。积极向上的课程文化能凝聚人心，激发不断努力的动力，能反映基本的科学规律，尤其是能遵循幼儿身心发展的规律、学前教育的规律和幼儿园教师劳动的规律，能反映幼儿学习的特点和幼儿园课程的特点，能凝聚教职工的集体智慧，反映集体的意志，能真正引领幼儿园课程未来发展的方向。

不断培育和完善幼儿园课程文化是课程建设的重要内容，课程文化是课程不断发展的内在动力机制，也是推进课程可持续发展的关键所在。从这个意义上说，文化引导未来。幼儿园课程文化的水平和状态决定了幼儿园课程发展的未来。因此，在课程建设中必须关注课程文化建设。

（本章作者　虞永平）

第三章

CONG ZHUIQIU XINYING DAO
ZHUIQIU SHIYI

从追求新颖到追求适宜

2001 年是我国幼儿园课程改革的重要一年，《纲要》的颁布掀起了新一轮幼儿园课程改革的热潮。《纲要》指出："城乡各类幼儿园都应从实际出发，因地制宜地实施素质教育，为幼儿一生的发展打好基础。幼儿园应与家庭、社区密切合作，与小学相互衔接，综合利用各种教育资源，共同为幼儿的发展创造良好的条件。"① "教育活动的组织与实施过程是教师创造性地开展工作的过程。教师要根据本《纲要》，从本地、本园的条件出发，结合本班幼儿的实际情况，制订切实可行的工作计划并灵活地执行。"② 与 1981 年颁布的《幼儿园教育纲要（试行草案）》相比，《纲要》没有清晰地列出幼儿园应教授的具体知识技能清单，而是提倡幼儿园根据本地、本园的实际情况自主确定。可见，本轮课程改革鲜明的特征是赋权。园本课程建设成为新一轮课程改革的重要方向。但由于诸种原因，实践中出现了盲目追求新颖性的误区。

一、课程建设盲目追求新颖性的表现

幼儿园课程建设盲目追求新颖性，主要有三种表现：

（一）将开发与众不同的"特色课程"作为课程建设的主要任务

在幼儿园课程建设中，普遍存在将开发与其他幼儿园不一样的课程作为园本课程建设的出发点和终极目标的现象。这种现象产生的原因，一方面是一些地方幼儿园等级评估标准中明确要求幼儿园需有特色课程。片面地将"特色"理解为

---

① 中华人民共和国教育部．幼儿园教育指导纲要（试行）[M]．北京：北京师范大学出版社，2001: 1.

② 中华人民共和国教育部．幼儿园教育指导纲要（试行）[M]．北京：北京师范大学出版社，2001: 9.

一事物显著区别于其他事物的风格和形式，片面强调课程的新颖性和独特性，为了在评价制度中获得更高的等级，幼儿园常苦恼于想开发的课程与周边其他幼儿园的园本课程相似，因而不得不绞尽脑汁地构想不同的课程，争相开发与他园课程相异的特色课程。另一方面，受学校教育阶段校本课程开发理念与行动的影响。学校教育阶段的课程由国家课程、地方课程与校本课程构成，校本课程只占学校所有课程的极小比例。一些幼儿园效仿了学校教育阶段的校本课程开发，误将园本课程等同于只占幼儿园课程极小比例的特色课程，将特色课程与采纳的他编课程并列，共同构成幼儿园课程的全部。如此理解园本课程，对于幼儿园而言，开发起来相对容易。但幼儿园耗费相当多的精力来开发特色课程，对于占据幼儿园课程较大比例的非本园特色课程则往往关注不够，导致幼儿园课程无法有效促进幼儿身心全面和谐发展。

（二）盲目追新逐异，力求课程常变常新

随着课程改革的推进以及新理念和新模式的不断引入，一些幼儿园在课程建设上陷入了盲目追赶新潮的误区。课程方案说变就变，课程模式拿来就用，课程更新缺乏审慎思考，这是园本课程无“本”的肤浅表现，也表明园长缺乏专业自信和专业能力，重视外部评价，而极少体察内部需要。这类幼儿园对所有新模式和新理念也往往一知半解，无法形成清晰的课程理念和坚定的课程信念。教师往往无所适从，疲于跟风应对，无法真正关注幼儿身心的全面和谐发展。

（三）课程建设因园长流动而常换常新

园长是幼儿园发展的规划者和办园方向的引导者，是幼儿园保育教育的领导者。园长决定着园本课程建设的方向。一些地方对幼儿园园长的管理实行党政领导干部任期制，园长到期必换；还有一些地方则由于新办园所较多，园长流动频繁。一些园长由于政绩观作祟，时常新到一园即提出一套课程建设的新思路，这导致幼儿园难以形成稳定的课程理念和文化；一些园长则缺乏对原园本课程的熟悉和认同，很难坚守并促进原园本课程的发展。园本课程建设需经历系统长期的过程，园长经常更换是导致幼儿园很难形成高质量园本课程的重要原因之一。

二、课程建设盲目追求新颖性的原因分析

（一）对园本课程的理解偏差

20 世纪 50 年代早期，西方的学校课程多数是在专门的课程开发中心，由掌握课程开发技术和学科知识的专家组织设计的，学校仅是被动地采用并实施课程。这种中心本位的课程开发方式存在明显弊端：第一，课程开发无法顾及具体学校、具体学生的具体学习需要；第二，课程开发历时长，不能适时更新。正是由于“中心为本”开发的课程在适宜性上存在弊端，以校为本的课程在 20 世纪 70 年代的西方国家应运而生。在我国基础教育阶段，国家课程曾“一统天下”。但由于国家课程不能反映各学校的传统和优势，不能适应各地学生的兴趣和需要，因此教育部在 20 世纪 90 年代末提出“学校可以根据当地社会、经济发展的具体情况，结合本校的传统和优势、学生的兴趣和需要，开发或选用适合本校的课程”①。可见，校本课程建设的出发点是针对他编课程（中心本位课程或国家课程、地方课程）的不适宜性，以最大限度地追求课程对于学生兴趣和需要的适宜性。

在我国幼儿教育领域，课程编制权曾主要掌握在专家手中。由于幼儿的学习以直接经验为主，以兴趣为基础，认知带有明显的情境性，学习的有效性很大程度上取决于课程与其生活的密切程度，因此，他编课程不适宜的问题在幼儿教育中显得尤为突出。此外，促进幼儿生活自理能力和社会性的发展等也是幼儿教育的重要任务。要实现这些任务，幼儿园课程必须关注幼儿在园一日生活的所有环节。显然，再高明的专家也无法编制出一套满足所有幼儿的兴趣和需要的课程。只有教师、园长、家长等都参与课程建设，才能使课程更适应幼儿的生活、兴趣和需要。因此，我国幼儿园也开始了园本课程建设的探索，而且比校本课程的范畴要更广。

园本课程建设就是以学前教育相关法规文件为指导，以幼儿园现实的环境和

① 中华人民共和国教育部. 教育部关于印发《基础教育课程改革纲要（试行）》的通知［EB/OL］.（2001-6-8）［2022-11-7］. http://www.moe.gov.cn/srcsite/A26/jcj_kcjcgh/200106/t20010608_167343.html.

条件为背景，以幼儿现实的需要和兴趣为出发点，以幼儿园教师为主体进行课程建设的活动。园本课程建设应深入挖掘幼儿园和社区的课程资源，与现实生活建立密切联系，充分关注特定幼儿园的办园宗旨、教师素质及幼儿的发展状况。园本课程建设不是为了标新立异，而应重点考虑如何使课程适合特定幼儿园、特定班级和特定幼儿。诚然，园本课程各有特色，但是我们需要警惕以追新求异为目的的园本课程建设。多样性、差异性和独特性只是园本课程的表现性特征，适宜性才是园本课程建设的本质特征。

此外，也不能简单地将园本课程等同于校本课程。在课程管理体系中，校本课程约占学校课程的比例较小，学校课程还包括以教材形式呈现的国家课程和地方课程。而园本课程不同于校本课程，它可以是幼儿园课程的全部，国家课程和地方课程更多以指导文件的形式呈现，园本课程则是国家《纲要》精神和地方幼儿园课程建设指导文件在幼儿园中的具体化表现。

（二）课程建设中的功利取向

园本课程建设中的功利取向主要指园本课程建设不以更好地促进幼儿身心全面和谐发展为目标，而以谋求其他外在利益为主要追求，如园本课程建设过多地关注迎合家长的需要和符合等级评价标准。

家长是学前教育服务的重要购买主体，同时也是幼儿园教育质量的评价主体之一。家长的不当期望是导致幼儿园课程混乱的根源之一①。家长对教育目标定位的不准确和教育期望的不合理，对教育理念的认识和学术层面科学的理解不一致②，往往会使其以表面的“新颖”和“先进”作为评价课程好坏的标准，进而影响幼儿园的课程建设方向③。尤其是在当前充斥各种杂乱信息的社会，“新”似乎成了评价事物的重要标准，而“好”和“正确”越来越被忽视④，家长便不自觉地陷入了价值迷失的泥淖中，争相追逐披上“先进”理论外衣的“高品质”幼儿园。现实中一些幼儿园为了吸引家长择园、保住生源，在激烈的市场竞争中争得

---

① 虞永平，张辉娟，钱雨，等 . 幼儿园课程评价［M］. 南京：江苏凤凰教育出版社，2005：9.

② 王春燕 . 中国学前课程百年发展、变革的历史与思考［D］. 南京师范大学，2003.

③ 王声平 . 普惠性民办幼儿园教育质量保障机制构建的困境与未来趋向［J］. 教育评论，2017（2）：24–29.

④ 樊人利 . 当前园本课程建设存在的问题及其解决策略［J］. 学前教育研究，2015（11）：67–69.

一席之地、维持幼儿园的生存，会引进一些市场上开发的特色新课程[①②]。园本课程建设无疑应关注家长的合理需要，但一味迎合家长的需求，以家长的需求作为园本课程建设的方向，也是充满风险的。其原因一方面是家长缺乏专业性，往往很难把握幼儿健康发展的需要，不具备从理论基础等角度对课程方案进行理性分析的能力；另一方面，家长并非课程建设的深度卷入者，对于幼儿园的现实条件以及课程是否适用无法得出客观可靠的结论。

受功利主义的影响，利益成为教育评价发挥功能的催化剂[③]。在课程建设中，单纯为了评估、为了荣誉而进行园本课程开发的做法不在少数[④]。同时，由于评价标准自身存在缺陷，不少地方将幼儿园有没有特色课程作为幼儿园评定等级和质量的一个重要指标[⑤]，且指向的更多是以教材为代表的成果类工作，造成了结果凌驾于过程之上的错位现象。再加之我国幼儿园质量评价结果的异化和幼儿园对于资源的依赖[⑥]，幼儿园面临评价结果作为奖惩依据的困境，便急于通过园本课程的建设成果来博得良好的评价等级及更有保障的发展前景，从而忽略了课程精品意识的树立，有损园本课程的严肃性和科学性，并导致“虚假、错位甚至是反科学的园本课程泛滥”[⑦]。

三、课程建设盲目追求新颖性的危害

课程建设盲目追求新颖性会阻碍幼儿园课程理念与课程文化的形成。课程理念与课程文化是幼儿园课程建设向上生长的土壤。课程理念是幼儿园在课程开发的过程中所坚持的思想意识指导，作为幼儿园办园理念和教育理念的重要组成部分，它是幼儿园课程的核心与灵魂，是对课程建设与课程实施具有现实指导意义

---

① 姚林林．幼儿园课程建设现存问题之研究［D］. 华南师范大学，2007.

② 张扬．引进与生成：幼儿园课程引进中存在的实施困境与突破策略［J］. 陕西学前师范学院学报，2017，33（4）：39–43.

③ 龚孝华．教育评价中管理主义、功利主义科学主义倾向及其批判［J］. 内蒙古师范大学学报（教育科学版），2008（7）：27–29.

④ 覃兵．园本课程开发的制约因素及对策探析［J］. 学前教育研究，2007（6）：40–42.

⑤ 朱家雄．幼儿园园本课程再议［J］. 教育导刊（下半月），2006（5）：4–6.

⑥ 潘月娟．幼儿园教育质量评价基本问题探讨——基于新制度主义理论视域［J］. 教育研究，2018（1）：108–111.

⑦ 虞永平．园本课程建设之我见［J］. 幼儿教育，2004（9）：4–5.

的纲领和指针，是幼儿园教育实践工作者对幼儿园教育活动的价值取向、教育内容、实践模式等的系统认识与集中表达，是幼儿园课程实践的先导。课程文化是指特定的团体在课程建设过程中形成的，为大多数成员所认同和践行的，能影响课程建设进程和水平的知识、理念、信仰及处事方式等。幼儿园课程文化建设的水平决定了幼儿园课程发展的方向和水平，良好的课程建设有赖于文化的补足和推动①。课程实施质量的提升离不开科学理念的构建和优秀文化的形成，二者交织而成的个性鲜明的办园宗旨和教育思想是课程建设的价值内核。

课程建设盲目追随潮流、因人而异，会导致课程根基不牢，缺少核心理念的引领和内在文化的推动。管理者缺少对本园历史积淀和文化传统的思考，尚未形成和树立对本园课程建设的清晰认识和信心，也就导致了园本课程缺乏深度和生命力，形成“无文化”课程建设的畸形样态②；教师作为课程建设的主体角色被迫由他人替代，作为课程建设重要来源的实践智慧被严重浪费③。课程引进的无效一方面是因为忽略园所开展课程的必要条件和重要因素，包括教学教具和教师素质等④；另一方面是因为忽视经验的积累和系统的学习⑤，不去研究课程方案依托的理论基础和成效实现的路径⑥，对其他课程内涵、操作实施要点停留在模糊的认识和一知半解上，无从顾及课程的情境生成性和情境存在性⑦，借鉴焦点偏差，流于表面而失于实质。

四、适宜性是课程建设的应然追求

课程适宜性的内涵包括以下方面：

（一）适宜于幼儿的兴趣与发展需要

适宜于幼儿的兴趣与发展需要是园本课程建设首要及最核心的内涵。

---

① 虞永平 . 幼儿园课程建设的文化视角［J］. 学前课程研究，2007（Z1）：4–6.
② 方晨瑶 . 幼儿园园本课程的开发——基于发展适宜性视角［J］. 幼儿教育，2020（Z3）：11–13.
③ 虞永平 . 幼儿园课程建设是系统和长期的工作［J］. 幼儿教育，2020（Z1）：4–9.
④ 孙立明 . 幼儿园课程的适宜性、文化性与生活性［J］. 学前教育研究，2015（1）：70–72.
⑤ 虞永平 . 幼儿园课程建设的文化视角［J］. 学前课程研究，2007（Z1）：4–6.
⑥ 覃兵 . 园本课程开发的制约因素及对策探析［J］. 学前教育研究，2007（6）：40–42.
⑦ 王晓芬 . 幼儿园教育中的课程公平［J］. 学前教育研究，2008（1）：20–24.

幼儿的兴趣对象多与周围环境中的事物和现象有关。如生活在海边的幼儿易对海里的动植物、有关大海的现象感兴趣，而生活在大草原上的幼儿则会对放牧及草原上的各种活动更感兴趣，生活在城市与农村的幼儿所感兴趣的对象也会有所差异。除了幼儿生活的地域，幼儿园周边的不同环境也往往会引发幼儿不同的兴趣。例如，幼儿园附近有条河流，该园的幼儿则可能容易对河流产生兴趣；幼儿园附近有地铁站，该园的幼儿则可能容易对地铁站产生兴趣。此外，幼儿家人的职业及兴趣爱好的不同，也会影响幼儿的兴趣爱好。园本课程应最大限度地适宜于幼儿的兴趣。

此外，幼儿的发展需要主要指幼儿园实际教育对象的发展现状与《规程》《纲要》《指南》中所列 3 ～ 6 岁儿童全面发展的要求之间的差距。幼儿身心全面发展由家庭教育、社会教育和幼儿园教育共同促进，因此，课程建设需要综合考量家庭和社会在促进幼儿全面发展上所能给予的支持及存在的不足，遵循缺失优先的原则，有针对性地补足幼儿家庭教育与社会教育的不足，促进幼儿身心全面和谐发展。如对于生活在农村的幼儿，往往在生活卫生习惯、阅读习惯、艺术欣赏等方面得不到良好的教育，因此农村幼儿园应在生活卫生习惯、早期阅读和艺术教育等方面给予幼儿更充足的支持。而生活在城市的幼儿，则往往在动作发展、身体素质、社会交往等方面缺少受教育的机会，因此城市幼儿园应在体育和社会交往等方面给予幼儿更多的教育。

（二）适宜于幼儿园的内外部环境和现实条件

《纲要》指出，“城乡各类幼儿园都应从实际出发，因地制宜地实施素质教育”，“幼儿园应与家庭、社区密切合作，与小学相互衔接，综合利用各种教育资源，共同为幼儿的发展创造良好的条件”。① 因此，课程建设要以幼儿园所拥有的现实环境和条件为背景，充分考虑幼儿园的人力、物力、财力和历史等因素。

1. 课程建设要符合本园所拥有的人力资源，包括园内教职工及幼儿资源和园外可利用的人力资源

《纲要》指出，教师集体和同伴群体是宝贵的教育资源。园本课程建设没有

---

① 中华人民共和国教育部．幼儿园教育指导纲要（试行）[M]．北京：北京师范大学出版社，2001：1.

理想或最好的状态，只有相对最优的状态。对于一些新教师、非编教师或非学前教育专业教师占比较高的幼儿园，园本课程建设可以考虑先从选择适宜的他编课程做起，在此基础上对他编课程中的活动方案做园本化改造，逐渐可过渡到考虑开发部分园本课程。园本课程开发也应基于教职工和幼儿同伴的优势，如擅长种植的保安为幼儿园开展种植活动提供了条件，擅长针线活的保育员为班级开设缝制区提供了帮助。再如，南京市实验幼儿园利用农科院的专家资源开展有关种植的活动；南京市梅花山庄幼儿园利用当地的民间艺人，开展皮影戏、白局等民间艺术综合教育活动。此外，同伴的兴趣爱好也是幼儿园开发园本课程的契机。例如，个别幼儿对桥的浓厚兴趣可能引发很多同伴对桥的兴趣，班级因此而开展关于桥的主题活动或区域活动，将幼儿的个体经验转变为集体经验。

2. 课程建设要适宜于本园所拥有的物质环境

本园及周边的自然资源、空间条件和设施设备等都为园本课程建设提供了物质基础。如南京市太平巷幼儿园对户外环境进行改造，增加了种植区域，使园内春有花、夏有叶、秋有果、冬有绿，有坡、有池塘等，并依托这些大自然资源开发了园本课程；南京市栖霞区迈皋桥幼儿园依托附近的南京市红山森林动物园，开展了系列“亲生命”教育活动；杭州云谷幼儿园依山而建，利用自然资源开展园本教育活动；国外一些幼儿园建在森林中，充分利用森林资源开展活动；等等。

3. 课程建设要符合本园所拥有的社会文化资源

课程建设要基于本园及所在社区和地方所拥有的社会文化资源。如南京举办青奥会期间，南京的很多幼儿园都开展了与运动相关的主题活动；山西的一些幼儿园基于花馍艺术，开展面塑活动；江苏睢宁县的幼儿园依托地方版画艺术，开展版画活动；等等。

（三）适宜于学前教育相关法律法规和文件精神

课程建设具有开放性，但也应具有一定的规范性。课程建设应保持与相关法律法规和文件相一致，这是课程建设的基础[①]。国家有关规范幼儿园各项行为的法律法规、文件中包含了课程建设的基本框架和价值引领。例如，《规程》指出：

---

① 虞永平．试论园本课程的建设［J］．早期教育，2001（8）：4–6.

以游戏为基本活动，寓教育于各项活动之中。《纲要》规定：幼儿园应为幼儿提供健康、丰富的生活和活动环境，满足他们多方面发展的需要，使他们在快乐童年生活中获得有益于身心发展的经验；关注个别差异，促进每个幼儿富有个性地发展。《指南》列出了各年龄阶段幼儿全面发展的目标，幼儿园课程目标应能基于幼儿的实际发展水平，覆盖《指南》所列的所有目标。

五、适宜性取向下课程建设的过程

（一）课程建设基础分析

1. 教育对象基础：本园幼儿的家庭背景与发展需要

没有最优的课程，只有相对最适宜的课程。幼儿园的教育对象不同，其发展的基础不同，幼儿园课程应着力的方面也不相同。因此，园本课程建设应首先对幼儿的家庭背景与发展水平进行摸底性评估。

对幼儿家庭背景的评估应了解家长的文化背景、家庭结构、家庭教育价值观和内容、方法等。对幼儿家庭背景进行了解的方式有家访、访谈、问卷调查等。此前，受“新冠肺炎”疫情的影响，许多幼儿园取消了入户家访，疫情结束后，建议恢复线下家访，并对家访内容进行设计。此外，应对幼儿的父母进行访谈，教师可以利用家访机会，对父母进行非正式访谈。问卷调查是较为简便的调查方式。教师可设计家长调查问卷，对幼儿的家庭活动、家庭教育过程、发展现状及期待等内容进行调查。

对幼儿发展水平进行评估应着重了解幼儿在动作发展、生活自理、语言表达、社会交往等方面的发展水平。教师可以选择合适的评估工具，请家长评估；或在入园前的亲子活动中，开展多类活动，观察幼儿在各类活动中的表现，对幼儿的发展水平进行大致摸底。

课程建设的起点应是幼儿发展的现状与需要。基于上述分析，可以确定幼儿园课程建设应着力的方面。例如，以留守儿童为主要对象的幼儿园，基于对留守儿童家庭状况及发展水平的评估，发现留守儿童因家庭不稳定，缺乏父母的关爱，承担抚育任务的祖辈大多文化程度较低、教育观念落后，留守儿童容易出现焦虑、自卑、孤独、适应不良、心理不平衡等问题。同时，儿童身体健康问题也不容忽视。为此，园本课程建设确立了以下重点：培养幼儿的个人卫生习惯、阅读习惯、健康饮食习惯和艺术审美意识等，提升幼儿的自信心及与同伴交往的能力。

2. 教育者基础：本园的条件

本园的条件限定了课程建设的可能性。本园的条件包括师资素质、幼儿园可利用的资源、本园的历史等。

园本课程主要是在园长带领下，由教师们共同参与开发、实施和评价的课程。幼儿园教师的专业素质直接决定着课程建设的水平。因此，各园要基于本园教师的实际情况，确定可能开展的园本课程。对教师的了解包括学历、教龄、所学专业、是否拥有幼儿园教师资格证、师幼比例、专业水平、流动性等。对于教师素质较高、流动性较低的幼儿园，可以较大比例地开发本园的课程。课程建设过程中若想自主构建园本课程内容，需要具有较高理论水平和较多实践经验并有宏观把握课程能力的教师①，教师的专业精神决定其是否愿意参与课程建设，而教师的专业水平则决定其能否成功实现课程建设②。

幼儿园可利用的资源条件包括幼儿园周围和内部可利用的人力、物力等。幼儿园周围可利用的自然资源如植物、动物、小山、河流等，人力资源包括具有某方面特长的幼儿家长、教师的亲戚朋友和社区各机构的工作人员等；幼儿园内部资源包括空间格局、自然资源、丰富的材料、教职工的特长等。

幼儿园的历史也是园本课程建设的重要基础。如南京市栖霞区迈皋桥幼儿园，其历史可追溯到1930年陶行知委托他的学生孙铭勋和戴自俺建的乡村幼稚园，“从爱出发”是当时的园训。南京市栖霞区迈皋桥幼儿园的园本课程谨遵园训，将爱的范畴扩大，构建了“亲生命”课程，强调实施爱自我、爱自然、爱社会的教育。

3. 社会基础：未来社会对人才素养的要求和幼儿终身发展的需要

当今的社会瞬息万变，幼儿园培养的人在20年后才会进入社会，如何使幼儿成人后能够顺利适应社会？园本课程建设应具有前瞻性，基于未来社会对人才素质的要求，确立课程的核心目标。问题解决能力、批判性思维、创造力、沟通合作能力和阅读能力等均被多国视为未来人才的核心素养，在课程中应加以重点培养。同时，幼儿园也要考虑幼儿终身发展的需要，要及时审视当下社会中小学

① 焦爱美．幼儿园园本课程内容的构建研究［D］. 山东师范大学，2008.

② 邱华翔．幼儿园园本课程开发的研究［D］. 华中师范大学，2015.

生、大学生和成人的发展现状与问题，有针对性地在幼儿园教育中加以重点关注。如普遍的社会焦虑、心理健康与情绪问题等，应引起幼儿园的重视，从而加强对幼儿情绪管理能力的培养。

基于以上分析，幼儿园应在理性评估各项基础的前提下，确定园本课程建设的方向。幼儿园可考虑从众多现成课程方案中遴选出适合本园的课程方案，并适当进行改造；也可考虑自主开发园本课程。

（二）课程初步构建

1. 选择适宜的理论作为课程的理论基础

在对课程建设的儿童发展基础、幼儿园现实基础和社会基础进行全面分析后，接下来需要从众多理论中寻找合适的理论作为课程建设的理论基础。不同的理论将会产生不同的幼儿园课程开发思路。

例如，美国高瞻课程的理论基础主要是皮亚杰的认知发展理论，强调儿童认知发展遵循一定的规律，儿童处于前运算和具体运算阶段，儿童认知是通过主动建构而非直接传授获得发展的。因此，高瞻课程设计了“计划—工作—回顾”的标志性流程，强调儿童主动学习的意义。此外，后来高瞻课程还吸取了维果茨基、杜威、斯密兰斯基、埃利斯等人的观点。杜威认为理想的学习是游戏性和严肃性的结合；埃利斯认为游戏对人类来说是一种很好的问题解决策略；杜威和斯密兰斯基都强调计划和反思对于学习和发展的重要性。杜威曾说教育应该是目标导向的活动，儿童会主动参与允许其自主学习的活动。斯密兰斯基曾做过高瞻课程的顾问，她强调增添回顾时间，并将其与计划和工作时间放在一起，这样儿童就能够反思他们的计划和行动，并能对这一过程中所学的内容有更深入的理解。斯密兰斯基还帮助高瞻课程方案的研究人员整合了早期教育中的某些传统活动，尤其是社会戏剧表演游戏。这种游戏在 20 世纪 60 年代备受忽视，因为这种游戏不能直接解决儿童的认知发展问题。埃里克森人格发展阶段指出，3 ～ 5 岁的儿童处于主动对内疚的阶段，学前儿童对于他们想要做的事情有很多想法，当他们能够成功实施这些想法时，他们就发展了主动意识。如果他们不断地失败，他们可能就会对自己的主动性产生内疚感。为了培养儿童的主动性、探索精神以及独立解决问题的能力，高瞻课程的教师给予儿童所需的社会性和情感支持，以帮助他们成为有能力且自信的计划者。维果茨基提出了儿童心理发展的社会文化起源论，强调成人或更有能力的同伴在儿童成长过程中的引导和促进作用。因此，高瞻课程强调成人对儿童的鹰架作用，强调儿童与教师及同伴交流的重要性，将社会性技能和交往能力作为促进儿童逻辑推理能力发展的策略。①

2. 确定适宜的课程目标

幼儿园课程目标制订应考虑幼儿发展的基础。幼儿园保育和教育的主要目标由《规程》第五条从体育、智育、德育、美育四个方面进行了规定，这对我国所有幼儿园均适用。《纲要》分别从健康、语言、社会、科学、艺术五大领域提出教育目标，《指南》也分别详细规定了 3 ～ 4 岁、4 ～ 5 岁、5 ～ 6 岁不同阶段末期儿童应达到的发展水平，这些均是园本课程的重要目标。在此基础上，各园的课程目标可以有所差异。产生差异的依据是幼儿受到不同家庭教育及社会教育影响，来到幼儿园时，其发展的基础水平不同。幼儿发展的基础水平与国家规定的教育目标和发展目标之间的差距便是各园幼儿园课程建设应着力的方面，也是确定各园园本课程目标的重要依据。例如，对于接收留守儿童较多的幼儿园，幼儿园课程目标在健康领域特别强调养成健康的生活卫生习惯，在社会领域强调发展自信、提高与同伴交往的能力，在语言领域特别强调阅读习惯养成等。

幼儿园课程目标制订应考虑不同家庭的期待。不同地区、不同地域、不同阶层家长对子女的教育期待有所不同。对于接收城市富人家庭的幼儿园来说，课程目标在健康领域应特别强调基本动作与身体素质发展，在社会领域强调社会交往、多元文化和个性发展，在科学领域强调科学探索的愿望与能力，在艺术方面强调艺术欣赏与创造。

幼儿园课程目标制订应考虑各园的教育价值观。有的幼儿园强调森林教育和自然教育，有的幼儿园强调爱的教育，有的幼儿园强调自由教育……不同办园者因不同的人生哲学、教育哲学等，会对培养什么样的儿童、实施什么样的教育有自己独到的见解。只要其与《规程》《纲要》《指南》不冲突，应允许存在。

3. 选择适宜的课程内容

课程内容的选择应具有目标指向性和资源依赖性。首先，幼儿园课程内容的选择应具有目标指向性。换言之，幼儿园课程目标应有赖以落实的内容。如果课程强调培养幼儿尊重动物、爱护动物的目标，那么应为幼儿提供传达动物福利和

① 虞永平，原晋霞 . 幼儿园课程［M］. 北京：高等教育出版社，2014：190-191.

动物权利的绘本和故事等，如《给小鸭子让路》《动物园》《我的野生动物朋友》等；如果课程强调培养幼儿情绪管理的能力，课程内容中应有认识自己的情绪、理解情绪产生的原因、学习控制情绪的方法，以及认识他人情绪、理解他人情绪产生的原因等方面的内容，提供情绪管理方面的绘本。其次，幼儿园课程内容选择应具有资源依赖性。由于兴趣是幼儿学习发生的基础，而幼儿感兴趣的对象多是身边生活中可以直接感知、实际操作和亲身体验的人、事、物等，同样的目标落实可依赖的资源不同，因此，课程内容要适宜于幼儿园所拥有的资源。如爱护动植物，幼儿园可以身边易接触到的动植物为课程内容，北方水少地方的幼儿园可请幼儿认识小鸡，南方水多地方的幼儿园可带幼儿认识小鸭，通过与小鸡或小鸭接触，均可以达成爱护小动物的目标。

4. 设计适宜的实施途径与方法

生活活动、游戏活动、教学活动、环境创设和亲子活动等均是幼儿园课程实施的途径，直接教学、间接教学、项目教学等均是幼儿园课程实施的不同方法。在园本课程建设中，受课程目标和理论基础影响，各类途径与方法在课程中的地位不同。例如，强调培养幼儿创造性的园本课程，一般不会将集体教学活动作为最重要的实施途径，也不会将直接教学作为主要的教育方法，而倾向于将区域活动作为主要实施途径，将间接教学或项目教学作为主要实施方法；强调培养问题解决能力的园本课程，通常会将项目活动作为主要实施路径；强调知识掌握的园本课程，则更可能将集体教学活动作为主要实施途径，将直接教学作为主要教学方法。

5. 构建适宜的课程评价方案

幼儿园课程评价的类型多样。根据评价的作用不同，可分为诊断性评价、形成性评价和总结性评价；根据评价的对象不同，可分为课程方案评价、课程实施过程评价和课程效果评价；根据评价资料的收集和分析方式不同，可分为量化评价和质化评价。没有万能的评价方法和方案，只有适宜的评价方法和方案。幼儿园应根据课程建设的需要，制订适宜的评价方案：如为了摸底园本课程建设基础，要进行诊断性评价；在园本课程实施过程中，应进行形成性评价；在园本课程实施一个阶段后，要进行总结性评价。评价者可根据评价的需要，采用现场观察、谈话或作品分析等方法。如为了了解幼儿的情绪管理能力和社会交往能力，园长在一个班级持续观察了半天时间，收集幼儿的社会交往情况及情绪状态。必要时也可进行测试，如为了了解幼儿的身体素质发展情况，幼儿园采用中国儿童体质测试标准，对幼儿进行体质测试，并根据测试结果调整体育课程。再如，园本课程建设初期，为了能将课程理念落实到日常主题活动中，幼儿园可设计课程理念评价表，供教师进行自评。

（三）不断修订课程

经过几年的扎实建设，园本课程会具有相对稳定性。但由于课程资源具有偶发性、生成性等特点，每届幼儿的发展水平和兴趣等均有所不同，幼儿园的硬件、软件也会不断变化，因此，幼儿园课程在追求适宜性的路上永无终点，需要不断进行修订。修订的依据是对园本课程方案可行性和有效性进行评价的结果。适时考察课程建设方案的成效，应关注主要参与者的变化与发展。幼儿的发展情况是否有所改善？尤其应关注儿童学习后的发展状况、发展状况与课程目标的符合程度、产生的非预期结果，了解课程是如何影响儿童发展的①。教师对课程建设的态度是否积极和有无收获，教师的专业成长实效何在？对教师的课程观念、课程实施能力、职业态度和职业能力进行测评，幼儿园应根据教师的实际需求，随时调整和安排课程建设方面的培训内容②。家长的评价如何？家长对课程建设的关注度与配合意识是否有所增强？幼儿园可以通过问卷调查家长对课程理念的理解状况、教育需求的满足程度等③，让家长切实地参与课程建设。依据评价结果，保持适宜的部分，对不适宜的部分进行舍弃或调整，促进课程的不断优化。

以下为南京市实验幼儿园综合教育课程建设不断优化的过程案例④：

一、综合教育课程建设始于问题

南京市实验幼儿园的课程改革源于实践中遇到的问题。20 世纪 70 年代末到

① Maduraml. Revisiting the impact of preschool curriculum: an analysis of the factors that influence the literary transactions of the enacted curriculum［J］. Review of higher education & self-learning, 2011，6（10）：84-92.

② 王春燕，冯敏. 中国幼儿园园本课程开发：历史、现状与对策［J］. 学前课程研究，2008（6）：63-66.

③ 修成静. 幼儿园园本课程开发的现状及策略研究——以上海 G 幼儿园为个案［D］. 上海师范大学，2013.

④ 南京市实验幼儿园. 幼儿园综合课程［M］. 南京：南京师范大学出版社，2016：12.

20世纪80年代初，南京市实验幼儿园发现：一方面，多年来的分科教学和研究，使各科教学有了系统性，但对各科之间关系的研究尚且不足，对幼儿园教育内容和过程的研究有所缺失，缺乏整体性思考；另一方面，由于各科教学研究中对教师“怎样教”考虑较多，对幼儿“怎样学”和学的效果考虑较少，幼儿的积极性未能得到充分发挥。问题的根源在于对幼儿园教育的结构缺乏系统研究，对幼儿教育的任务、内容、手段等各种因素之间的关系尚不明确，教师缺乏驾驭幼儿园整体教育的观念和能力。因此，南京市实验幼儿园迫切需要寻找一种能兼顾并合理组织幼儿园各科教学的新课程。

二、对综合教育课程结构的初步探索

在南京师范大学学前教育教研室赵寄石教授等专家的指导下，南京市实验幼儿园对综合教育课程的探索起始于主题探索，第一个主题是“爱家庭”。通过对主题活动内容的确立、主题目标的提出与转化、主题的实施进行反复的思考和探索，最终收获了“讲一点，做一点”“集中培养的好处”“家长配合教育的潜力可观”及“教育效应的扩展”等启示，并由此开始了综合教育课程结构的初步建构。

南京市实验幼儿园的综合教育课程以尊重幼儿发展规律与发挥教师主导作用相结合为总的指导思想，从综合性课程入手，组织教育内容、手段、过程，使幼儿园教育更有效地发挥整体功能。在课程构建过程中，以杜威的经验课程观、陈鹤琴的“整个教学法”思想、建构主义学习理论和脑科学的教育理论等为理论基础，对综合课程依据的幼儿学习观、知识观和课程观有了准确把握，并依此形成了综合教育课程的结构：

（一）综合教育课程的理念

综合教育课程根据幼儿身体、心理发展的需要，顺应各种教育要素之间相互联系、交互作用的客观规律，把尊重幼儿发展规律与发挥教师主导作用相结合，从综合性入手，合理地选择教育内容、教育手段和方法，科学地组织教育过程，使幼儿园的教育更有效地发挥整体功能，具有整体性、联系性和集中性的特质。课程以幼儿的发展为目的，幼儿的有效发展是最高的课程信念。

（二）综合教育课程的课程目标

根据国家制定的幼儿保育教育目标，结合新时期培养人的需要和几十年办园的经验和特色，综合教育课程以“身心健康、和谐发展”为目标；根据幼儿身心发展规律和培养社会主义事业建设者与接班人的需要，综合教育课程又将幼儿园的培养目标转化为幼儿发展目标，突出健康和动作、语言和认知、品德和社会三方面能力的发展，并将美育自然渗透其中；根据不同年龄段幼儿的发展水平，综合教育课程又对每个发展目标进行了层次的细化和具体化，以保证“身心健康、和谐发展”总目标的落实。

（三）综合教育课程的课程内容

课程内容主要来自幼儿的生活。综合教育课程依据保教目标，根据季节、节日及认知、幼儿发展需要等和幼儿生活相关的内容，把教育划分成一个个相互独立又相互联系的阶段，以主题活动的形式帮助幼儿积累经验、发展能力。这些主题主要包括：促进幼儿社会性发展的主题，幼儿与周围自然环境相互作用的主题，幼儿认识自己的主题以及根据幼儿的生活、兴趣生成的新主题，等等。

（四）综合教育课程的实施途径

综合教育课程的实施以幼儿获得完整经验为目的，力求课程实施路径的多样化与组织形式的最优化，通过各种活动、多种途径的相互配合，集中表现为教育内容、教育手段、教育过程三个方面的综合以及主题活动、一日活动、个别活动三个层次的综合；重视以幼儿心理逻辑为线索的主题活动的开展，顺应幼儿经验的发展趋向梳理主题发展线索，根据幼儿经验成长的连续性调整主题活动内容。

（五）综合教育课程的课程评价

综合教育课程的评价既包括对目标、方案、内容、材料、效果等的评价，也包括对教学过程的评价；既包括对幼儿发展的评价，也包括对教师的观念与态度、师幼关系、主题目标的调适、活动组织形式等多方面的评价。

初期的探索为南京市实验幼儿园对“综合”内涵的解读提供了具有实践指向的答案：教育结构的综合体现在三个方面和三个层次，三个方面的综合包括教育内容的综合、教育手段的综合和教育过程的综合；三个层次的综合是指主题活动的综合、一日活动的综合以及个别活动的综合。在进行主题活动设计与实施时，必须根据“幼儿是主体，教师是引导者”这一总的指导思想，注意贯彻“掌握逐渐积累的学习原则”，并落实“重视学习的适时性”“强调集体思想感情的培养”“以周围生活为基础设计主题活动”等发展原则。

三、综合教育课程不断再构优化

综合教育课程在一轮轮的改革实践中，在课程理念、课程目标、课程内容、课程结构、课程实践行为方面不断产生新的认识和发展，理顺了综合课程实施的逻辑，重构了综合课程体系。综合教育课程的研究过程是一个发展的过程、能动的过程、建构完善的过程、不断将更新的教育观念转化为教育行为的过程，也是促进儿童、教师、家长共同发展，园本文化不断升华的过程，最终目的是促进每个幼儿整体和谐发展。

经历了初步建构的阶段，南京市实验幼儿园对“怎样更加合理地组织各方面的教育内容，进一步发挥各种教育手段的作用，使教育任务得以全面落实到全体幼儿身上”这个问题做出了初步的回答。紧接着，综合教育课程的研究进入了第二阶段，该阶段的重点是将初步建立的综合教育结构从试点班向全园推开：一方面，把青年教师作为实施活动的主力，使综合教育的指导思想深入他们的观念中；另一方面，在验证初建的教育结构的同时，进一步充实主题内容，完善主题的组织形式，提高设计主题的技术，将对新的课程模式的验证研究与全园教师的教育实践密切结合。第三阶段，综合教育课程研究着重探讨了《规程（试行）》提出的保教主要目标如何才能落实到所有幼儿身上，促进每一个幼儿身心和谐发展的问题；针对课程模式的特点，探讨并建立起多层次的幼儿发展目标，让教师在设计主题活动时有据可依；同时，进一步探讨活动过程中幼儿主体地位的问题。从了解每个幼儿的发展基础和发展需要出发，教师发挥相应的主导作用，充分调动幼儿与周围环境中的人、事、物交互作用的积极性、主动性、创造性，使每个幼儿在原有基础上不断得到发展。后来，南京市实验幼儿园又以“自主创新”的理念推动综合课程研究的进一步发展，通过促进教师实现从观念到行为的进一步转换，实现为幼儿的自主创新性生活、学习、成长创造必要的环境和条件。在此过程中，幼儿园的课程文化在研究中得到了丰富和升华，课程观念得到了践行，在尊重幼儿主体地位的基础上进行了综合课程结构的调整与完善。主要体现在：

（一）课程目标体系得以进一步完善

依据“幼儿和谐发展”这一尺度来全面衡量已有的课程目标体系时，南京市实验幼儿园发现原有课程目标体系中存在着对部分领域发展目标重视不够、部分领域发展目标简单重复、课程目标不够均衡等问题。因此，南京市实验幼儿园基于“综合教育，和谐发展”的课程宗旨，参照文件对原有的目标体系进行了全面梳理、调整、补充和完善，使综合课程的目标体系基本趋于系统化和均衡化。

（二）课程内容的选择更加贴近幼儿的生活和需要

在以往的课程设计活动中，教师仍然会不自觉地、或多或少地以成人的价值判断或个人喜好来选择课程内容，对幼儿的生活和需要关注不够。实践过程中，综合教育课程确立了“以幼儿的生活世界为基点来选择课程内容”的指导方针，要求教师在设计和实施课程时必须通过多种途径全面了解和分析幼儿的原有经验和当下兴趣，并以此为重要依据进行调整，选择来自幼儿生活各方面的活动内容，使每一个课程活动尽可能地贴近幼儿的生活、符合幼儿的实际发展需要。

（三）课程实施途径更加多样化和整合化

在现实的课程实践中，教师仍然较多关注集体教学活动，对其他实施途径关注不够，或不能对相关实施途径进行有机整合。随着课程整合意识的逐步建立和课程整合技术的逐步掌握，教师基本能够根据课程实施的实际需要，较为灵活地运用多种教学和活动形式，较为自然地整合各活动环节，并将家、园、社区活动有机地结合起来，使课程实施效益得到显著提升。

（四）课程设计与实施更加符合幼儿的心理逻辑

主题活动的进行时间往往根据主题中活动内容的数量来决定，这种固定的时间不仅限制了主题的发展，也人为地将幼儿的活动经验封锁在一定范围内，使经验无法顺着其需要的方向发展延伸下去。为解决课程设计与实施的封闭性问题，综合教育课程对主题活动的设计和实施进行了心理化改造，尝试从幼儿的经验出发，设计符合幼儿心理逻辑的课程。

（五）课程评价和幼儿发展评价更加过程化、弹性化和多元化

幼儿园原有的课程评价和幼儿发展评价体系比较侧重对知识、技能的评价，侧重终结性评价，评价主体单一，评价的有效性易受教师主观判断的影响，评价与教育过程存在脱节现象。南京市实验幼儿园进而开展了对课程评价与幼儿发展评价的调整，依据主题实施划分的阶段，对每阶段的关注重点进行研究，提高了课程实施的效益性、针对性和灵活性；采用“成长记录册”等评价载体，实现了幼儿评价的全面性和发展性。

（本章作者　原晋霞　朱晋曦）

第四章

CONG ZHISHI HUODE DAO
JINGYAN KUOZHAN

从知识获得到经验扩展

幼儿园课程的本质和目的是什么？这是一直困扰幼儿园课程理论研究和幼儿园教育实践的重要问题，对该问题的不同认识，深刻地影响了幼儿园课程设计、组织和实施。自新中国成立以来，幼教工作者在幼儿园课程相关领域不断探索，对幼儿园课程本质和目的的认识也逐渐从“让幼儿获得知识”转向了“让幼儿的经验得到拓展”。

一、超越知识

（一）20 世纪 50 年代至 20 世纪 80 年代：幼儿园课程就是让幼儿获得知识

新中国成立后，我国幼儿园教育全面学习和借鉴苏联的学前教育，苏联所倡导的学前知识系统化的教学思想也深深影响了我国幼儿园课程理论研究和实践，分科教学成为幼儿园课程的重要特点。从 20 世纪 50 年代至 20 世纪 80 年代，人们对幼儿园课程本质的认识停留在知识层面，幼儿园课程的目的就是向幼儿传授知识和对幼儿进行技能训练。

1952 年，教育部颁布了《幼儿园暂行规程（草案）》和《幼儿园暂行教学纲要（草案）》，从政策层面明确了幼儿园课程就是按照学科逻辑顺序组织起来的有系统的内容，分为体育、语言、认识环境、图画和手工、音乐、计算六科，同时实行分科教学。《幼儿园暂行教学纲要（草案）》还详细规定了每一科目的具体内容、教学要点、教学方法和实施的具体细则。20 世纪 60 年代，幼儿园分科教学理论逐渐形成，一些地方还出版了分科特征明显的幼儿园教材。20 世纪 50 年代至 20 世纪 80 年代，分科课程成为幼儿园课程的主要模式，幼儿园都在实施带有强烈苏联色彩的分科课程，“幼儿园课程就是分门别类的知识”这种观念慢慢深入人心。

1981 年，《幼儿园教育纲要（试行草案）》颁布。在这份文件里，幼儿园课程依然被认为是各种科目，如幼儿园的教育内容与要求，分为生活卫生习惯、体育活动、思想品德、语言、常识、计算、音乐、美术等八个方面。根据这份文件，人民教育出版社还出版了全国统编幼儿园教材。在《幼儿园教育纲要（试行草案）》中，“上课”概念取代了“教学”概念，幼儿园课程与小学课程的界限更加模糊，教师在课程实施中向幼儿灌输知识，幼儿园教育小学化问题日趋严重。人民教育出版社1982年出版的统编幼儿园教材《计算（教师用书）》中的许多案例就能充分说明这一点。

大班数学活动“小麻雀飞走了”①

目的：学习0，知道0的含义就是没有；学习写0。

准备：三个盘子，其中两个盘子分别装有苹果两个、一个，另一个是空的。贴绒教具：四只麻雀、五个苹果、数圈两个。写字的用具、教具若干，每人一袋桃核。

方法：

1. 教师逐一出示三个盘子，其中两个盘子分别装有两个苹果、一个苹果，第三个盘子是空的，让幼儿分别说出有多少苹果。接着教师出示五个苹果的贴绒教具，并用数圈围上，表示苹果装在盘子里，让幼儿说出盘子里有五个苹果，并出示数字卡片5。教师将苹果全部取走，分给小朋友吃了，剩下一个空的盘子，问幼儿还有多少苹果。幼儿回答没有以后，教师问幼儿：“五个苹果我们可以用‘5’来表示，‘没有’可以用什么符号来表示？”出示数字卡片0，告诉幼儿0就是没有，反复认读0。

2. 教师出示四只麻雀的贴绒教具并放在地上，围上圈。幼儿说出数量以后，教师说：“四只麻雀正在地上找食吃，忽然天空飞来一只老鹰‘呱、呱、呱’地叫，吓得四只麻雀全都飞跑了。”说完取走麻雀，剩下数圈，问幼儿地上还有几只麻雀。（没有）用什么符号表示，请幼儿回答用0表示没有。

3. 教师请幼儿从口袋里取出八个桃核。春天植树时，小朋友把八个桃核全部种到地里去了，问还有几个桃核。请幼儿将桃核全部拿开，并说出没有，用0来表示。

4. 幼儿学写0。

---

① 全国幼儿园教材编写组．计算：教师用书［M］．北京：人民教育出版社，1982：107–108.

在幼儿园课程理论研究方面，研究者也认为幼儿园课程就是科目。例如，广义的幼儿园课程指所有学科，狭义指一门学科。中国幼儿园当时的课程设置包括体育、语言、常识、计算、音乐、美术六门；幼儿园课程就是每门科目本身的教材结构、教学规律和各门科目之间的相互关系，是反映幼儿园某一科目的教育、教学客观规律的总体结构，或是反映幼儿园整体教育客观规律的总体结构。由此可见，这个时期幼教工作者依然从学科的角度来考虑幼儿园课程本质。幼儿园课程就是学科。这种课程本质观在幼儿园教育实践中影响深远，幼儿园所开展的活动的重要目的就是向幼儿传授知识。

（二）20 世纪 90 年代以后：幼儿园课程是让幼儿在活动中获得经验

改革开放后，欧美儿童教育理论和思想进入国内，学者加强了对我国幼教前辈课程思想和实践的研究，同时幼教工作者不断总结经验，人们对幼儿园课程本质和目的的认识开始改变。

20 世纪 80 年代后，一些幼儿园进行了课程改革并取得了不错的成效。到了 20 世纪 90 年代，有关“幼儿园课程是什么”的讨论逐渐增多，对幼儿园课程本质的认识也呈现出了多元化趋势。此时，以北京师范大学冯晓霞教授为代表的“活动说”和以南京师范大学虞永平教授为代表的“经验说”逐渐为人们所接受。冯晓霞教授认为幼儿园课程是实现幼儿园教育目标的手段，是帮助幼儿获得有益的学习经验，促进幼儿身心全面和谐发展的各种活动的总和。① 虞永平教授认为幼儿园课程就是为了实现一定教育目标，幼儿在多样化活动中所获得的经验。② 虽然二位学者强调的重点有所不同，但其基本精神是一致的：强调幼儿在活动中获得有益身心发展的经验。20 世纪 90 年代以来，经验取向的幼儿园课程本质观渐渐为幼教工作者所接受：幼儿园课程的目的就是让幼儿在自己感兴趣的活动中获得有益于身心发展的经验，这种经验不是零散的、杂乱的经验，而是精心选择的有价值的经验。③

---

① 冯晓霞 . 幼儿园课程［M］. 北京：北京师范大学出版社，2000：14.

② 虞永平 . 学前课程价值论［M］. 南京：江苏教育出版社，2002：26.

③ 唐淑 . 幼儿园课程实施指导丛书［M］. 南京：南京师范大学出版社，1997：3.

2001年，《纲要》取代了1981年的《幼儿园教育纲要（试行草案）》，五大领域取代了以前的生活卫生习惯、体育活动、思想品德、语言、常识、计算、音乐、美术八个学科，各领域相互渗透。《纲要》强调“要避免仅仅重视表现技能或艺术活动的结果，而忽视幼儿在活动过程中的情感体验和态度的倾向；尤其要避免只重知识和技能，忽视情感、社会性和实际能力的倾向”。它强调了经验立场，“经验”概念也不断出现在文本中，如“幼儿园教育应尊重幼儿身心发展的规律和学习特点，充分关注幼儿的经验，引导幼儿在生活和活动中生动、活泼、主动地学习”“在教育过程中应依据幼儿已有经验和学习的兴趣与特点，灵活、综合地组织和安排各方面的教育内容，使幼儿获得相对完整的经验”。在教育内容选择上，强调“既符合幼儿的兴趣和现有经验，又有助于形成符合教育目标的新经验”“既贴近幼儿的生活，又有助于拓展幼儿的经验”。因此，《纲要》所体现的幼儿园课程本质观是经验取向的，抛弃了《幼儿园教育纲要（试行草案）》中学科取向的课程本质观。在《纲要》精神的指导下，全国各地进行了关注幼儿经验、兴趣和需要的课程实践，“幼儿园课程就是让幼儿获得有益身心发展的经验”的观点成了幼儿园课程领域的主流观点。

（三）幼儿园课程本质：从知识到经验

从20世纪50年代到20世纪90年代，人们对幼儿园课程本质和目的的认识发生了较大变化，从以前的“学科取向”转向了“经验取向”，幼儿园课程不是教给幼儿分门别类的知识，而是幼儿通过与周围人、事、物相互作用，在行动中获得有益于自己发展的经验。因此，过程性也成为幼儿园课程的重要特质。①这种认识更符合幼儿的身心发展水平和幼儿园教育的特点，幼儿园课程实践也正是在这种认识的引领下，质量得以不断提高。

幼儿园课程本质观的转变，实际上是全社会重视幼儿和强调幼儿主体地位的结果。究其具体原因，主要表现在以下几个方面：

一是幼教工作者对幼儿心理发展研究和幼儿教育思想的进一步了解。改革开放以后，欧美关于儿童心理学研究的新成果和儿童教育思想不断进入国内，如皮亚杰的认知发展理论，维果茨基的社会文化历史理论，加德纳的多元智力理论，

---

① 虞永平.学前课程与幸福童年［M］.北京：教育科学出版社，2012：5.

埃里克森的人格发展理论，蒙台梭利的幼儿教育思想等。这些理论和思想与幼教工作者原来持有的理论发生了剧烈碰撞，慢慢改变了他们对幼儿和幼儿教育的认识。近现代儿童教育立场逐渐为幼教工作者所接受，这也进而影响了他们对幼儿园课程本质的认识：幼儿园课程是幼儿在活动过程中获得的有益经验。

二是不断吸收我国知名学前教育专家的课程思想。幼儿园课程的经验本质观并不是新观点，而是一种回归。二十世纪二三十年代，张雪门、陈鹤琴和张宗麟都坚持经验取向的幼儿园课程本质观。

张雪门先生在《幼稚园的课程》一书中指出："幼儿园的课程是什么？就是给三足岁到六足岁的孩子所能够做而且喜欢做的经验的预备。"①他所倡导的行为课程注重幼儿的生活实践，重视幼儿通过行动去获得直接经验。"凡扫地、抹桌、熬糖、炒米花以及养鸡、养蚕、种玉蜀黍和各种小花，能够实在行动的，都应让他们实际去行动。"②

陈鹤琴先生虽然没有明确地对幼儿园课程概念下定义，但他一再强调，幼儿园应该给儿童一种充分的经验，一是与实物的接触，二是与人的接触；应该把儿童能够学而且应该学的东西有选择地组织成系统，应该以儿童的两个环境——自然环境和社会环境为中心组织幼儿园课程。③这表明陈鹤琴先生强调儿童的经验，强调儿童和环境的相互作用。

张宗麟先生在讨论幼儿园课程时，也认为幼儿园课程就是幼儿在园的一切活动，并认为幼儿园课程内容的来源有四种：儿童自发的诸般活动，儿童与自然界接触而生之活动，儿童与人事界接触而生之活动，人类流传之经验而能合于儿童的需要者。④

改革开放以后，张雪门、陈鹤琴和张宗麟先生的有关幼儿教育的文章被整理出版，一些学者对他们的教育思想和课程思想进行了深入研究，经验取向的课程观被幼教工作者所接受。

三是吸收国外的学前课程思想。改革开放后，我们积极学习和借鉴国外优秀的学前课程模式或教育模式，学前课程思想不断冲击已有的课程观念，慢慢改变

---

① 戴自俺．张雪门幼儿教育文集：上卷［M］．北京：北京少年儿童出版社，1994：24.
② 戴自俺．张雪门幼儿教育文集：下卷［M］．北京：北京少年儿童出版社，1994：1089.
③ 陈秀云，陈一飞．陈鹤琴全集：第二卷［M］．南京：江苏教育出版社，2008：27-30.
④ 张沪．张宗麟幼儿教育论集［M］．长沙：湖南教育出版社，1985：31-35.

了人们对幼儿园课程的认识。20 世纪 80 年代到 21 世纪初，高瞻课程、河滨街课程、蒙台梭利课程、瑞吉欧教育、华德福教育等进入国内，这些课程模式或教育模式中坚持的教育观、学习观和课程观与我们原有的观念具有较大差异，它们为幼教工作者重新认识幼儿园课程提供了广阔的视野。同时，一些幼儿园也积极借鉴这些课程模式，在实践中也发现这些课程的确能更好地促进幼儿发展，让幼儿在主动活动中表现得愉悦而又充实。

除了这些先进课程模式所坚持的经验立场对我们的影响，一些著名的学前课程专家的思想和国家层面的幼儿园课程政策也促进了我们课程立场的转变。日本教育学家板元彦太郎认为学前课程就是为了有效实现幼儿园的教育目标，根据幼儿身心发展的特点和各国各地区的实际情况而组织安排的幼儿园的教育内容（适合幼儿的经验、活动）的总体。美国学前教育专家伯纳德·斯波代克认为，学前课程是教师为在园儿童提供的有组织的经验形式。《英国基础阶段教育（3～5 岁）课程指南》则认为课程是幼儿在机构中所做、所见、所听或所感觉到的任何事情，包括经过计划的和未经计划的内容。

四是学科取向的课程观存在明显的不足。学科取向的课程观强调课程内容按照学科逻辑来组织和编排，追求知识的系统性和逻辑性。这样做有利于教师完成预定的课程目标，幼儿能够获得较为系统的知识。但是，对于 3～6 岁的幼儿而言，这种取向的幼儿园课程容易忽视他们的兴趣和需要，难以考虑他们的个别差异，与他们的生活联系不紧密，也会忽略他们的已有经验，导致他们学到了许多自己不理解的知识和技能，对学习产生厌倦感。杜威对此的分析尤为深刻：“在学校里，这些学科中的每一门都被归到某一类去。各种事实是从它们在经验中原来的地位割裂出来，并根据一些一般的原则重新排列。把事物归了类，并不是儿童经验的事情；事物不是分门别类地呈现出来的。感情上的生动的联系和活动的联结，把儿童亲身的各种经验综合在一起。……一句话，已经归了类的各门科目是许多年代的科学的产物，而不是儿童经验的产物。”①

五是经验取向课程本质观契合了幼儿身心发展的特点和需要。3～6 岁的幼儿处于直觉行动思维向具体形象思维的转变阶段，他们的学习需要在与周围世界

① 约翰·杜威．学校与社会·明日之学校［M］. 赵祥麟，任钟印，吴志宏，译．北京：人民教育出版社，2005：112-113.

的相互作用中进行。把经验作为幼儿园课程的本质，首先说明了“课程内容是经验，其次更重要的，是指课程要让学习者亲身去经验”①。这种定义适应了幼儿的学习特点和心理发展特点，能使幼儿在与周围环境的相互作用中得到发展。用经验来表述课程本质，可以说形成了课程现代化的基础。②

总之，用经验来界定幼儿园课程，重视了幼儿的身心发展特点，突出了幼儿的主体性，既重视活动的结果，更重视活动的过程。这种界定充分考虑了幼儿的兴趣和需要，联系了幼儿的生活。用经验来界定幼儿园课程，不仅包括了幼儿学习的对象，还包括了幼儿学习的过程，实现了主体和客体的统一。

二、经验的内涵

经验是一个在教育领域被运用得十分频繁的概念，谈教育或者课程就必谈经验。如果细细揣摩，则又会发现一些“经验”指的是知识，或者是“伪经验”。“经验究竟是什么”这个问题一直没有得到很好的解决。因此，解决“经验究竟是什么”就成为一个更好地了解教育和幼儿园课程的前提条件。

（一）经验是一个“主动和被动相结合的过程”

1. 传统经验论的观点

人们对经验的认识经历了一个漫长的时期，其中，哲学家们的探讨比较深入，并且给出了许多关于经验的解释：经验是我们对同一事物重复记忆的结果，经验的实质就是“与那种感官知觉相联系的知识”，经验就是人的感觉和反省，等等。在理性主义哲学家看来，经验是幻想和谬误的源泉，是获得知识的障碍；经验主义哲学家则认为经验是知识的源泉。③此时，“经验是感官知觉”成了一种习以为常的看法，经验存在于由感官所产生的不同的、原子式的精神图像之中。这种看法隐藏了无数个需要进一步明确的问题，无数哲学家为解答这些问题殚精竭虑，却并没有得到让人满意的结论。传统的经验论观点把内部感觉

---

① 丛立新. 课程论问题［M］. 北京：教育科学出版社，2000：85.

② 丛立新. 课程论问题［M］. 北京：教育科学出版社，2000：90.

③ 罗伯特 · B. 塔利斯. 杜威［M］. 彭国华，译. 北京：中华书局，2002：38.

世界和外部世界分离开了，造成主体和客体的割裂。为了使两个部分相互联系，却又把经验神秘化了。在这种情况下，经验不但没有得到阐明，反而变得更加模糊。

2. 杜威：经验是“主动和被动相结合的过程”

美国哲学家杜威认真分析和梳理了传统经验论的观点后，指出传统经验论的假设“经验是什么”必然会把经验概念复杂化，应该从经验自身来得出经验的概念。按照杜威的看法，经验首先应该是一种行动的事件，是人类与物质环境和社会环境之间进行的交流。因此，“经验”是一个主动和被动相结合的过程，①是同时进行的行为和经历的统一体。“经验包含一个主动的因素和一个被动的因素，这两个因素以特有形式结合着……在主动的方面，经验就是尝试——这个意义，用实验这个术语来表达就清楚了。在被动的方面，经验就是承受结果。”②驾驶汽车是说明经验这一概念的上选事例。在驾驶汽车时，人们不仅仅是在“看”，不仅仅是在脑中“呈现”出道路及其他车辆的图像。驾驶汽车是司机与环境中的其他要素之间进行互动的事件。这一环境包括其他的车辆、路面、交通规则以及天气状况等。这些要素中的一部分是相对稳定的，例如速度的限制以及道路的一般状况；其他的则是波动性的，例如其他车辆的状况以及天气等。在驾驶中，人们必须根据当时的条件来调节自己的行为。这种调节不是对环境的被动适应——驾驶要求人们与环境相合作、相协调。这些行为不仅影响到司机，而且使当时的环境发生了改变。一旦人们的行为没能与环境中的其他要素相协调，一场车祸就不可避免了。③

总之，经验就是主体与周围环境的交互作用，既包括交互作用的过程，又包括交互作用后得到的结果。杜威曾用一个案例来进一步说明经验的内涵：一个孩子仅仅把手指伸进火焰，这还不是经验；当这个行为和他遭受的疼痛联系起来的时候，才是经验。④在经验中，主体必须把自己的行动、思维和情感等融在一起，成为一个整体。只有行动，没有思考和情感，主体不会获得经验；只有思考和情感，而没有行动，主体也不会获得经验。

---

① 约翰·杜威.民主主义与教育［M］.王承绪，译.北京：人民教育出版社，1990：148.
② 约翰·杜威.民主主义与教育［M］.王承绪，译.北京：人民教育出版社，1990：148.
③ 罗伯特·B.塔利斯.杜威［M］.彭国华，译.北京：中华书局，2002：53.
④ 约翰·杜威.民主主义与教育［M］.王承绪，译.北京：人民教育出版社，1990：148.

（二）经验与知识存在差别

知识是人们对世界客观规律的认识，具有一定的抽象性。在《中国大百科全书·教育》中，知识被定义为：所谓知识，就它反映的内容而言，是客观事物的属性与联系的反映，是客观世界在人脑中的主观映象。就它反映的活动形式而言，有时表现为主体对事物的感性知觉或表象，属于感性知识，有时表现为关于事物的概念或规律，属于理性知识。① 知识是理性的、抽象的、系统化的、以符号为载体的。人要获得知识，是以主体和客体相分离为基础的，这种知识与人的感情、欲望、态度和人所处的情境没有关系。经验则突出了亲历性、个人性和即时性，它是感性的，包含着需要和欲望的、情境性的、行动的成分。由此可见，经验和知识差别较大。知识不利于 3 ～ 6 岁的儿童进行学习和掌握，经验却有利于他们去获得。在思维积极参与的行动中，幼儿在认知、情感、态度、个性等方面都能得到发展，这是因为“儿童的世界是一个具有他们个人兴趣的人的世界，而不是一个事实和规律的世界。儿童世界的主要特征，不是什么与外界事物相符合这个意义上的真理，而是感情和同情”②。因此，在活动中，教师的重要任务之一就是让知识经验化，便于幼儿在活动中获得。

三、幼儿经验的主要特征③

幼儿园课程的目的就是让幼儿获得有益于身心发展的经验，这种经验相较于成人的经验，有着自己鲜明的特点。

（一）从类型来看，感官经验具有特殊的地位

“儿童是感觉丰富的生物。他用所有的感官从外界获得乐趣，他对所有的事物都用基本感官去感触。”④ 儿童的身心发展特点决定了他们获得的经验大多数都

① 孙译文 . 现代大学教学引论［M］. 武汉：华中师范大学出版社，2006：159-160.

② 约翰·杜威 . 学校与社会·明日之学校［M］. 赵祥麟，任钟印，吴志宏，译 . 北京：人民教育出版社，2005：112.

③ 本部分内容参考了黄进教授在《课程与儿童的经验》一文中的观点。

④ 雷娜特·齐默尔 . 儿童感知教育手册：感知统合教育的基础［M］. 杨沫，谢芳，译 . 南京：南京师范大学出版社，2010：5.

是感官经验。感觉是儿童与周围世界进行交流的最重要的渠道。学前儿童主要通过身体与周围世界进行互动，建立联系。刚出生的婴儿，喜欢看妈妈的脸和闻妈妈的味道；稍大些的时候，喜欢把自己能抓到的东西都放在嘴里进行探索。幼儿常常充分利用自己的感知觉来探索周围环境，获得丰富的关于世界的经验。蒙台梭利特别强调儿童的感觉学习，她认为儿童正处于各种感觉的敏感期，儿童对各种感觉是很敏锐的。蒙台梭利还专门设计了各种教具，对儿童进行感官教育。感官经验对于儿童而言具有非凡的意义，人的高级心理能力，如分析、比较和判断，它们的发展正是有赖于幼儿时期获得的各种感官经验。所以，教师应该重视为幼儿提供机会和各种材料，让幼儿操作、探究、体验，获得更多的感官经验。

（二）从结构来看，经验是未分化的、混沌的

因为具有理性思维能力，成人可以把自己在一次活动中获得的经验分门别类。由于认知水平还处于前运算阶段，泛灵论是幼儿心理的重要特征，同时又受到情绪的影响，幼儿不能把想象与现实区分开，他们在活动中获得的经验往往是未分化的，是混沌的。例如，幼儿听到雨声，会想到线条；看到黑色，会想到苦的味道；等等。

（三）从动机来看，获得经验是受直接兴趣和需要驱使的

需要和兴趣是幼儿获得经验的直接驱动力。幼儿是否愿意参加活动，首先在于事物或者活动能否吸引他们的注意，让他们感兴趣。幼儿只有在能满足他们的需要和能激发他们的兴趣的活动中才能获得高质量的经验。在那些幼儿被迫参与的活动中，尽管幼儿也可能获得一些所谓的经验，但这些经验有可能不会融入幼儿已有的经验系统中，反而成为一些带有分离性质的东西，既不能为新经验继续生长奠定基础，也不会对幼儿的发展产生裨益。例如在生活中，幼儿会对一堆看似无用的石头产生兴趣，用石头垒高，用石头摆造型，进行石头投掷比赛，等等。这些石头在成人看来没有多大用处，在幼儿眼里却是进行各种有趣活动的重要材料。成人看来无意义的事物或活动，却能引起幼儿的兴趣，满足他们的需要，使他们获得各种经验。因此，教师要认真分析幼儿的需要和兴趣，组织和实施他们感兴趣的活动。

（四）从获得途径来看，经验是在活动中获得的

与成人相比较，幼儿经验的获得不是依靠静坐听讲，而是依靠自己主动参与活动，正如杜威所强调的“经验变成首先是做（doing）的事情”①。在主动的活动中，幼儿全身心投入，积极探究、操作、体验、交往，思维积极参与其中。“对儿童获取知识的方法，只需五分钟的不存偏见的观察，就足以推翻以下说法，即认为幼儿是被动接受有关颜色、声音和坚硬程度等孤立、现成的特性的。因为我们可以看到儿童通过摸拿、伸手等活动对客观世界作出反应，看到儿童对感觉刺激作出运动反应。我们从中看到儿童学到的并不是孤立的特性，而是活动指望对事物和人产生的变化。”②

四、经验的融合与延伸

幼儿在主动活动中获得的经验，不是单一的和互不联系的，而是呈现犬牙交错的状态，是一个整体。同时，幼儿的前经验和后经验也相互联系，新经验是在旧经验的基础上生长出来的。

（一）幼儿的经验具有整体性

在一个活动或者一系列的活动中，幼儿可能会获得多种经验。例如，在种植活动中，幼儿可能获得有关植物生长的经验、土壤的经验、种植的经验、交往的经验、合作的经验、记录的经验……这些经验涉及科学、语言、社会、艺术等方面，但幼儿并不是一个一个地去获得的，而是在活动的过程中整体获得的。同时，幼儿也不会对自己获得的经验进行分类。高瞻课程尽管概括出了59条关键经验，但其本意不是说明幼儿的经验就是以那样的散装样态存在的。幼儿园中一些特定的专题活动，如各种区域活动，尽管可能会让幼儿更多地获得某几个方面的经验，但这些经验本身也不是条块分割的，并且，这些专题活动本身又是相互联系的，是综合性的活动，它们促进了幼儿的整体

---

① 约翰·杜威.哲学的改造［M］.许崇清，译.北京：商务印书馆，1989：46.

② 约翰·杜威.民主主义与教育［M］.王承绪，译.北京：人民教育出版社，1990：287.

发展。[①] 因此，经验并不是一块一块地呈现的，而是巧妙地融合在一起的，只有我们在分析幼儿获得的经验时，才会对经验进行区分。

幼儿获得的经验之所以具有整体性，首要的原因在于幼儿的身心发展特点和学习特点。在发展过程中，幼儿身心各个部分交织在一起，身体、认知、情感、个性、社会性等方面发展互相缠绕，发挥着整体的功能。幼儿的学习是整体性的，很少专门去学习某一个方面的内容。即使是领域教育活动，幼儿获得的也不仅仅是某一方面的经验。例如，在“沉与浮”的科学活动中，幼儿可能会获得有关物体沉和浮的经验、记录的经验、合作的经验、交往与交流的经验等，但这些经验都是在一个活动中通过整体的方式获得的。因此，《指南》明确指出，教育要渗透于幼儿的一日生活之中，各领域相互渗透，促进幼儿的学习与发展。

幼儿获得的经验之所以具有整体性，还在于幼儿的生活是整体的。杜威在《儿童与课程》一文中精辟地分析道：“儿童的生活是一个整体，一个总体。他敏捷地和欣然地从一个主题到另一个主题，正如他从一个场所到另一个场所一样，但是他没意识到转变和中断，既没有意识到什么割裂，更没有意识到什么区分。儿童所关心的事物，由于他的生活所带来的个人的和社会的兴趣的统一性，是结合在一起的。凡是在他的心目中最突出的东西就暂时对他构成整个的宇宙。那个宇宙是变化的和流动的，它的内容是以惊人的速度在消失和重新组合。”[②] 幼儿无论是在家庭生活、社会生活中，还是在幼儿园生活中，他所过的生活是互相联系的，是统一的。在我们成人看来，幼儿的生活大致可以分为 ×× 生活，但在幼儿那里，这种划分是极其荒谬可笑的。在幼儿的生活中，各种场景是无缝转换的，没有明确的界限。正是幼儿生活的整体性，使得幼儿获得的经验也是整个的。

（二）幼儿的经验不断生长

在活动中，幼儿的经验在不断增长，身心得到发展。“课程就是发展中的儿童经验”[③]。但是，幼儿的发展过程并不是一个经验一个经验累加的过程，而是在

---

① 虞永平．学前课程与幸福童年［M］．北京：教育科学出版社，2012：14.

② 约翰·杜威．学校与社会·明日之学校［M］．赵祥麟，任钟印，吴志宏，译．北京：人民教育出版社，2005：112.

③ 黄进，马悦，吴梅．课程与儿童的经验［J］．幼儿教育，2006（17）：23.

内在需要和外部环境共同作用下经验不断提升的过程。经验的累加只是在量上给出了规定，但更重要的是需要经验有质的变化，这种变化需要对原有经验进行改造。杜威所讨论的教育本质之一“教育就是经验的改组和改造”，实际上就是指对儿童主观世界的改造，让儿童获得新经验。这种经验不仅包括新的认知，还包括能力、品德、情感、态度等。

要使幼儿的经验不断生长，教师首先需要把握幼儿的前经验。一切新经验都在前经验的基础上生长出来，前经验为后来经验的发展提供了基础，后来经验揭示了前经验的意义和价值。儿童知道桥的作用，是因为他们体验到了从此岸到彼岸的方便和快捷；儿童知道桥有不同的样子，是因为他们看见了那些弯弯的、直直的、长长的或陡陡的各种桥的形态，不仅如此，他们还能用自己的语言来描绘和表达这些新鲜的感觉。这些经验都是儿童在生活中获得的，他们同时也产生了各种疑问：为什么桥两边会有洞洞？为什么有的桥是平的，而有的是陡的？谁发明了桥？一旦条件适宜，儿童就会在先前有关桥的经验的基础上，继续对桥进行探索。①“经验作为一个活动的过程是占据时间的，它的后一段时间完成它的前一段时间；它把经验所包含的、但一直未被觉察的联系显露出来。因此后面的结果揭示前面的结果的意义，而经验的整体就养成对具有这种意义的事物的爱好或倾向。”②前经验为后来经验奠定了基础，前经验具有指导和控制后来经验的能力。在幼儿园活动中，教师最重要的工作就是要去分析幼儿已经具有的经验，预想这些前经验发展的方向，进而创设情境，提供材料。我们在活动设计时，一般都需要写出活动设计缘由，它的主要内容就是教师分析幼儿的已有经验水平和预想幼儿即将获得的新经验。我们需要避免幼儿经验的浪费，要重视幼儿在家庭生活、社会生活和幼儿园生活中获得的经验，要把它们联系起来，作为幼儿新经验生长的基础。

要使幼儿的经验不断生长，教师还需要注意经验的选择。我们这里所讲的经验生长，是暗含了一定价值的，只有那种与幼儿发展方向一致和与幼儿身心水平相适宜的经验才是有价值的经验。并不是一切经验都具有教育价值，一些经验对儿童的经验继续生长不但没有作用，反而还会阻碍和抑制新经验的生长。例如任

① 黄进，马悦，吴梅．课程与儿童的经验［J］．幼儿教育，2006（17）：23.

② 约翰·杜威．民主主义与教育［M］．王承绪，译．北京：人民教育出版社，1990：287.

性的活动和机械的活动，幼儿任性的活动可能是漫无目的、杂乱无章的，行为和行为后果没有联系，因为“盲目的和任性的冲动，使我们急急忙忙漫不经心地从一事改做另一事。出现这种情况，事事都是昙花一现，丝毫没有生长的积累”①；机械的活动让幼儿不知道自己行为的意义，也没有办法把自己已有的经验充分运用到活动中，一切都是按照固定的程序和要求进行的，幼儿自身的思考和创造在其中没有地位。因此，“以经验为基础的教育，其中心问题是从各种现时经验中选择那种在后来的经验中能够丰满而具有创造性的生活的经验”②。教师需要把握经验所推动的方向，要清楚经验自身的价值和所具有的教育意义，需要选择那些具有价值又与幼儿身心发展相适宜的经验，因为“教育者的任务就在于看到一种经验所指引的方向。如果教育者不用其较为丰富的见识去帮助未成年者组织经验的各种条件，反而抛弃其见识，那么他的比较成熟的经验就毫无作用了”③。

五、经验生长的条件

经验不是在真空中生长出来的，不能靠传统的灌输式教育获得，而是需要土壤，需要幼儿主动的行动，需要幼儿思维的积极参与，也需要教师的有效指导。

（一）适宜情境是经验生长的沃土

美国著名心理学家布朗芬布伦纳认为：基本的生理和心理过程是引擎，牵引着智力的发展，而情境则提供燃料并控制方向，决定火车的速度和行驶方向。由此可见活动情境对活动本身和经验生长的重要意义。幼儿活动和经验生长的重要特点就是对适宜活动情境的依赖，离开了情境，就没有了幼儿的活动和经验的获得。杜威在这点上讲得更为深刻：“我们叫他自己思维，自己创造，而不提供发动并指导思想所必需的任何周围环境的条件。没有一个东西能够从无中发展出来，从粗糙的东西发展出来的只能是粗糙的东西。”④“天赋能力是始基，是起

① 约翰·杜威.民主主义与教育［M］.王承绪，译.北京：人民教育出版社，1990：149.
② 约翰·杜威.我们怎样思维·经验与教育［M］.姜文闵，译.北京：人民教育出版社，1991：255.
③ 约翰·杜威.我们怎样思维·经验与教育［M］.姜文闵，译.北京：人民教育出版社，1991：263.
④ 约翰·杜威.学校与社会·明日之学校［M］.赵祥麟，任钟印，吴志宏，译.北京：人民教育出版社，2005：120.

点，它们不是目的且本身不能决定目的，外部的环境条件是人的各种内在可能性得到发展的不可取代的手段。"①当前，有一种观点认为情境本身就是课程②，因此，活动情境的好坏就决定了幼儿经验质量的高低。同时，活动情境是教师为幼儿提供的重要"脚手架"之一，帮助幼儿自己不断地建构自己的意义。所以，活动情境的创设是幼儿园教师教的重要内容，甚至可以说是教师教的主要表现，"教育者的责任就是决定环境，使受教育者当时的能力和需要可以发生交互作用"③。

恰当的活动情境不仅能满足幼儿的需要和兴趣，更能使幼儿产生新的需要和兴趣，能够促使幼儿快速地投入挑战性的活动中。幼儿园的活动情境首先可以作为一种活动的背景和手段出现。如果教师在创设情境的时候考虑到了幼儿的已有经验、兴趣和需要，那么这种情境就能够激起幼儿与其互动的热情，让幼儿在与情境的相互作用过程中获得经验，建构意义。同时，活动情境本身就是课程。情境就是一个教师和幼儿共同创设的"文本"，幼儿与之对话，二者视域相融，生发出意义，实现经验的生长。

当然，不是所有的活动情境都能促使幼儿的经验得到生长，只有那些适宜的情境才有可能担此重任。能促使幼儿经验得到生长的适宜情境的适宜性主要表现在以下几个方面：一是指情境考虑了幼儿的发展特点。不同年龄的幼儿适宜的情境是不同的，例如材料的投放就需要考虑到幼儿的动手操作能力。二是指情境是在考虑幼儿的兴趣和需要的基础上创设的。"结构的布局、物品的摆放和活动的安排都应有利于解决问题，促进儿童在学习过程中的探索。"④同时，情境要尽可能呈现出多样性和弹性化，尽量满足每个幼儿发展的特点和要求，激发幼儿的学习动机，促使他们进行深层次的学习，让他们在与情境的互动中体验到惊奇与快乐。三是指情境是真实而又具体的。活动情境需要考虑到幼儿的实际生活和已有的经验，让幼儿感到既熟悉又陌生，吸引幼儿去探索。在真实具体的情境中，幼儿依照自己的天性去建构意义。四是指情境是动态的。情境以幼儿的需要和经验

---

① 褚洪启．杜威教育思想引论［M］．长沙：湖南教育出版社，1998：125.

② 如日本的高杉自子就认为情境是一种课程，台湾的陈美如主张用整个学习情境来界定课程。

③ 约翰·杜威．我们怎样思维·经验与教育［M］．姜文闵，译．北京：人民教育出版社，2001：63.

④ 亨德里克．学习瑞吉欧方法的第一步［M］．李季湄，施煜文，刘晓燕，译．北京：北京师范大学出版社，2002：16.

而定，但幼儿的需要和经验是变化的，所以情境不是固定和无变化的，而是具有不可重复性和不确定性。同时，“儿童的事先想法影响了他对情境的看法，也就是说，他看到的是他认为他本该看到的东西”。所以，幼儿也会根据自己的需要来建构情境，甚至是想象性情境，来达到自己的目的。这样来看，幼儿的整个活动本身就是一个情境，活动在不断变化，情境也在不断变化，而情境的改变又会带来新的活动，二者相互影响。另外，适宜的情境对幼儿而言还是具有挑战性的。只有能照顾幼儿的已有经验，同时又能让幼儿积极投入，努力寻找解决问题的方法的情境才是具有教育性的情境。

（二）相互作用是经验生长的根本动力

我们在前面讨论过，经验包括活动的过程和结果，既有主动的要素，也有被动的要素。在活动过程中，活动主体与周围世界不断积极地进行交互作用，经验也就在这种活动中慢慢生长。离开了这种交互作用，教育就与经验毫无关系。

伟大的心理学家皮亚杰认为认识“既不是从客体发生的，也不是从主体发生的，而是从主体与客体之间的相互作用——最初便是纠缠得不可分——中发生的”①。皮亚杰认为动作分为两类，一类是儿童直接作用于客体的所有外显动作，一类是由个别动作组成的动作协调组织。儿童的认识就起源于动作，儿童的智力和认知发展依赖于动作，依赖于儿童的主动活动，儿童所获得的物理经验和数理逻辑经验皆发源于动作。皮亚杰曾举了一个十分具有代表性的例子来说明这个问题：一个儿童在沙滩上玩耍时，把十个鹅卵石排成一行，他发现无论从哪端开始数，鹅卵石都是十个。这个儿童又把鹅卵石排成了其他形状，发现依旧是十个鹅卵石。这个儿童在惊讶中获得了“总数不变”的概念。因此，皮亚杰反对传统教学中儿童被动学习的行为，主张把儿童看作一个独立的变量，让儿童在与周围世界交互的作用中学习，让儿童自己去寻找和发现答案。

杜威在讨论经验时，首先指出了经验中主体和客体是不可分割的整体：“‘经验’这个词……它既包括人们所做的、所遭遇的事情，也包括人们怎样活动和接受活动，即包括各种经验的过程。……它之所以是‘双义的’，就在于它是一个原始的整体，它不承认任何行动与材料、主体与客体的区分，而把双方都包括在

① J·皮亚杰. 皮亚杰发生认识论文选［M］. 上海：华东师范大学出版社，1991：3.

一个不可分割的总体之中。”[①]同时，杜威还十分明确地指出了经验产生的条件：“经验变成首先是做（doing）的事情。”[②]这里所讲的“做（doing）”，不是儿童被动地做，而是儿童主动地正在进行的活动。在分析经验的条件时，杜威对主体与客体的相互作用进行了不惜笔墨的探讨。杜威用“interaction”来表示儿童与周围世界的密切关系，“一种经验往往是个人和当时形成他的环境之间发生作用的产物”[③]。相互作用强调了儿童和周围世界处于同等的地位，强调了儿童行动和行动后的结果对儿童的反作用。

不能幻想幼儿的经验能够在教师的灌输和静坐听讲中生长出来，因为在这些情形中，幼儿是被动的，他们几乎不会主动地活动。在“幼儿园课程是知识”这种课程本质观的影响下，教育过于强调了外部客观条件的地位，而忽视了幼儿的主体地位，忽视了幼儿与周围世界的互动，导致幼儿得到了一些“死”的知识和技巧。我们所提倡的“幼儿园课程是经验”这种课程观，其实质就是把幼儿的主体地位这种几乎能够决定经验的因素凸显出来，强调幼儿通过行动，与人、事、物互动而获得经验。课程就是生长中的幼儿经验，课程促进幼儿经验的不断生长，所以这种课程一定具有过程性的特点。在过程中，幼儿的认知、情感、意志等非理性因素都得到改造。

（三）幼儿的思维积极参与是经验生长的重要条件

关于思维在经验获得中的重要意义，杜威曾认为“没有某种思维的因素便不可能产生有意义的经验”[④]。幼儿在适宜的情境中活动，是经验生长的重要因素，但如果幼儿的思维不参与或者没有充分参与，那么经验的生长也可能是不完整的。

在幼儿获得经验的过程中，幼儿作用于周围世界，其作用的结果又会反作用于幼儿，幼儿积极思考解决问题的方法，再作用于周围世界……如果幼儿的思维不参与，那么这个过程就可能单调而又无趣，幼儿处于被动地位，幼儿获得的经

---

① 赵祥麟，王承绪．杜威教育论著选［M］．上海：华东师范大学出版社，1981：272–273.

② 约翰·杜威．哲学的改造［M］．许崇清，译．北京：商务印书馆，1989：46.

③ 约翰·杜威．我们怎样思维·经验与教育［M］．姜文闵，译．北京：人民教育出版社，1991：267.

④ 约翰·杜威．民主主义与教育［M］．王承绪，译．北京：人民教育出版社，1990：153.

验也可能是没有意义的。高质量经验的生长要求幼儿主动参与活动，幼儿的思维被活动深深吸引，积极参与活动，从而能够在活动中进行深度学习。这也是经验本身所要求的。

经验自身应该是建设的、自律的，它包含智慧，经验的过程就是一个运用智慧的过程，这种智慧会让经验更富有成效。杜威曾经在分析感性和理性在经验改造中的作用时说道："没有通过感觉器官的积极反应而区别出来的个别，就没有认识的材料，也没有智力的发展。没有把这些个别放在从过去广泛的经验所提炼出来的意义背景之中——没有利用理性或思维——个别就只是一些兴奋和刺激。……理性正是利用一种能利用先前经验的材料来认识新的材料的意义。"① 经验是一个主动和被动相结合的过程，在这个过程中，幼儿既积极作用于周围世界，反过来作用的结果又会引起幼儿进一步的行动。在这种作用与反作用的过程中，幼儿结合当前情境，联系已有经验，寻找解决问题的方法。经验与思维密切相关，只有行动而没有思维的参与，不能够说幼儿获得了有价值的经验，同时，这种行动本身对于幼儿而言也是没有意义的。

张雪门先生在讨论"什么行为有价值"时曾列举了四种行为，即妄做盲动、胡思乱想、劳心劳力和劳力劳心，他认为只有劳力劳心的行为才是有价值的行为。② 张雪门先生的这种观点实际上也在强调行动中必须要有幼儿思维的深度参与，"身""心"二者合一，才可能获得完整的经验。因此，教师要坚决摈弃依靠灌输、死记硬背等方法，需要分析幼儿的最近发展区，组织有挑战性的活动，创设具有挑战性的情境，让幼儿主动参与这些活动，在情境中解决问题，获得经验。

（四）教师的有效指导是经验生长的重要保障

前面在讨论经验生长时，突出了情境、活动和思维在经验生长中的重要地位，教师的角色和地位好像被忽略了。实际上，在幼儿经验生长的活动中，教师的有效指导是经验生长的重要保障。

首先，有效指导意味着教师赋予幼儿活动的权利和给予幼儿建构意义的机

---

① 约翰·杜威．民主主义与教育［M］. 王承绪，译．北京：人民教育出版社，1990：359.

② 戴自俺．张雪门幼儿教育文集：下卷［M］. 北京：北京少年儿童出版社，1994：819–820.

会。指导就是给幼儿探究的权利、尝试的权利、合作的权利、思考的权利、表达喜怒哀乐的权利，与世界、与他人、与自己对话的权利，给予幼儿建构意义的机会。真正的指导就是放权，就是相信幼儿的能力，放手让幼儿去与活动材料互动，从而获得经验。也可以这样讲，教师指导的焦点就是幼儿的行动，关注幼儿在做什么、思考什么、遇到什么困难、有什么收获，而不是只在意教师在做什么。在这样的指导下，幼儿就会有充分的活动权利和机会，他们会找到自己感兴趣的活动并投入其中，使经验得到生长。

其次，有效指导意味着“倾听”和“回应”幼儿。意大利瑞吉欧教育在教师角色上有一个与众不同的看法：教师是儿童的倾听者与积极的回应者，是一个没有剧本的舞台即兴表演专家。这样的看法实质上是教师与幼儿之间主体人际交往关系的一种反映：倾听使作为倾听者的教师和倾听对象的幼儿都成为活动的主体，教师和幼儿形成“我—你”的关系，教师努力去理解幼儿在想什么，感受幼儿在做什么，并进行相应的指导。倾听内在地包括回应，因为倾听本身就是一系列行为——听、思考和反馈的集合体[①]。教师适时的回应则在一定程度上决定了幼儿在活动中的状态和课程的质量。什么是倾听？在瑞吉欧教育体系中，所谓的倾听就是对儿童全身心的“关注”。这里的“关注”就暗示了倾听不只是用耳朵听儿童的声音，倾听并不限于耳朵，人的整个身体都在听，它是多感官参与的过程。美国著名课程论专家多尔认为教师的倾听既包括“同情地倾听”，又包括“批判性地听”。[②]这就意味着“听”既是近距离的行动，在幼儿活动中听；同时又是教师抽身出来，反思和调整自己的教育行为，进行审视性的听。“听”既指向幼儿，也指向教师自己。“听”只是一个基础，有听而没有思考则不是倾听；思考后没有对倾听对象进行适宜的反馈，也不是倾听。这也就是说，倾听既有动作，又有思考，还有反馈（也就是回应），它是倾听者行为、认知和情感三个层面进行互动的过程。教师倾听就像是与孩子进行棒球投球练习，只要教师能接住孩子投过来的球（无论是投得好的还是投得不好的），孩子就会是愉快的，因为这让孩子觉得老师与自己是能产生共振的。所以“倾听是一种主动的听，这种主动性在倾听与精神生命的发展之间建立起实质性的联系。倾听面对的是人的生命

① 张青允．幼儿教师倾听行为探析［J］. 教育导刊（下半月刊），2007（7）：7–9.

② 小威廉姆·E. 多尔．后现代课程观［M］. 王红宇，译．北京：教育科学出版社，2000：218.

存在，倾听是揭示、回忆和思考人的存在的可能性的重要手段。倾听的任务是领悟被听者。通过倾听，教师领悟到学生是生命的存在。这意味着作为倾听者不仅是旁观者，而且是行动者、创造者。他将通过倾听去参与学生的成长、参与创造学生的声音”①。在倾听中，教师和幼儿的精神得到升华，都走向真实的存在；在倾听中，教师和幼儿彼此开放，真正把对方作为“你”来对待。

指导是倾听和回应幼儿，其实质就是去理解幼儿，理解幼儿的理解和体验，理解幼儿园课程对幼儿的意义。在实践中，指导总是存在教师注重自己言说的情况，但这种言说却往往是在无“听”之上的言说，充斥着教师权威。所以，范梅南据此认为：“一个真正的发言者必须是一个真正的倾听者，能听懂我们日常听觉范围以外的深层含义，能倾听世间万物对我们说话。”②教育根植于人与人之间的相互倾听，这是因为教育者和儿童之间理解和体验存在差异，“我们所教的不总是儿童学的”。③教师倾听就是去关注幼儿所经验的课程和幼儿在活动过程中所诞生的精彩观念，关注幼儿所生成的意义，这也是对幼儿的体验与理解的关心和支持。只有在对幼儿外在行动和内在情感和需要的充分把握下，教师才能更好地回应幼儿，调整活动和活动情境，进一步扩展和加深幼儿的学习。教师积极的倾听把幼儿带到课程的前台。教师在倾听的时候，对于幼儿而言，正如美国教学论专家达克沃斯所认为的那样，也是幼儿自己听到自己的答案的时候。④

再次，有效指导即研究。正如上面分析所指出的那样，教师的指导不只是对幼儿言说，更在于对幼儿的倾听，而倾听之后还需要描述、分析、解释，之后才是反馈。因此，从这个层面上看，指导也是一种研究，这是对幼儿生命独特性的尊重。

范梅南认为，在课程领域中，教育者往往自信地谈论选择、计划、组织学习经验，但这种自信是值得质疑的，因为教育者可能并不清楚当孩子拥有一种经验

---

① 李政涛．倾听着的教育——论教师对学生的倾听［J］．教育理论与实践，2001（7）：1–4．

② 马克斯·范梅南．生活体验研究：人文科学视野中的教育学［M］．宋广文，等译．北京：教育科学出版社，2003：147．

③ 埃德·拉宾诺威克兹．皮亚杰学说入门：思维·学习·教学［M］．杭生，译．北京：人民教育出版社，1985：136．

④ 爱莉诺·达克沃斯．多多益善：倾听学习者解释［M］．张华，仲建维，宋时春，译．北京：高等教育出版社，2004：3．

或当孩子理解某事时是什么样子。[①] 幼儿在活动中会不断地获得经验，它是属于幼儿自己的“真理”，但这些“真理”可能与教师所预设的意义并不一致。此时，不是教师去扑灭幼儿智慧之火的时候，而是教师进行研究的时候。教师应该随时关注幼儿在活动中的表现与状态，了解幼儿在做些什么，努力去理解幼儿正在获得什么经验，还可能获得什么经验，并以自己所拥有的理论知识来进行解释，进而尊重幼儿的活动方式和幼儿在活动中诞生的“精彩观念”，并创造条件让幼儿拥有更多经验生成的机会。

（本章作者　魏　卿）

① 马克斯·范梅南．生活体验研究：人文科学视野中的教育学［M］．宋广文，等译．北京：教育科学出版社，2003：57.

第五章

CONG JIAOWANJU DAO
KECHENG ZIYUAN

从教玩具到课程资源

回溯改革开放以来的幼儿园教育发展历程，我国幼儿园教育实践经历了从关注教玩具购买或自制到重视课程资源开发、利用的阶段性转变，这一显性转变背后实则反映了课程观、教学观、教师观等深层观念的变化。

2001 年《纲要》颁布以前，除极少数幼儿园课程改革的先行探索园外，我国绝大多数幼儿园主要以购买他编课程及预成课程为主，教师只是课程的执行者。基于幼儿学习的操作性和直观性特点，教玩具作为预成课程的重要载体受到重视。2001 年《纲要》颁布以后，我国幼儿园教育更加注重生活化和游戏化，强调关注幼儿周围生活的事物和现象，注重游戏在幼儿园教育中的意义；教师被赋予课程决策者和开发者的角色，强调基于本地、本园各种教育资源，结合本班幼儿的实际情况，灵活且富有创造性地制订班级教育计划；教育活动不再仅仅强调幼儿在教师直接指导下操作教玩具来达成目标，而强调为幼儿提供健康、丰富的教育环境，帮助幼儿在快乐的童年生活中获得有益于身心发展的经验。幼儿园课程资源是幼儿园教育得以由构想变成现实的条件保障，是蕴涵各种教育目标的园内外的有形和无形的各种因素。课程资源的范畴更大，不仅包括教玩具，而且包括一切有利于实现课程目标的因素。教玩具是预设的幼儿园教育活动目标实现的中介，课程资源则既可能是预成目标实现的中介，也可能是活动目标生成的起点。教玩具与幼儿生活的联系不紧密，具有一定的普适性；而课程资源则主要来源于幼儿的周围生活，具有较强的环境依赖性。教玩具的功能多是预设的，而课程资源的功能则是开放的。

近 20 年来，课程资源的开发和利用已是幼儿园课程建设的一项重要工作。教师对资源重要性的认识不断提高，开发和利用资源的意识和能力也不断增强，幼儿园资源和环境的面貌正在发生深刻的变化，有力支撑了幼儿园各类活动的顺利开展。但与此同时，也出现了一些值得注意的问题。本章节重点介绍幼儿园课程资源的内涵与类型，课程资源开发利用的意义、路径和方法，指出课程资源开发利用的问题，并分享了课程资源管理的优秀经验，以期为教师提供实践指引，进一步提高课程资源开发、利用的效益。

一、课程资源的内涵与类型

课程资源是幼儿园课程的重要载体和实现条件，是有利于实现教育目标的一切有形和无形的各种因素的总和。课程资源类型的划分方式多种多样，依据不同的标准，可将众多课程资源划分为不同的类型，以便更好地认识、开发及利用各类资源。

（一）按照课程资源的性质分类：自然性课程资源和社会性课程资源

按照课程资源的不同性质，课程资源可分为自然性课程资源和社会性课程资源。

自然性课程资源是指自然世界中存在的各种事物及其构成的生态环境，包括季节、天气、动物、植物、山脉、河流、地形、地貌等自然环境，它是儿童接触、了解大自然，探究外部世界，获取经验的基本物质条件。课程的自然资源不仅为儿童发展提供了物质基础，还对其精神成长、人格发展、审美体验提升等起到巨大的促进作用。

社会性课程资源是指人类创造出来的社会事物、社会现象及所有社会活动资源。它包括社会生产生活活动、社会组织与机构、保存和展示人类文明成果的各类公共设施（如博物馆、图书馆、展览馆）等。课程的社会资源是儿童了解社会生活、习得社会规范、形成个体社会性品质的物质或精神基础。例如闽西山区沐浴在浓郁的客家文化之中，有许多特定的民间习俗、方言古语、农事生活经验等，构成了广泛的社会文化资源。其丰富的对联、歇后语、民间故事、客家山歌等可作为独特的课程资源运用于幼儿园课程建设之中。

（二）按照课程资源的空间分布分类：园内课程资源和园外课程资源

从课程资源的空间分布划分，幼儿园的课程资源可以分为园内课程资源和园外课程资源。

园内课程资源是指幼儿园范围内的人（包括教师、幼儿、管理人员、保育员、炊事员、门卫等）、物（包括场地、设施、设备、材料等）以及幼儿园的管理制度和精神文化等。园内课程资源是实现幼儿园课程目标，促进儿童发展的最基本、最便利的教育资源，也是幼儿园课程资源利用中首选的资源。

园外课程资源是指存在于幼儿园之外的家庭、社区及整个社会环境中的各种可利用的资源。家庭资源包括幼儿家长及家庭中的图书、玩具等；社区资源包括公共设施（如公园、图书馆、博物馆、邮局等）、社会机构（如医院、派出所、消防队、部队、学校等）、社会活动（如奥运会、世博会、绿博会等）、各种职业者（如工人、农民、画家、手工艺人等）以及当地的自然资源等。总的来说，园外丰富的课程资源可以有效弥补园内课程资源的不足，为幼儿园课程提供支持和保障。

（三）按照课程资源的功能分类：素材性课程资源和条件性课程资源

按照课程资源的功能特点，幼儿园课程资源可以分为素材性课程资源和条件性课程资源。

素材性课程资源是指作用于课程，并能成为课程的素材或者来源的资源。例如，常见的动植物、节日、社会风俗、文化产品、社会活动等都属于素材性课程资源。素材性课程资源并不能直接成为课程内容，它只是备选内容，只有经过加工并付诸实施时才能成为课程。

条件性课程资源是指作用于课程却并不成为课程内容的直接来源的资源，但它在很大程度上决定着课程实施的途径和组织方式等。例如，班级规模小、场地大且材料多的幼儿园有可能将区域活动作为课程实施的重要途径，反之，在班级规模大、场地小且材料少的幼儿园，则往往将集体教学作为课程实施的主要途径。

当然，脱离具体情境，素材性课程资源与条件性课程资源并不是绝对对立的。有些资源在某些活动中是素材性资源，而在另一些活动中则可能是条件性资源。例如，纸张在很多活动中仅仅是幼儿记录的工具、裁剪的对象；但在认识纸张的活动中，它是素材性课程资源，幼儿通过探索纸张，了解它的特性。

（四）按照课程资源的成熟度分类：原料课程资源和熟料课程资源

本分类方式借鉴张雪门先生关于原料与熟料的思想，将原料课程资源定义为未经教育加工的、没有明确目标及使用方法的原始素材；熟料课程资源则指经过教育加工的、具有明确目标和使用方法的活动方案。以竹子为例，幼儿园里生长的竹子、网络上搜索到的关于竹子的儿歌和竹子艺术作品等都属于原料；在他编课程中找到的有关竹子的教学活动方案、区域活动方案等则属于熟料。

原料需要教师基于幼儿的兴趣、发展水平和教育目标等开发其教育价值及合适的使用方法后方可发挥作用，学习对原料加工的程序和方法是教师专业成长的重要途径；熟料则是现成的，可供教师直接使用或稍加改动后使用，比较便利，但容易限制教师的思维。若主要依赖熟料，教师将失去发展的机会。

原料和熟料对于幼儿园课程建设都很重要，建议教师在开发课程时，先搜索原料，尝试进行教育加工；然后再搜索熟料，开阔眼界。两者互为补充，相得益彰。

（五）按照幼儿与课程资源的接触方式分类：直接课程资源和间接课程资源

直接课程资源是指存在于幼儿周围生活之中的，可供幼儿直接感知、实际操作、亲身体验的资源，如本地、本园的动植物及自然现象，可参观的社会机构，可访问的相关人员等。幼儿学习的特点决定了开发直接资源的重要性。

间接课程资源则是指幼儿以图片、语言、视频等为媒介接触的第二手资源，如图画书、音乐作品、美术作品等。间接资源的使用可拓展幼儿的直接经验，在幼儿的经验与文化知识之间建立桥梁。

（六）按照课程资源被发现的时间分类：预成性课程资源和生成性课程资源

根据课程资源被发现的时间，可将课程资源分为预成性课程资源和生成性课程资源。预成性课程资源是指在活动之前有目的、有准备地使用的课程资源，如带领幼儿在幼儿园草地上观察蚂蚁，蚂蚁即预定性课程资源；生成性课程资源则指在活动过程中形成的具有重要教育价值的事件、问题等，如幼儿在观察蚂蚁的过程中，发现了一只受伤的蚯蚓，对蚯蚓产生了浓厚的兴趣，那么蚯蚓即生成性课程资源。

除了上述分类，还有其他一些课程资源类型划分值得关注。例如按照课程资源的存在形式，可分为显性课程资源和隐性课程资源，显性课程资源是指看得见、摸得着，可以直接运用的课程资源；而隐性课程资源指以潜在方式对教育活动施加影响的课程资源，如人际关系；根据课程资源的呈现形式，可分为文字的、实物的、活动的及信息化的课程资源；根据课程资源与学习者的关系，可分为专门设计和非专门设计的课程资源。

二、课程资源建设的意义

（一）课程资源是实现课程目标与构建课程内容的重要载体

《纲要》指出，幼儿园应为幼儿提供健康、丰富的生活和活动环境，满足他们多方面发展的需要，使他们在快乐的童年生活中获得有益于身心发展的经验。在具体教育领域，《纲要》未列出具体的教和学的内容，要求教师根据本地、本园、本班的实际情况自主确定。以科学领域为例，《纲要》列出的目标有："对周围的事物、现象感兴趣，有好奇心和求知欲""能从生活和游戏中感受事物的数量关系并体验到数学的重要和有趣""爱护动植物，关心周围环境，亲近大自然，珍惜自然资源，有初步的环保意识"。① 在内容与要求方面指出："引导幼儿对身边常见事物和现象的特点、变化规律产生兴趣和探究的欲望""提供丰富的可操作的材料，为每个幼儿都能运用多种感官、多种方式进行探索提供活动的条件""引导幼儿对周围环境中的数、量、形、时间和空间等现象产生兴趣，建构初步的数概念，并学习用简单的数学方法解决生活和游戏中某些简单的问题""从生活或媒体中幼儿熟悉的科技成果入手，引导幼儿感受科学技术对生活的影响，培养他们对科学的兴趣和对科学家的崇敬""在幼儿生活经验的基础上，帮助幼儿了解自然、环境与人类生活的关系。从身边的小事入手，培养初步的环保意识和行为"。②2001 年以来，《纲要》作为指导幼儿园课程改革的重要文件，强调了课程对资源的依赖性。基于本地、本园的课程资源，形成符合本园幼儿需要的园本课程成为 21 世纪幼儿园课程建设的主要工作。仍以科学领

---

① 中华人民共和国教育部．幼儿园教育指导纲要（试行）[M]．北京：北京师范大学出版社，2001：1.

② 中华人民共和国教育部．幼儿园教育指导纲要（试行）[M]．北京：北京师范大学出版社，2001：6-7.

域为例，山西和江苏的幼儿园由于地理环境不同，所拥有的动物和植物资源不同，因此课程目标和内容均有所不同。再如农村和城市幼儿园周围的自然环境和科学技术条件不同，因而具体课程目标和内容也会有所差异。了解本地、本园有哪些课程资源，思考这些资源蕴含哪些潜在的教育经验，如何将资源转化为幼儿的活动，以落实《纲要》规定的教育目标，是幼儿园课程建设的重要工作。可见，课程资源是课程目标和课程内容的重要载体。在某种程度上，幼儿园课程目标的适宜性、内容的丰富性等是由各园、各班所拥有课程资源的多寡及优劣所决定的。

（二）课程资源是课程实施的条件保障

课程资源的多寡在某种程度上也会决定课程实施的途径与方式。根据幼儿的学习特点和发展规律，我们知道，幼儿是在行动中学习的。直接经验是人生的基本经验，间接经验（知识）只有嫁接在直接经验之上，才能真正被幼儿接受和理解，并成为幼儿解释世界、改变行动的依据。对于幼儿来说，直接经验的获得主要依赖于他们与周围环境的相互作用。因此，要帮助幼儿获得有益的经验，就必须为他们提供丰富适宜的环境，充分开发幼儿生活环境中有价值的课程资源，让幼儿在与环境的互动中，在对课程资源的操作学习中获得发展。例如，幼儿园根据幼儿的兴趣开展了“观察蒲草”的活动，幼儿通过观察、记录及比较水池中蒲草的前后变化，感受、了解蒲草的生长特点与规律，在此过程中，幼儿关于测量、符号记录的经验也得到提升。幼儿在活动中、环境中与课程资源真实生动地发生互动，这种方式下积累的经验往往更丰富，也更易于被幼儿内化。此外，课程资源的开发与利用有助于扩展幼儿学习与生活的空间（比如社区），不仅超越教室，也超越园内空间，从一定程度上增加了幼儿获取经验的机会，使幼儿园课程更贴近社会、生活和大自然，使幼儿的知识经验结构更趋多元。

（三）对课程资源的开发、利用有利于教师的专业成长

对教师而言，开发、利用课程资源是其专业发展的重要生长点。当前，不少教师对课程及课程资源的认识仍比较片面和肤浅。幼儿园课程资源建设的逻辑起点是经验的课程观、基于活动的学习观以及注重提供丰富环境，而不是直接指导的教学观。在反复开展课程资源建设实践的过程中，教师可加深对课程资源内

涵、特点等多方面的认识，领会课程资源开发、利用实践背后的课程观、教学观，进而形成正确的观念和价值体系。此外，开发、利用课程资源的实践有助于教师找准自身的角色定位，转变传统陈旧的工作方式。教师将不再是教材知识的讲授者，而是和幼儿共同开发、利用课程资源，共同建构知识与经验的合作者；教师也将不再处于课程边缘，而是走向课程建设的中心，参与课程及课程资源的研究和建设。这些角色和工作方式的转变都是教师专业成长发展的外在表现。

课程资源建设包括资源的开发、储存以及利用等一系列环节，是一项系统的工程。要想开发和利用好课程资源，要求教师具备较为全面的专业能力，比如观察能力、评价能力以及反思能力等。教师的专业能力是在实践中不断学习发展的，因此，开展课程资源建设的实践还能够有效促进教师专业能力结构的优化。

三、课程资源开发的步骤与策略

（一）幼儿园课程资源开发的步骤

幼儿园课程资源开发的步骤大致可以概括为三步，如图 5-1 所示，具体说明如下。

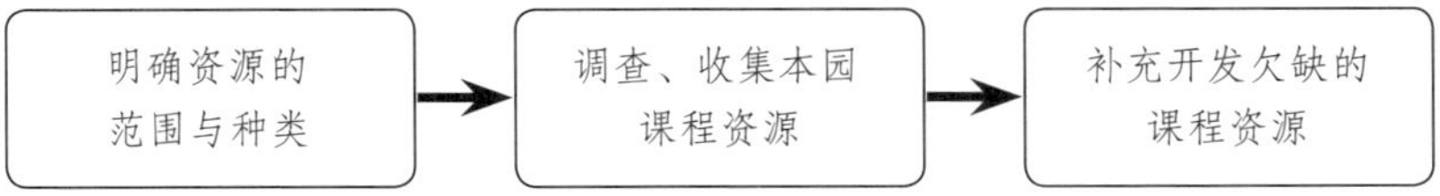

图 5-1　课程资源开发的步骤示意图

1. 明确资源的范围与种类

在进行课程资源开发前，教师首先应树立课程资源意识，对课程资源有正确的认识，明确资源的范围与种类。课程资源是课程建设过程中一切人力、物力、社会文化以及自然因素的总和。有些课程资源可直接被幼儿利用，另一些课程资源则是在被成人利用后对幼儿产生影响。课程资源的定义告诉我们，环境中的“一切”皆有可能成为课程资源。课程资源的范围是广泛的，种类是多样的，它可以是大自然中盛放的一朵花，可以是幼儿园的门卫叔叔，也可以是家乡有名的剪纸工艺……教师在认识、开发课程资源时不应拘泥于自己的思维，能够给幼儿和自己带来“感动”“惊叹”“惊喜”的资源都值得珍视。下面的表格（见表 5-1）列举了课程资源的部分类别以及相应开展的课程活动，以供参考。

表 5-1　课程资源类别及相应开展的课程活动举例①

1. 植物资源	2. 动物资源	3. 社会事件资源	4. 社会风俗资源

5. 社会文化资源	6. 专门人才资源	7. 生活事件资源	8. ××资源
			……

2. 调查、收集本园课程资源

（1）课程资源的收集者

所有与幼儿园课程直接或间接相关的人员都是幼儿园课程资源的收集者。直接人员指幼儿园的教职工，包括教师、园长、保育员、炊事人员、保健人员、门卫、司机等，以及家长和幼儿；间接人员指与幼儿园教职工相关的人员，如家属、朋友等。

（2）课程资源的调查、收集方式

按照不同的标准，课程资源收集的方式可以划分为多种类型。

按照资源收集的专门性，可以分为专门收集与随机收集。专门收集是指有目的、有计划地正式开展的资源收集。当幼儿园某个活动特别需要某一类材料时，教师往往会组织幼儿专门收集。例如幼儿的“拱桥”工程缺少建筑材料，幼儿和教师联合绘制海报向家长收集此类材料，如图 5-2 所示。随机收集则是指资源管理员、教师等在工作和生活中随时随地收集课程资源，这需要资源管理员和教师具有较高的课程资源敏感度并有自觉收集课程资源的习惯。

① 例 1、例 3 图片由南京市建邺区致远幼儿园提供；例 2 图片由苏州市吴江区金家坝幼儿园提供；例 4、例 7 图片由南京市实验幼儿园提供；例 5 图片由南京市梅花山庄幼儿园提供；例 6 图片由苏州高新区成大实验幼儿园提供。

图 5-2　南京市太平巷幼儿园资源收集海报

按照收集时间是否固定，可分为定期收集与不定期收集。例如有的幼儿园规定每月收集一次资源，或者每学期开学第一周为收集周，这种即为定期收集。定期收集资源可以为幼儿园开展教育活动提供较为稳定的条件支持。而不定期收集的收集时间不固定，可根据幼儿园活动的收集需要灵活变动。在现实情况中，幼儿园往往采用定期收集与不定期收集相结合的方式。

按照收集的途径，还可相对划分为实地收集与网络收集。实地收集受空间限制，主要用于收集本地、本园可被幼儿园使用的资源，如民间艺人、公园等。网络收集则是通过网络，收集本地、全国乃至世界范围内可利用的课程资源，该收集方式不受时空限制，可收集的资源范围广阔。

（3）调查、收集课程资源时的注意事项

首先，在调查、收集课程资源时要做好整体规划。本园已有哪些课程资源，还需要开发、收集哪些课程资源，以及如何开发、收集课程资源等都需要全盘考虑。课程资源的开发不限于教师就某一主题、某个教学活动收集一些操作材料和实物，教师要主动走出园门，全面了解、搜集本地和本园所拥有的资源，结合幼儿园课程建设的理念，统筹规划幼儿园课程资源。

其次，在调查、收集资源时要注意尽可能地鼓励多主体参与。但值得提醒的是，尽管幼儿园教师要充分利用家长等其他直接或间接人员的力量，但切不可过分依赖，也不可强迫他人提供资源。

最后，调查、收集资源要采用多样的方式进行，多种方式相互补充、相互配合，以使课程资源的开发更全面有效。

3. 补充开发欠缺的课程资源

前两步完成之后，课程资源的收集、开发一般已较为充分，能够基本满足幼儿的活动需要。但仍难免会存在部分资源不足的情况。基于幼儿身心全面和谐发展的考虑，幼儿园应尽量弥补资源的不足。例如对于建筑物密集、绿地稀少的大、中城市幼儿园而言，自然资源的欠缺是一个比较普遍的问题。苏霍姆林斯基、陈鹤琴等教育家都曾强调，大自然是对孩子最好的教育。针对这一问题，自然资源稀缺的城市幼儿园应尽量利用园所的空地和角落，开辟自然角或小片种植园地，让幼儿观察植物生长，体验播种、浇水、施肥、收获的经历，例如南京市建邺区实验幼儿园规划设计的向日葵农庄（如图 5-3 所示）。对于一些自然资源丰富但文化资源欠缺的农村幼儿园，则需着力开发文化资源。例如：为幼儿精选阅读图书，开展早期阅读教育；开发本土的民间艺术资源，开展民间艺术教育活动等。

图 5-3　南京市建邺区实验幼儿园的向日葵农庄

（二）幼儿园课程资源开发的策略

所谓课程资源开发，就是探寻一切有可能进入课程，能够与教育教学活动联系起来的资源。课程资源是设计和组织课程的基础。没有资源就不可能有真正的活动，只有适宜的资源才能带来综合、有效的学习。正如陈鹤琴先生所言“大自然、大社会都是活教材”，课程资源广泛存在于我们身边。教师要善于发现和充分开发本地、本园所拥有的课程资源，使其为课程服务，为幼儿的全面发展服务，这是幼儿园课程建设的应有之义。幼儿园开发、利用课程资源二十年来，已积累丰富的经验，应在新的起点继续有效开发课程资源，可采用以下策略：

1. 缺失优先，用互补性思维开发课程资源

幼儿发展是家庭、幼儿园及社会三方共同作用的结果。幼儿园教育区别于家

庭教育和社会教育，是由专业教师进行的专门教育。幼儿并非以一张白纸的状态进入幼儿园，他们带着家庭和社会教育的发展基础来到幼儿园，教师应识别家庭和社会教育的积极影响、消极影响和零影响，扬长补短地给予幼儿适宜的教育。家庭和社会教育带来的幼儿发展的薄弱之处，应是幼儿园课程资源开发的着力之处。换言之，幼儿发展的现有水平与应然水平之间的距离便是课程资源应着力开发之处。

教师如何找寻课程资源开发的着力之处呢？教师可采用合适的评价工具对幼儿进行入园前（初）评估和阶段性评估，了解幼儿发展的薄弱之处；可采用家访、问卷调查、访谈等方法了解特定地区、特定区域、特定家长的教育观念和做法，了解幼儿园外幼儿生活的情况等。通过这些途径，教师在一定程度上能够明确班级幼儿亟待重点加强的方面，从而有针对性地开发一些补偿性资源。目前许多幼儿园在进行课程资源开发时已有意识地践行这种思路。例如南京市建邺区实验幼儿园在一次测查中发现，该幼儿园的幼儿其他方面的动作能力发展都不错，唯独上肢动作发展比较弱。根据建议，该幼儿园专门购置了一批锻炼上肢动作的器械设施，供幼儿在户外活动时使用。经过一段时间以后再次测查，结果显示该园幼儿的上肢动作发展情况明显提升且达标。在开发课程资源时，幼儿园要充分研究幼儿，把握家庭和社会未能充分给予幼儿支持的方面，以“互补性”思维指导行动，坚持扬长补短，缺失优先。

2. 着眼未来，用前瞻性思维开发课程资源

教育这份事业，不仅指向现在，更面向未来。幼儿园课程改革要改变只关注当下教育效果的短视行为，应建立前瞻性思维，从未来社会的特征和需要出发，以发展的、长远的、面向未来的眼光进行课程建设。今天的幼儿约在二十年后走入社会，那么未来的社会将是什么样子？着眼未来，前瞻性地思考未来社会对人才核心素养的需求，具有何种特质的人能够适应未来社会？或许是具备较强沟通合作能力的人，或许是善于发现和独立解决问题的人，又或许是富有创造力和想象力的人……

那么幼儿园又该如何培育这些特质？一种可行思路即在开发课程资源时建立前瞻性思维，与时俱进地开发适宜的课程资源以支持幼儿核心素养的发展，为其迎接未来做准备。例如，我们正处于人工智能时代，未来我们的生活、教育将更进一步地被人工智能所影响。许多学者提出人工智能时代尤需关注计算思维这一

核心素养的培养。从课程资源开发角度出发，幼儿园教师可以组织幼儿参与一些编程活动，提供适宜幼儿年龄发展特点的编程操作材料等加以支持。又如近年来我国一直致力于社会主义生态文明建设，我们期待未来的人才是能与自然建立和谐共生关系的人。为了培养幼儿保护动物的意识与伦理修养，教师可提供一些相关的图书资源，如《让路给小鸭子》《动物园》等，如果有动植物保护相关工作经历的家长资源也可开发。以上两个例子可以为幼儿园如何前瞻性地开发课程资源提供一些思路。社会是不断发展着的，未来是难以捉摸的，但这并不意味着我们无须作为，幼儿园课程建设应该积极对未来的发展与变化做出反应。

3. 拓展时空，用联系性思维配套开发间接资源

《指南》指出："幼儿的学习是以直接经验为基础，在游戏和日常生活中进行的。要珍视游戏和生活的独特价值，创设丰富的教育环境，合理安排一日生活，最大限度地支持和满足幼儿通过直接感知、实际操作和亲身体验获取经验的需要。"① 为了更好地支持幼儿获取经验的需要，教师应充分地开发本地、本园的资源。前已述及，幼儿园课程资源可分为直接资源和间接资源两类。直接资源和间接资源往往是相辅相成的，仅开发直接资源，课程传承文化的功能将被削弱；仅使用间接资源，幼儿获得的知识将包含大量"伪知识"。因此，幼儿园在开发课程资源时还应注重拓展时空，用联系性思维配套开发相关间接资源。

《陈鹤琴全集（第二卷）》中记录了陈鹤琴先生关于课程资源的探索实践，在此以书中"马的利用"这一部分内容为例，展现如何在开发直接资源时配套开发相关间接资源。关于马的利用，陈鹤琴先生从"参观马车"到"各种马图"，总共罗列了十余种可开发、可利用的资源。在这些资源中，有的是幼儿可直接参观、接触到的直接资源，如骑马、坐马车；而有的则是间接资源，如关于战马的歌谣，幼儿可以通过查阅书籍等途径获取（如表 5-2 所示）。直接资源和间接资源相互补充，从而使幼儿对马的认识更加丰富，触发更多与马相关的经验。

教师在进行资源开发时，可以设计一些表格（如表 5-3 所示），帮助自身更好地厘清某次活动中直接资源和间接资源的搜集开发情况。这些完善后的表格也可以作为"资源包"保留下来，这些经验记录凝结着教师的思考与心血，积册成

① 中华人民共和国教育部. 3 ~ 6 岁儿童学习与发展指南［M］. 北京：首都师范大学出版社，2013: 3.

表 5-2　“马的利用”中部分资源条目的再分类

马的利用	
直接资源	• 看马戏去 • 坐马车，东南大学有马车可以借用 • 骑马
间接资源	• 战马的勇敢，此类故事、图画、歌谣很多 • 英雄名马，各种歌谣

表 5-3　表格设计示例

直接资源	间接资源	
原料（幼儿的兴趣、经验，本地的植物、动物、人、事、物、现象等）	**原料**（与内容相关、未经教育加工的美术作品、音乐、儿歌、故事、科学知识等）	**熟料**（现成的活动方案）
……	……	……

集，既能帮助教师进行实践反思，也可成为教师自身的宝贵资源，日后教师如有需要，便可以反复查阅。此外，教师间还可以进行资源共享、经验交流、互促互学，使园所的课程资源以及课程建设工作更加精进。

4. 诱发深度学习，用博物馆建设思维开发同类多样资源

博物馆建设思维是指在课程资源开发过程中，有意收集同类人、事、物等，形成集合，供幼儿在操作、摆弄、交往、体验中进行比较、分析、综合、概括等深度学习。博物馆建设思维可以发生在区域活动、生活活动和教学活动的资源提供中。例如南京市太平巷幼儿园所举办的“自然物大搜集”活动（见图 5-4），就生动体现了博物馆建设思维在课程资源开发工作中的应用。金秋时节，瓜果飘香，落叶纷飞，环境中潜藏着大量可供开发的自然资源。幼儿园抓住这一时机，组织教师、幼儿一同寻找身边的自然物。幼儿搜集到的自然物琳琅满目。它们来源不同，有的是从家里带来的，有的是从幼儿园中找到的，有的可能是不久前从市场上买来的……它们种类也不同，有落叶、树皮、果实、树枝等，光是果实就又可以分为许多种：透亮的柿子、金黄的南瓜、栾树下捡来的果子、带刺的板栗、两个小朋友才能抬动的大冬瓜……这些自然物搜集之后，会作为素材投放至区域，幼儿任意选择、搭配及制作，可以呈现出成百上千种创意表现。

除了区域活动，在开展集体教学活动时也应渗透这种思维。例如开展“种子

在哪里”的集体教学活动时，教师可提供多样的操作材料，如草莓、枣子、猕猴桃等，让幼儿去探索。幼儿就会发现不是所有的种子都是藏在果实妈妈肚子里的，而且有的种子大，有的种子小，有的种子很坚硬，等等。比起单一地提供几样材料，尽可能开发同类多样的资源将更有助于激发幼儿的兴趣，促进其经验的生发。

图 5-4　南京市太平巷幼儿园“自然物大搜集”活动掠影

5. 关注幼儿真实的兴趣，用关系思维开发动态生成性资源

不少教师反馈，尽管已努力开发本地、本园课程资源，但是幼儿仍不感兴趣。问题症结在哪里？教师们可以反思一下自己的实践当中是否存在“牛不喝水强按头”的情况。幼儿对资源的兴趣与问题等才是最重要的课程资源，如果忽视幼儿的兴趣和问题，资源开发和利用的效果的确可能不尽如人意。此外，教师还应反思是否已充分把握和利用环境中事物间的关系以及事物与儿童之间的关系线索，若教师行动缺乏关系思维，则很容易让资源与幼儿之间的有效互动不能发生。儿童对资源的兴趣与问题发生于与资源互动的整个过程，儿童与资源互动的过程中蕴含着多样的关系。因此在开发课程资源时，教师还需建立关系思维，珍视动态生成性资源的价值，细心敏感地捕捉幼儿的兴趣和问题。

南京市鼓楼区新世纪实验幼儿园“六条小鱼”的课程故事就很好地展现了幼儿园重视动态生成性资源，在行动中渗透关系思维的做法。一天早上，中一班的幼儿发现他们养在池塘里的小鱼身上出现了点点白斑。门卫叔叔告诉大家小鱼生病了。“小鱼生病了！”“为什么小鱼会生病呢？”“小鱼生病都会有什么症状？”“生病的小鱼该怎么照顾呢？”……这一偶发事件一下子成为幼儿关心的焦点。中一班的教师敏感地抓住教育契机，及时关注幼儿感兴趣的问题，支持幼儿的进一步探究。她们鼓励幼儿一起讨论、调查小鱼生病的原因，同时询问有养殖经验的家长、淘宝卖家，收集治疗小鱼的建议，后来发现小鱼生病可能是天气变凉及水池太脏的缘故。在和幼儿一起确定治疗方案后，教师随即买来了治疗小鱼的鱼药、清理鱼池的工具，引导幼儿学习如何清理鱼池等。最终，小鱼痊愈了，幼儿在这个过程中也收获满满。就像中一班教师所做的那样，把幼儿的兴趣和问题作为重要资源，根据幼儿不断涌现的新问题、新兴趣点去开发动态生成性资源，同时利用关系思维，动用多方关系力量，引导幼儿去发现不同事物之间以及这些事物与人类的关系，根据关系线索不断生发课程，开发新的课程资源。

四、课程资源利用的途径和注意事项①

（一）幼儿园课程资源利用的途径

课程资源的利用实质上是指实现课程资源价值的过程。幼儿园课程资源利用的途径主要为两种：一种是提供环境，即教师利用课程资源为幼儿创设“有准备的环境”，支持幼儿在与环境的交互中获得经验；另一种是教师利用课程资源开展多样化的教育活动，在活动中支持幼儿的学习与发展。只有合理利用课程资源，才能有效实现资源的价值。

（二）幼儿园课程资源有效利用的注意事项

1. 利用课程资源应遵循各领域教育的基本规律

将课程资源运用在不同领域的活动中，必须遵循不同领域教育的基本规律，否则课程资源的利用效果可能会大打折扣。例如某幼儿园教师将树木资源用于幼儿的艺术活动中，却未取得理想的效果。②教师更多地将问题归结于幼儿，认为幼儿没有计划意识，在活动中热情不够持久，因此才出现“随便画几笔”“完成作品质量不高”的情况。但实际上，问题不在幼儿，或者说不全在幼儿，而在于教师未遵循艺术教育的基本规律，对幼儿艺术活动的认识存在偏差，缺乏有效的支

---

① 该部分内容整理自：原晋霞 . 关于幼儿园课程资源开发利用的几个基本问题［J］. 幼儿教育，2019（13）：32–33。（内容有增改）

② 完整案例详见《被冷落的“自然资源区”》，载于《幼儿教育》2019 年第 13 期，第 27 页。

持和引导。艺术领域教育最为关键的就是让幼儿“感受与欣赏”“表现与创造”。案例中教师将利用树木资源创作的作品布置在区域环境中，以期激发幼儿的想象和创造，但教师未有效组织和指导幼儿充分感受和欣赏，启发幼儿关注其审美元素，所以幼儿没有创作灵感与热情，从而未利用好树木资源。如果教师能与幼儿一起欣赏环境中的作品，并与幼儿充分讨论这些艺术作品的创意，让幼儿发现“哦，树皮凹凸不平，真的很像鳄鱼的皮”“刨花卷曲的样子确实很像绵羊的卷毛”，可能这之中某些元素就能触动幼儿的心弦，激发起幼儿的艺术联想与表现。借由这个例子，旨在说明课程资源仅仅是幼儿园开展各类教育活动的媒介，无论从哪个领域的角度对课程资源进行利用，都应遵循该领域教育的基本规律。只有遵循该领域教育的基本规律，才能最大程度地发挥课程资源的利用价值。为此，幼儿园教师应该主动地加强自我学习，促进自身专业发展，幼儿园、政府等要对此加以支持。教师一方面要更进一步掌握各领域教育活动的组织规律、指导要点等，另一方面要形成对资源的正确认识，树立利用课程资源的意识，提升利用自身资源的能力，从而在利用课程资源时更加胸有成竹。

2. 利用课程资源应把握恰当时机

利用课程资源应把握恰当时机，能否把握恰当时机反映的是教师的教育艺术。陈鹤琴先生当年在利用鸡开展教育活动之前，先让儿子陈一鸣将鸡抱到幼儿园，让幼儿与鸡共同生活了一段时间。那段时间里，幼儿对鸡充满了好奇，他们对鸡进行观察，发现了鸡的一些特点，并提出了关于鸡的许多问题。待时机成熟，陈鹤琴先生才开始进行关于鸡的系列活动，帮助幼儿解决问题、增长经验。这一例子给我们的启示是：课程实施应注意“火候”，幼儿有了一定的经验铺垫且兴趣正浓之时，正是利用课程资源开展活动的好时机。若时机不当，设计得再好的活动，准备得再好的课程资源，也可能变成让幼儿“食之无味”的“鸡肋”。

课程实施的时机分为外部时机和内部时机。外部时机即自然生活和社会生活中的某种事件或现象发生之时，课程实施应该呼应自然和社会生活的节奏。内部时机则是指幼儿对某种事件或现象产生了浓厚兴趣并有进一步探究的强烈需求之时。内部时机和外部时机相互呼应，便是课程实施的最佳时机。因此在实践中，幼儿园教师要保持敏锐，及时捕捉课程实施的外部时机，同时在利用课程资源之前或者过程中要注意观察幼儿的表现，把握幼儿兴趣与问题萌发的时机。最后尽可能选择内部时机和外部时机相契合的时机实施课程，这样有助于提升课程资源的利用效果，裨益幼儿的学习与发展。

3. 利用课程资源应力求效益最大化

当前，有些幼儿园在利用课程资源时欠缺对效益的考虑，流于表面地利用耗费大量心血开发、收集的课程资源，没有最大限度地开发课程资源的教育价值来支持幼儿的学习与发展。课程资源蕴含着丰富多样的经验，具有多种利用的可能性。如果教师忽视课程资源价值的多维性，只是对其中某一方面的价值进行开发利用，而它所能提供给幼儿的经验是有限的，这是对课程资源的极大浪费。因此在利用课程资源时，教师要重视“玩转”资源，力求利用效益最大化，即尽可能以资源为媒介，做更多有意义的事情，让幼儿获得更多方面的发展。

例如南京市实验幼儿园充分开发甘蔗资源的价值，利用甘蔗设计、开展的主题活动就是一个鲜活的例子。小小的一根甘蔗，就来自幼儿园的种植园地，但就是利用这简单易得的甘蔗，南京市实验幼儿园生成了一系列有趣生动的活动（如图 5-5 所示）。由甘蔗这一对象发散思维，进行头脑风暴，南京市实验幼儿园的教

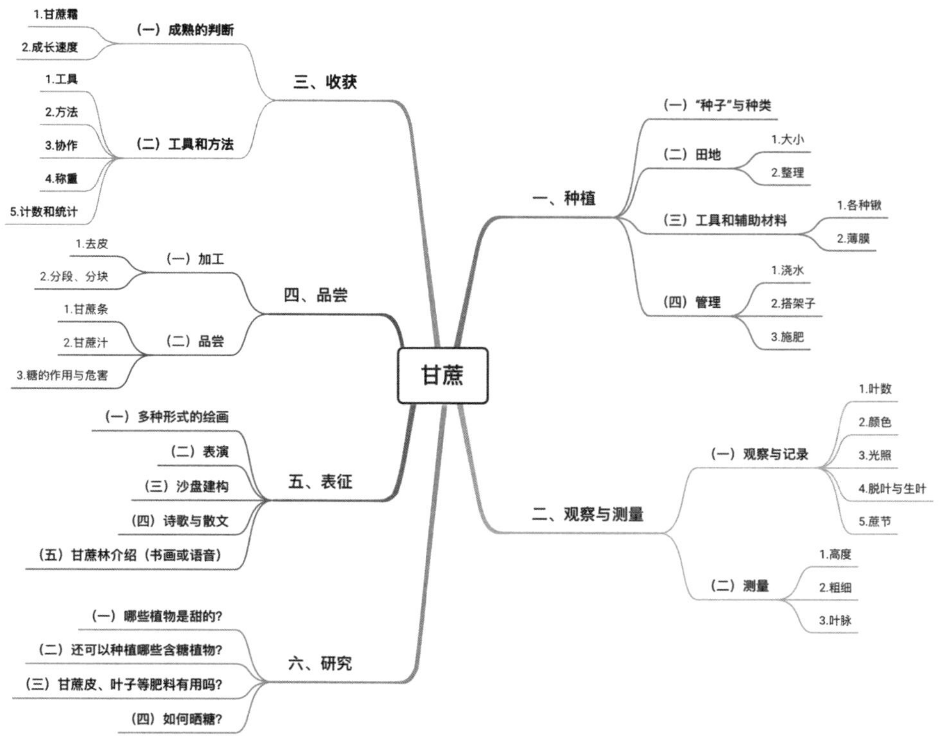

图 5-5　以“甘蔗”为中心开展活动的网络图

师结合幼儿的兴趣和已有经验，将主题活动分为“种植—观察与测量—收获—品尝—表征—研究”六个板块。教师和幼儿将甘蔗物尽其用，幼儿在种植、收获甘蔗的过程中掌握了使用工具的技能，形成合作互助的良好品质；幼儿以甘蔗为对象进行持续的生长观察，积累有关植物生长特征的科学知识以及如何进行记录、测量的经验；等甘蔗成熟以后，幼儿品尝甘蔗，了解甘蔗制糖的传统工艺；在教师的引导下，幼儿将剩余的甘蔗皮、叶子作为肥料重复利用，无形之中，幼儿的关系思维得到拓展。甘蔗全身上下的每一处，甘蔗生长的每一个阶段中有价值的、契合幼儿兴趣和发展特点的内容都被纳入活动中，南京市实验幼儿园的老师们真正做到了“玩转”课程资源。

幼儿园不必盲目追求所利用的课程资源要多么“高大上”，不可只是浅尝辄止、蜻蜓点水式地利用课程资源开展活动、创设环境，而是要从幼儿的兴趣与需要出发，建构少而精的主题，使课程资源的利用效益达到最大化！

4. 课程资源的有效利用仰赖全程的课程审议

课程审议是指课程开发主体对教育实践情境中的具体问题进行反复讨论权衡以获得一致性的理解与解释，最终做出恰当的、一致的课程变革决定，并采取相应的策略。① 课程资源的有效利用仰赖课程审议，课程审议能够促使课程资源的利用更真实有效地满足幼儿的学习与发展需要。为了确保行动决策的科学性，课程审议的参与者往往不限于教师，它鼓励多元主体的参与，包括幼儿、幼儿家长、教育专家等，而且课程审议应是持续的、长期的，它需要贯穿于整个资源开发与利用的过程。在课程资源建设的不同环节，课程审议具有不同的侧重点，可以采用不同的组织形式和方法。

许多幼儿园都已认识到课程审议对课程资源建设工作的重要作用。例如南京市梅花山庄幼儿园坚持基于儿童立场开展全过程的课程审议，以让课程资源最大限度地服务于幼儿的全面、健康、和谐发展。以该幼儿园对民间综合艺术资源皮影戏的课程审议为例——在资源开发环节，教师采用文本阅读、任务访谈、实物采集等方式了解皮影戏的艺术特征和幼儿的兴趣点；在资源收集环节，教师对各类资源进行评估、整理和分类并形成不同形式的资源包；在资源利用环节，教师

① 张华. 课程与教学论［M］. 上海：上海教育出版社，2000: 21.

共同探讨活动是否符合幼儿的兴趣和需要，收集活动中幼儿遇到的新情况、提出的新问题，根据幼儿的兴趣和需要开展系列皮影活动，支持幼儿从艺术、科学等方面进行自主学习和实践；在资源评价环节，教师对资源利用的效果进行审议，通过幼儿的表现以及相关过程性记录材料来评估皮影戏资源的应用状况，及时总结经验和教训，为后续课程开发提供借鉴。① 最终南京市梅花山庄幼儿园开展的系列皮影戏活动受到了幼儿的喜爱，在和皮影戏资源互动的过程中，幼儿的审美情趣、动手能力等都得到提升。从南京市梅花山庄幼儿园的案例中，我们可以看到资源的有效利用离不开全程的课程审议，资源建设的各个环节都是环环相扣、相互联动的，只有精心把控、审议每个环节，课程资源的利用效果才能达到最理想的状态。

学者徐继存等指出，课程资源的开发与利用是密切联系在一起的，开发是利用的前提，利用是开发的目的，资源开发的过程中往往包含着一定的利用，在利用的过程中也会促进进一步的开发。② 虽然本章节将课程资源开发与课程资源利用拆分开来讲，以便读者更清晰地认识两者的内涵、价值以及所存在的具体问题等，但是联系现实情况可以发现，当前存在的一些有关资源开发及利用的问题是具有共性的，可采取的应对思路和举措也是共通的。因此，在课程资源利用这部分内容的最后，笔者对课程资源开发与利用的关系做简要说明，希望幼儿园教师能够以整体联系的眼光看待课程资源建设的各个环节，尽管具体问题要具体分析，但是一些共通的思路、做法可尝试应用在解决不同环节的问题中，融会贯通，学以致用。

五、幼儿园课程资源的管理 ③

课程资源管理是幼儿园教师进行课程建设的重要保障。如果能有效管理课程资源，减少流失和浪费，可在一定程度上降低课程成本，提高课程效益。

---

① 秦红．坚守儿童立场的幼儿园课程资源审议［J］．学前教育研究，2022（3）：89.

② 徐继存，段兆兵，陈琼．论课程资源及其开发与利用［J］．学科教育，2002（2）：1–5.

③ 该部分内容整理自：虞永平．幼儿园课程资源挖掘和利用的问题及解决思路［J］．早期教育（教育教学），2020（10）：4–6；原晋霞，汪丽．试论幼儿园课程资源室建设［J］．教育导刊（下半月），2011（11）：36–39。（内容有增改）

（一）当前幼儿园课程资源管理存在的主要问题

1. 随意摆放，缺乏层次

幼儿园的活动材料是幼儿园课程的外化性表现，活动材料的状态往往预示着幼儿园课程的样态。材料怎么摆放，是否契合幼儿活动与发展的逻辑，是判断教师专业性的重要标准之一，也是教师要练就的基本功。班级材料的布置不只是空间问题，还是时间问题，由于不同的活动都有一个基本的顺序，因此它更是一个经验问题和发展问题。材料与幼儿经验的获得紧密相关，教师的专业性恰恰就表现在能根据幼儿的发展需要确定材料的类型、数量及空间安排。有些班级的材料显得杂乱无章，与幼儿的年龄特点不相吻合，如大班的角色游戏还使用大量塑料做的仿真水果、蔬菜。还有的材料与区域不一致。不同的区域有不同的功能，需要特定的材料，但有些班级的材料杂乱，区域材料缺乏层次性，难以满足不同幼儿的需要，幼儿往往随意使用，活动后也缺乏整理、分类和归位。幼儿面对如此杂乱无序的环境，不仅难以持续有效地得到物质支持，还可能受到空间和物质的干扰，难以有效完成活动任务及获得相关的经验。

2. 储备不足，更新不力

对幼儿园课程资源进行科学规划是一项非常重要的工作。根据幼儿发展的需要，确定课程资源呈现的时间、类型、数量和空间，这是幼儿园课程设计的重要组成部分，也是幼儿园课程有别于中小学课程的重要特点。对幼儿园教师来说，除了知识的储备，还有资源的储备。储备足够的资源是保证幼儿活动开展的重要条件，而资源储备的线索就是幼儿活动和经验的线索。有些幼儿园建立了“资源室”“资源库”“资源箱”，其作用就在于能不断支持幼儿的活动和发展。但还有一些幼儿园资源储备不足，没有资源储备的制度和措施，有些班级的活动材料一学期，甚至一学年不变，难以激发幼儿活动的热情、积极性、主动性和创造性。幼儿园的活动要让幼儿获得新经验，除了更新活动的方式，更重要的是要有足够的资源作为支撑，能根据幼儿发展的需要及时更新活动资源。

3. 用完即弃，浪费严重

为了活动顺利开展或者出于环境创设的需要，幼儿园教师往往会耗费大量心血自制、采购或者向家长征集所需的课程资源。但是当活动结束、环境创设更新之后，许多幼儿园就把辛苦开发、收集的课程资源闲置或者丢弃，造成了资源的极大浪费。这一方面可能是因为幼儿园教师缺少课程资源转化意识以及对储备课程资源的重要性认识不足。例如在进行完“树叶贴画”活动之后，还遗留下来许多各式各样的落叶，有的教师会思考落叶是否可以在其他活动中派上用场，比如认识树叶的结构特征，用树叶布置班级环境等，思考之后可能就会选择把剩余的落叶整理好并保存下来，以便在之后的活动中使用。但当前大多数教师可能就将其视为多余的废料，把剩余的落叶统统丢进垃圾桶。另一方面可能是因为幼儿园课程资源储备的制度、设施不健全，例如没有专门储备资源的资源室。此外，现实中很多教师反映自己所在的幼儿园没有教学具回收制度，所以与课程相配套的教学具每年都需要重复制作，浪费了不少人力、物力和财力。

（二）建设课程资源室是加强课程资源管理的重要途径

关于加强课程资源管理，目前不少幼儿园已经意识到了它的重要性，并探索出行之有效的策略。比如，江苏省高邮市直属机关幼儿园发明了“集装箱式管理”，无锡市城北幼儿园通过“绘制课程资源地图”进行课程资源管理。在众多的途径之中，建设课程资源室是加强课程资源管理的重要途径。套用郭沫若的名言“办好图书馆就等于办好了大学的一半”，办好课程资源室就相当于办好了幼儿园的一半。

1. 课程资源室的基本内涵

何谓课程资源室？它与图书馆、科发室、感统室、美工室等专用活动室以及一般意义上的学校保管室有何区别？课程资源室是旨在为教师更好地设计和实施课程提供资源支持的情报服务部门。首先，课程资源室不同于上述一些专用活动室，它不是直接的课程实施部门，而属于课程服务部门。课程资源室并不直接为幼儿所用，而是通过为教师设计、实施课程提供资源支持，间接地对幼儿的发展产生影响。其次，课程资源室不同于一般意义上的学校保管室，它不是被动地根据教师的要求为其提供资源服务，而是根据幼儿园课程建设的需要，积极地、创造性地收集、储存课程资源，从而为教师设计、实施课程提供丰富优质的课程资源及相关信息，拓宽教师的课程思路和视野，增强幼儿园课程的丰富性和适宜性。课程资源室具有服务性和情报性两个基本属性。

2. 课程资源室在资源管理方面的职能

课程资源室是幼儿园课程资源管理的中心，主要承担收集、整理、存放、加工和传递课程资源五项职能。了解和把握这些职能，是幼儿园建设好课程资源室的重要前提。

（1）收集课程资源

收集课程资源是课程资源室的首要职能。根据课程资源管理员参与资源收集的程度，课程资源收集可分为资源管理员亲自收集和组织收集。亲自收集是指课程资源管理员通过各种渠道亲自寻找或购买课程资源。但是，仅仅依靠课程资源管理员的力量是不够的，还需要组织收集。课程资源管理员重要的工作之一，就是通过制定课程资源收集制度，积极发动全园教职工、幼儿及家长等相关人员参与资源收集。

所谓课程资源收集制度，包括报备制度和回收制度。报备制度是指鼓励全园教职工、家长将个人所发现或所拥有的课程资源及时向课程资源室报备，由课程资源室统一管理。回收制度是指教职工、幼儿和家长将自制或非自制的、可再度使用的教玩具或废旧物品放回课程资源室。课程资源管理员为了便于回收资源，可为每班提供一个废旧物品回收箱，或在幼儿园门口提供一个全园共用的废旧物品回收箱。回收后的物品由课程资源室统一回收、处理。

（2）整理课程资源

资源收集后应进行分类整理，课程资源室的设立能够帮助幼儿园教师整理课程资源，不同的分区可用以放置不同类别的课程资源。通常当大批的课程资源进入课程资源室后，课程资源管理员会遵循“方便教师高效选用”的原则，灵活确定标准，并同时采用多个标准对资源分门别类、整理归位。整理课程资源重要的是确定分类的标准，根据资源用途和载体性质进行分类整理是常见的资源整理方式。例如课程资源管理员可将课程资源分为物质资源、人力资源、数字资源，然后进一步将其中的物质资源分为购买的成品教学具、自制教学具、废旧物品，将人力资源分为园外人力资源和园内人力资源……在此基础上，还可继续将废旧物品细分为木质、金属质、塑料质、纸质废旧物品等。整理好的课程资源从杂乱无章转为整齐有序，且具有层次，方便教师需要的时候能快速地找到所需的课程资源。

（3）存放课程资源

课程资源室在资源管理方面的另一个重要职能为存放课程资源。它为暂未使用的课程资源提供了存放的空间，而且这个空间是面向全园教师开放的。这样方便全园教师共享资源，各班教师如有需要，到课程资源室取用即可；另外也可避免由教师用心开发、收集的课程资源被随意丢弃，减少浪费。

根据存放形式，课程资源存放可分为直接存放和间接存放。直接存放是指将课程资源实体搬进资源室。比如，办公用品、废旧物品、图书、美工材料等都可直接存放在资源室。间接存放则是指以符号的形式存放那些不可直接存入资源室的资源。比如，名单——课程资源管理员只能对人力课程资源进行备案，待需要时再去邀请；又如地图——有些幼儿园在对本园周边可利用的资源进行调查后，绘制出一幅资源地图，直观、形象地标示出教师可利用资源的地点和类型等。

（4）加工课程资源

加工课程资源也是课程资源管理的重要组成部分。对于一些资源，课程资源管理员应进行适当加工。根据是否对资源的性质或用途进行改变及加工过程的专业性程度，课程资源加工可分为简单加工和复杂加工。简单加工是指未改变资源本身的用途和性质，只对其进行表面处理，加工过程所需专业性程度较低。比如，对在使用过程中被损坏的教学具进行修补，或对回收的酸奶瓶、饮料罐进行清洗消毒等。复杂加工则是指改变了资源本身的用途和性质，加工过程所需专业性程度较高。比如，课程资源管理员利用废旧物品或原材料自制教学具，将书刊上的重要观点摘录整理成册等。

（5）传递课程资源

课程资源的信息如果不进行传递交流、供教师使用，就不能构成资源情报，课程资源室对课程资源管理的效能发挥就会大打折扣。因此，课程资源管理员不能仅将收集到的课程资源存放于课程资源室，被动地等待教师前来查找和选用，而应主动承担起向全园教师宣传介绍各类课程资源（尤其是新近课程资源）的职责。例如课程资源管理员可以将近期幼儿教育的热点问题或观点摘录下来，借助网络、黑板等平台，主动向教师通报课程资源更新情况及教育发展动态；还可以将幼儿园课程资源室所储存的资源清单打印出来，给每班分发一份，提高教师选用课程资源的效率等。有条件的幼儿园应将课程资源逐步上传到校园网络，建立本园电子资源库以进行数字化管理，方便教师随时随地阅读和使用。

3. 课程资源室建设优秀案例举隅①

在课程资源室建设方面，许多幼儿园都做得十分优秀，譬如南京市太平巷幼

① 汪丽．课程资源室的建设及资源的开发与利用［J］．幼儿教育，2012（25）：23–25.

儿园。下面以南京市太平巷幼儿园为例，呈现它在课程资源室建设方面的一些做法，以期为幼儿园教育工作者们提供经验、参考。

（1）人人参与，合作共建

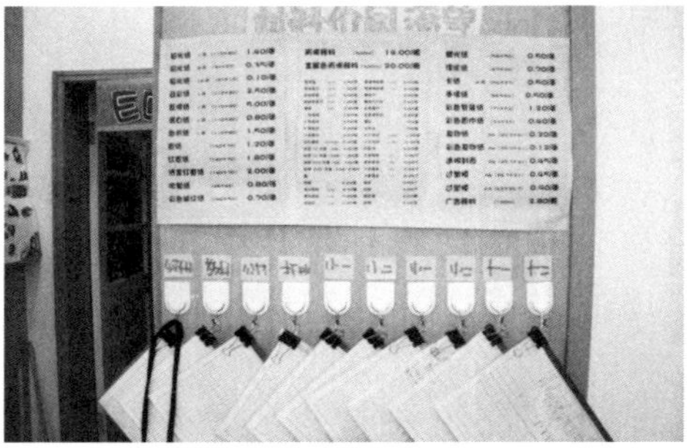

图 5-6　材料价目清单和登记册

南京市太平巷幼儿园的课程资源室有负责课程资源管理相关事宜的专职教师。课程资源室的专职教师是资源室建设的统筹者与管理者，他明确幼儿园的课程规划，能根据需要及时开发、补充、改造资源和协调管理。他还会通过多种活动引导和组织教师、幼儿、家长共同参与资源的开发与利用。带班教师也是课程资源室的建设者。带班教师更加了解幼儿的兴趣、需要以及家长的特点，他们会定期进入课程资源室，根据课程实施情况整理档案袋和资源包，并依据需要采用收集、购置、制作等方式不断丰富资源。此外，幼儿、家长、幼儿园其他人员以及一些社区专业人员均是课程资源室的建设者，大家会根据需要随时提供人力与物质上的支持。

（2）健全制度，规范管理

制定制度、建立规则是规范课程资源管理的保障。南京市太平巷幼儿园制定了“资源室资源借用和归还制度”“资源室资源共建制度”“班级资源成本管理制度”等一系列较为健全的资源室管理制度，有效地保障课程资源管理工作的顺利开展。例如幼儿园会在课程资源室中醒目地张贴各种材料价目清单，每个班级一本册子（见图 5-6），要求教师取用之后，如有建议补充收集或是采购的材料，就进行登记。

（3）分门别类，醒目标记

南京市太平巷幼儿园的课程资源室摆放的是开放式存放架，根据材料性质选用合适的存放容器，并在存放架和存放容器上粘贴明显标记，以方便教师选用。如将每一学期每一主题可能使用的课程资源存放在一个袋子里，形成许多主题袋（也可称之为“主题包”），在每个主题袋（包）上面都贴上“× 年龄班 × 学期 × 主题”的标签（见图 5-7）；将微型废旧物品存放在纸箱或塑料筐里，并在箱面或筐面上分别标识出“瓶盖小勺”“塑料盒盖”等标识（见图 5-8）；将美工材料如纸张、水粉颜料等，放在敞口浅层的纸盒中，并在每层架子放置指示牌（见图 5-9）。

图 5-7　课程资源主题袋（包）

图 5-8　微型废旧物品存放示例

图 5-9　美工材料存放示例

（4）信息畅通，资源共享

为使信息畅通，保证教师对课程资源室的资源做到心中有数，南京市太平巷幼儿园主要从两个方面着手：一是保证课程资源室的开放程度，使教师能进入资源室的每个角落了解资源信息；二是专职资源管理教师通过“短信平台”“资源海报”“理论摘要”“资源清单”“信息通报”等形式，主动向教师推荐好的文章和理念观点，通报课程资源储存和更新的情况，拓展教师的视野，减少教师选用课程资源的时间。此外，南京市太平巷幼儿园还会不定期地整合全园的课程资源，提高课程资源的共享程度。

（5）反复利用，物尽其用

大部分资源都是可以反复利用的。南京市太平巷幼儿园努力挖掘现有资源所蕴含的教育价值和使用方法，实现一物多用，充分发挥资源的价值。另外，南京市太平巷幼儿园还会精心保管一些与季节、节日及大活动有关的环境创设和操作方面的资源，以便来年微调后再次使用。这样就能减少教师收集、制作资源的时间，以便教师有更多的时间、精力关注幼儿与资源的互动，关注幼儿的经验获得和发展。

（本章作者　原晋霞、王　希）

第六章

CONG KECHENG JIHUA DAO
KECHENG SHENYI

从课程计划到课程审议

一、课程计划的内涵与价值

（一）课程计划的内涵

1. 计划

把“计划”这两个汉字拆解开来看，“计”的表意是计算、打算、策略、计较等[①]；“划”的表意是合算、拨水前进等[②]。计划是指工作或行动以前预先拟定的具体内容和步骤[③]。计划一般具有目的性、针对性、具体性、预设性等特点。

2. 课程计划

课程计划指学校所提供的教学科目和教育教学活动的系统，是对学生毕业前所要完成的所有学习任务的总体安排。[④]课程计划一般是指课程的整体规划，它依据课程目标，编制课程内容类型与结构比例以及实施的先后顺序与教学时间安排，预设实施环境、手段、方法与途径，并按照学年、学期、月度、周、日进行教学活动具体内容与时间的规定。教学计划主要是学科计划或者是学科进程表。

（二）课程计划的价值

1. 课程计划保障课程目标的实现

幼儿园是教育机构，“立德树人”是其根本任务，要为培养德、智、体、美、劳全面发展的社会主义建设者和接班人奠定坚实基础。幼儿园课程是幼儿园教育

① 中国社会科学院语言研究所词典编辑室．现代汉语词典［M］．7版．北京：商务印书馆，2016：614.

② 中国社会科学院语言研究所词典编辑室．现代汉语词典［M］．7版．北京：商务印书馆，2016：559.

③ 中国社会科学院语言研究所词典编辑室．现代汉语词典［M］．7版．北京：商务印书馆，2016：614.

④ 蔡映辉．从课程计划的优化透视课程改革的趋势［J］．高等理科教育，2006（2）：9–12.

任务的主要实现载体，幼儿园课程必然要把儿童发展的需要与党和国家对人的发展的需求融入课程目标之中。《纲要》也明确指出：幼儿园的教育活动，是教师以多种形式有目的、有计划地引导幼儿生动、活泼、主动活动的教育过程。也就是说，幼儿园课程一方面具有明确的目的性，另一方面还要有计划地实施，以保障目标的有效实现。

2. 课程计划确保课程实施的方向

瑞吉欧教育重视课程的生成，在其课程实施过程中，教师总会进行课程计划与活动脉络的预设，并认为这种计划“犹如旅行的指南，而不是施工的蓝图，它使我们看到课程发展和选择的各种可能性。它是一种开放式的，而不是封闭的系统。这种课程的开放式的框架给儿童与教师的对话和协商提供了可能性”。① 课程计划就像“指南针”与“导航灯”，它没有细化、具体的内容与步骤设计，也不能告诉我们课程实施的每个步骤、每个环节具体应该如何做，但是如果少了它，我们在课程的实施中就很容易迷失自己的方向。② 课程计划的方向性对于教师，特别是新教师而言，在课程实施与开发的过程中确保实施的质量与效果非常关键。

3. 课程计划提升课程实施的效果

凡事预则立，不预则废。作为一项课程实施活动，在活动实施之前不作一定的计划是一种危险的行为。③ 如果幼儿园在课程实施之前不制订相应的实施计划，所有的幼儿园教师也不清楚课程目标与实施的方向和大概进程安排，也不预设可能出现的各种可能性、问题以及应对策略，那么在课程实施的过程中，教师就无法为满足不同幼儿的兴趣、发展的需要提供支持，也无法为活动的有效生成提供适宜的支架与指导，更不可能很好地回应幼儿生成有价值的活动。瑞吉欧教育者明确指出：“假如成人已经想到一千种假设，那么我们很容易接受出现一千零一甚至二千种假设的事实。当成人自己曾经想过许多可能性时，会持开放的角度去面对新的想法，也比较容易接受未知的事物。只持有一个假设会导致成人将全部的注意力集中在该问题上。” ④ 由此可见，在课程实施过程中，幼儿园及其教师需

---

① 埃德华兹，等 . 儿童的一百种语言［M］. 罗雅芬，等译 . 台北：心理出版社，2000：248.

② 钟玉芝 . 幼儿园课程还要不要计划——兼论幼儿园课程预设与生成的关系［J］. 学前课程研究，2008（9）：7-9.

③ 吴振东 . 教学计划在幼儿园课程视野下的简要梳理［J］. 福建教育，2013（15）：11-12.

④ 埃德华兹，等 . 儿童的一百种语言［M］. 罗雅芬，等译 . 台北：心理出版社，2000：249.

要对课程计划做出较为周密、宽泛、开放的设计，并要做好充分的环境、材料的准备，预设课程实施的各种可能性以及应对策略，这是提升幼儿园课程质量的重要保证。

二、课程审议的内涵与价值

审议是施瓦布于 1969 年首次提出的重要的课程研究方式。①从此以后，课程审议逐渐成为课程开发与改革的重要手段。幼儿园课程因没有统一的内容、标准和大纲，具体实施过程与活动途径、形式也要因地制宜、因园施教、因人而异、灵活弹性，从而更需要通过审议确保其科学性和有效性。

（一）课程审议的内涵

1. 审议及课程审议

审议是指通过对特定对象、现象的深入考察、讨论及权衡以做出一定选择的活动。课程审议是课程开发的重要途径和方法。②欧用生则从审议多主体互动性的角度，强调审议不仅是集体做决定，而且是参与者彼此互动、相互启发的教育过程。所谓课程审议是指课程开发的主体对具体教育实践情境中的问题反复讨论、权衡，以获得一致性的理解与解释，最终做出恰当的、一致的课程变革的决定及确定相应的策略。③课程审议就是通过集体智慧对课程中的问题进行商议并做出选择和决策的过程。随着幼儿园课程对园本化、适宜性、有效性的追求不断深入，课程审议已成为幼儿园课程开发与研究的重要手段，也成为最常见的策略。

2. 幼儿园课程审议

幼儿园课程审议特指以幼儿园课程开发为目的的课程审议。幼儿园课程审议是对其设计与实施及相关情境中存在的问题进行集体分析与讨论，以便做出策略选择与决策的过程。幼儿园课程审议主要是围绕课程实践中的问题展开的，也是以解决这些问题为目的的。幼儿园课程审议是幼儿园课程开发的重要环节，也是

---

① 连玥．刍议家长参与幼儿园课程审议［J］．河南教育学院学报（哲学社会科学版），2009（2）：107–108.

② 虞永平．论幼儿园课程审议［J］．学前教育研究，2005（01）：11–13.

③ 张华．课程与教学论［M］．上海：上海教育出版社，2000：21.

幼儿园课程问题得以解决、课程决策得以形成的过程。幼儿园课程审议的参与者，除了教师、园长、家长，还有其他可能的相关成员（如幼儿园其他工作人员、相关社区人员、有关专家等）。其中，教师是幼儿园课程审议的主要力量。①

（二）幼儿园课程审议的价值

1. 解决课程实践中的问题，提升课程质量

审议不仅是“课程集体”进行课程设计、推进课程发展的手段，而且是教育者解决实际问题的重要方式。②幼儿园课程审议是围绕课程实践中的问题进行的集体反思、分享交流、研讨沟通，并形成一致性解决方案的过程。解决课程实践中的主要问题，提升课程质量是课程审议的核心价值。

在我国，幼儿园课程没有国家课程，没有任何文件或正式的课程文本规定幼儿园“教什么”“什么时间教”“具体如何教”。许多地方（一般以省、市为单位）规定使用地方统编或审定的课程方案（即共同性课程或蓝本课程），但都允许幼儿园自由进行选择，并根据园所及幼儿的实际需要，灵活地进行园本化。《纲要》指出，教育活动的组织与实施过程是教师创造性地开展工作的过程。幼儿园课程建设具有较大的自主权，也承担着更为沉重的压力与责任，面临着各种问题和挑战，单靠园长或个别教师难以发现和解决如此众多的问题，需要依靠集体智慧进行课程审议，解决相应的问题，以提升课程的适宜性和有效性。

2. 形成教研共同体，促进教师专业成长

“课程审议是我国基础教育民主化进程中赋权增能的体现，它能……增强课程的民主性与开放性。”③在课程审议过程中，所有参与者享有课程决策权，每个人的观点被同等地重视和尊重，每个人都在积极地贡献自己的智慧，从解决课程实践问题出发，各抒己见、各尽所能、共享观点，平等协商，达成共识。课程审议的过程是教研民主达成的过程，也是教研共同体逐渐形成的过程。“幼儿园课程审议的风气越好，其民主气氛也越浓厚，教师的专业成长也越有保障。”“幼儿园应该把课程审议作为课程开发的重要环节，作为建立园内民主的重要途径，作

---

① 虞永平. 论幼儿园课程审议［J］. 学前教育研究，2005（1）：11-13.

② 刘小林. 幼儿园教师集体课程审议的个案研究［D］. 东北师范大学，2009.

③ 崔允漷，何珊云. 亟需建立和完善校本课程审议制度［N］. 中国教育报，2008-7-25（5）.

为教师专业成长的重要手段。”①

3. 达成课程认同，实现教师作为设计者与实施者的融合

课程审议主要针对幼儿园课程开发的过程，是幼儿园课程开发的重要手段。“幼儿园自己开发的课程，其主要特点就是课程设计者和实施者的一体化，即教师既是课程的设计者，也是课程的实施者。”② 针对本园课程开发中的问题进行审议，教师不仅能够了解园所课程方案中的理念、架构、目标、内容和实施的体系，还能针对存在的问题提出策略、建议，达成完善的共识，更能了解这一完善过程的背景、原因、依据和结果，达成对本园课程的深度认同，实现作为课程设计者与实施者的融合，对园所课程“知其然”和“知其所以然”，从而能够得心应手、从容施教，取得课程实施的最佳效果。

课程审议具有重要的价值，可实现课程质量提升和教师的专业成长。随着幼儿园课程建设的不断发展，课程审议在幼儿园课程中面临的，不是存在不存在的问题，而是如何更加有意识地提高效率的问题。③

三、从课程计划到课程审议的内在逻辑与价值取向

（一）从知识传递到经验生长

课程不是抽象、呆板的“知识系统”，而是逐步理解、生发的“经验过程”。“回归经验是幼儿园课程改革的重要内容。”④《指南》指出：“幼儿的学习是以直接经验为基础，在游戏和日常生活中进行的。要珍视游戏和生活的独特价值，创设丰富的教育环境，合理安排一日生活，最大限度地支持和满足幼儿通过直接感知、实际操作和亲身体验获取经验的需要。”⑤ 幼儿的学习不是以学科知识为目的的，即使有些许的间接经验的学习也不是灌输传递，而是要建立在直接经验的基础之上，并且要经由幼儿直接经验的过程。直接经验既是幼儿学习的基础，也是

---

① 虞永平．论幼儿园课程审议［J］．学前教育研究，2005（1）：11-13.

② 虞永平．论幼儿园课程审议［J］．学前教育研究，2005（1）：11-13.

③ 虞永平．再论幼儿园课程审议［J］．幼儿教育，2008（21）：4-6.

④ 虞永平．过程意识与学前教育质量［J］．幼儿教育，2015（Z1）：4-6.

⑤ 中华人民共和国教育部．3～6岁儿童学习与发展指南［M］．北京：首都师范大学出版社，2013：3.

幼儿学习的重要内容，更是幼儿学习的基本方法。幼儿园课程“是在经验中、由于经验和为着经验的一种发展过程”①。以幼儿经验生长为目的、非学科知识为主的幼儿园课程，无法提前预设好课程内容以及学习的具体时间进程，也就无法做出详细、周密的计划，而只能是方向性、指导性的计划，计划制订与实施过程就要针对出现的问题进行持续的、有效的审议，以确保课程目的的实现。因而，幼儿园课程建设必然由重课程计划转变为重课程审议。

（二）从静态文本到动态生成

幼儿园课程不是固定的、先验的“跑道”，而是课程所有参与者共同创生的“奔跑过程”。“课程是一个教育环境中实际发生的事情——不是理性上计划了要发生的事，而是真正发生的事情。”②教师教什么、怎样教、教给谁、什么时间教、什么环境下教，都与幼儿特定的学习情境相联系，无法“事先用某种‘普遍的原理’硬套在课程实践上”③。这意味着幼儿园课程是教师和幼儿“按照一定的价值观在共同生活、相互作用中共同建构的动态过程”，是“通过教育者对儿童的需要和感兴趣的事物的价值判断，不断调整活动，以促进儿童更加有效学习的课程发展过程”。④因此，幼儿园课程不可能存在普适的、固化的计划，僵化的计划既不符合课程适宜性的特征，也不符合因材施教的要求。幼儿园课程开发也是所有参与者平等地相互对话的过程，不存在外在的权威和绝对的真理，只存在审议过程中达成的协商共识。施瓦布就主张通过“集体审议”获得对课程意义的“一致性解释”。“集体审议”中的师幼不仅是课程的实施者，也是课程的创生者。

（三）从“唯目的论”到“为了生活”

生活即教育，变动不居的生活充满了成长的价值与机遇。“幼儿园生活本身就是课程”⑤，幼儿园课程“就是立足于幼儿的生活，并在此基础上让幼儿的生活真

---

① 约翰·杜威.我们怎样思维·经验与教育［M］.姜文闵，译.北京：人民教育出版社，2005：250.

② 伊丽莎白·琼斯，约翰·尼莫.生成课程［M］.周欣，卢乐珍，译.上海：华东师范大学出版社，2004：20.

③ 施良方.课程理论：课程的基础、原理与问题［M］.北京：教育科学出版社，1996：255.

④ 冯晓霞.生成课程与预成课程［J］.早期教育，2001（8）：2-4.

⑤ 岸井勇雄.未来的幼儿教育：培育幸福生活的能力之基［M］.李澎，译.上海：华东师范大学出版社，2010：47.

正如流水般地连续地流动起来”[1]。幼儿园课程是“孩子们在幼稚园生活的实践”，“完全根据于生活：它从生活而来，从生活而开展，也从生活而结束”。[2] 脱离儿童生活是幼儿园课程变成“僵死的、机械的和形式主义的东西的根源”[3]。

《纲要》指出要让幼儿“在快乐的童年生活中获得有益于身心发展的经验”，“快乐的童年生活”和“获得有益于身心发展的经验”是幼儿园课程最重要的任务，且两者是融合的，即要在快乐生活的过程中去获得有益于身心发展的经验。陈鹤琴也认为，幼儿园课程的目的就在于帮助儿童“选择或发展最有益生活之经验”[4]。幼儿园课程编排“既要有目标，又要合于生活”[5]。幼儿园课程审议就是从幼儿生活的实际需要出发，为幼儿在快乐生活中有效获得有益于身心发展的经验形成策略，实现幼儿园课程从“唯目的论”到“为了生活”的转向。

四、从儿童经验获得的视角进行幼儿园课程审议

如何才能有意识地提高幼儿园课程审议的效率呢？幼儿园课程建设的出发点和归宿都是儿童，儿童有效发展是幼儿园课程质量的最终追求；没有儿童的有效发展，也就谈不上幼儿园课程审议的有效性。“儿童的发展、儿童的生长，就是理想所在。”[6]“发展……是经验的发展，发展成真正需要的经验。”[7] 儿童的发展就是经验的过程，儿童的生长是靠经验的获得来实现的。幼儿园课程是经验，是人生的经验，是用最经济的手段，按有组织的调制，凭各种方法，以引起儿童的反应和活动。[8] 因而，幼儿园课程审议必然要着眼于儿童有效经验的获得，基于经验的视野进行。

---

① 仓桥物三．幼儿园真谛［M］．李季湄，译．上海：华东师范大学出版社，2014：13.
② 戴自俺．张雪门幼儿教育文集［M］．北京：北京少年儿童出版社，1994：1088.
③ 约翰·杜威．学校与社会·明日之学校［M］．赵祥麟，任钟印，吴志宏，译．北京：人民教育出版社，2005：114.
④ 陈秀云，陈一飞．陈鹤琴全集：第二卷［M］．南京：江苏教育出版社，2008：5.
⑤ 陈秀云，陈一飞．陈鹤琴全集：第二卷［M］．南京：江苏教育出版社，2008：29.
⑥ 约翰·杜威．学校与社会·明日之学校［M］．赵祥麟，任钟印，吴志宏，译．北京：人民教育出版社，2005：114.
⑦ 约翰·杜威．学校与社会·明日之学校［M］．赵祥麟，任钟印，吴志宏，译．北京：人民教育出版社，2005：120.
⑧ 戴自俺．张雪门幼儿教育文集［M］．北京：北京少年儿童出版社，1994：126.

（一）儿童有益经验的获得是幼儿园课程的本质要求

《纲要》指出：幼儿园应为幼儿提供健康、丰富的生活和活动环境，满足他们多方面发展的需要，使他们在快乐的童年生活中获得有益于身心发展的经验。《指南》也指出要让幼儿度过快乐而有意义的童年。“有意义的童年”亦指让幼儿获得有益于身心发展的经验。同时，《指南》还要求幼儿园应最大限度地支持和满足幼儿通过直接感知、实际操作和亲身体验获取经验的需要。可见，儿童获得有益于身心发展的经验是幼儿园教育的主要目标，也就必然成为幼儿园课程的内在要求。

幼儿园课程的目的，在于联络孩子们的旧观念，以引起其新观念，更谋其旧经验的打破，新经验的建设。① 幼儿园课程是为实现幼儿园教育目标，教师充分利用各地各园所拥有的课程资源，帮助幼儿获得有益的学习经验的各种活动的总和。② 没有幼儿有益经验的获得，幼儿园课程的价值也就无从谈起，幼儿有益经验的获得是幼儿园课程内涵的本质要求。

（二）儿童有益经验的获得是幼儿园课程贯彻“儿童发展本位”的必然

儿童是教育的出发点和归宿，课程是联结儿童与社会的桥梁。幼儿园课程就是要把幼儿的兴趣、需要与教育的目标相融合，实现幼儿全面健康发展。单纯谈“儿童中心”是没有价值的，幼儿教育更要关注以儿童的什么为中心。毕竟“儿童期的真正含义就是，它是生长和发展的时期”③。没有生长与发展的儿童期，是停滞的、空洞的、无价值的；没有生长与发展的儿童期，也不可能是快乐而有意义的童年。“儿童发展本位”才是幼儿园课程改革与建设应该秉持的理念，才是有指导意义的儿童观。

所以，幼儿园课程审议的出发点和归宿点都应指向幼儿发展，审议的成效也取决于对幼儿发展需要的满足与实现的程度。儿童的生长与发展，是经由经验、通过获得有益经验来实现的。因而，基于“儿童发展本位”的课程审议，必然指

① 戴自俺. 张雪门幼儿教育文集［M］. 北京：北京少年儿童出版社，1994：25.

② 虞永平，原晋霞. 幼儿园课程［M］. 北京：高等教育出版社，2014：37.

③ 约翰·杜威. 学校与社会·明日之学校［M］. 赵祥麟，任钟印，吴志宏，译. 北京：人民教育出版社，2005：217.

向幼儿有益经验的获得。

（三）儿童有益经验的获得是幼儿园课程改革坚持“质量指向”的体现

《国家中长期教育改革和发展规划纲要（2010—2020年）》提出，“把提高质量作为教育改革发展的核心任务”。因此，幼儿园课程改革发展的核心任务自然也是提升质量。幼儿园课程的质量取决于幼儿自身的发展，而不是课程文本。幼儿学习是以直接经验为基础的，经验是幼儿学习的过程和结果，决定着幼儿园课程的质量。正如杜威所讲“如果我们要明白教育怎样才能最有效地进行，那么让我们求助于儿童的经验”①。幼儿园课程审议基于儿童经验获得视野，是幼儿园课程改革坚持“质量指向”的具体体现。

五、基于经验视野进行幼儿园课程四要素的全面审议

课程目标、课程内容、课程实施、课程评价是幼儿园课程的四要素，这四个要素是相互联系、相互影响、相互作用的有机体。四要素循环往复的前进过程，构成幼儿园课程建设的历程。基于经验视野的幼儿园课程审议可以着眼于四要素中的任意一个，然后相互关联，将幼儿园课程的方方面面包含其中。

（一）幼儿园课程目标的审议

幼儿园课程目标是幼儿园教育目的在课程领域的具体化，指向活动过程中幼儿获得的经验，最终指向幼儿的全面健康发展。课程目标是课程内容选择、课程实施和评价的重要依据，是课程审议的重要内容。课程目标的审议需要注意：

1. 课程目标要在幼儿的最近发展区

最近发展区是指儿童现有发展水平和在成人指导或有能力同伴的帮助下能够达到的可能水平之间的距离。在幼儿最近发展区的目标具有两个方面的特征：（1）它是幼儿能力可及的目标，是幼儿在现有能力基础上，经由与成人、同伴的共同活动可以达成的目标；（2）它是有挑战性的目标，是需要他人帮助，更需要幼儿自我努力才能实现的目标。高于最近发展区的目标超越了儿童现有水平，会

① 约翰·杜威．学校与社会·明日之学校［M］．赵祥麟，任钟印，吴志宏，译．北京：人民教育出版社，2005：216.

难以实现；低于最近发展区的目标没有发展价值，也就没有新经验的获得。只有符合最近发展区的目标才是适宜的。因而，课程目标的审议就要关注其是否基于幼儿的已有经验，是否能够让幼儿获得新经验。

2. 课程目标要是生成性的

经验获得是过程性的，反映在活动过程中即为儿童生长的需要与收获，经验视野下的课程目标就应该是幼儿在活动中的真实表现。因此，课程目标审议既要关注活动预设的目标，更要关注幼儿活动中真实的发展，以幼儿在活动中获得的发展作为最终目标。

3. 课程目标要与行动关联

经验源于幼儿的行动，课程目标审议就要看目标是否便于转化为幼儿直接感知、实际操作、真实体验、交往表达的活动，是否能够成为幼儿直接活动的对象。如在大班主题活动“秋的收获”中，确定的主题目标之一是“能使用简单的劳动工具或用具，并在收获与制作等活动中注意自身与他人的安全”。那么，在审议目标时，就要考虑该目标是否可以落实在采摘果实、刨挖蔬菜和利用果蔬进行各种制作等主题活动之中，以及在这些活动中如何通过幼儿感知、操作、体验、交往、表达等过程来达成这一目标。

（二）幼儿园课程内容的审议

里德研究发现教师课程审议中出现最多的是教材①，也就是课程内容。课程内容是课程开发的核心要素，是实现课程目标的载体，决定着课程实施的途径与形式。课程内容的筛选与编制，也是幼儿园课程审议的重要内容。课程内容的审议需要注意：

1. 课程内容要源于幼儿生活

幼儿的经验源于与周围环境的交互作用，越贴近幼儿生活的内容，就越能基于幼儿已有的经验，越符合幼儿的兴趣和发展需要，也就越适宜于园所现状与当地文化。陈鹤琴先生讲“大自然、大社会都是活教材”，幼儿生活中的自然与社会，是幼儿园课程最重要的来源。

---

① REID M J. Commonplaces in practitioner curriculum deliberation［J］. Research in the schools，2010（17）：54-64.

2. 课程内容要有发展价值

幼儿园课程质量取决于幼儿发展的效果，幼儿园课程内容就应蕴含丰富的教育契机和发展价值。课程内容源于幼儿生活，但不是简单的“拿来主义”，而是要进行筛选。美国教育家杜威把经验分为正向经验和负向经验，正向经验是对幼儿发展有益的，负向经验是对幼儿发展有害的。生活中的自然与社会内容，有些是适于幼儿学习和发展的，有些是不符合儿童学习特点或超越儿童发展水平的，甚至有的内容本身就是糟粕。因而，课程内容需要甄选，需要去伪存真，选取最适于幼儿发展的有益活动。例如，在中班主题活动“有趣的端午节”中，就要对端午节中所包含的各种习俗、活动进行价值判断，首先要摒弃其中涉及封建、迷信、低俗的习俗和活动，然后再考虑所涉及的活动是否适于中班幼儿的经验、发展水平与需要，进而筛选出适于中班幼儿的、具有正向发展价值的、又有挑战性的有效内容。

3. 课程内容的编制要关注整体性

《纲要》指出，“幼儿园的教育内容是全面的、启蒙性的”，“相对划分为健康、语言、社会、科学、艺术等五个领域”，但“各领域的内容相互渗透”。[①] 经验具有连续性和交互性，是连续性与交互性的有机结合，连续性与交互性纵横交织成经验的网，使其具有鲜明的整体性的特点。因此，幼儿园小、中、大三个年龄段的课程内容，既要注意随着幼儿年龄增大，其深度与容量要有递进性，又要关注不同年龄段课程内容之间的延续性与全面性；同一年龄段课程的不同主题内容，既要注意随着时间推进增加挑战性，又要关注不同主题之间内容的持续提升，实现不同主题之间的自然连接；同一主题的内容，既要注意围绕主题所生发的活动之间的横向联系与交互作用，又要关注随主题展开的活动之间的纵向递进与自然延续，增进其整体性。

（三）幼儿园课程实施的审议

幼儿园课程实施是师幼共同将静态课程文本转化为动态课程活动的过程，也是对课程内容进行实践以实现课程目标的过程。课程实施是课程质量得以保障的关键环节，适宜的目标、有价值的内容，都需要经由实施来实现。毕竟“有价值

---

① 中华人民共和国教育部. 幼儿园教育指导纲要［M］. 北京：北京师范大学出版社，2001：2.

的课程内容引不起儿童的反应，等于无价值的课程”①。课程实施有两个载体——活动与环境，幼儿在活动过程中学习，通过与环境对话来发展。当然，很多时候环境都融于活动之中，是活动的要素。课程实施有三种形式——集体活动、小组活动、个体活动，每种活动形式都有其优缺点，不同的活动内容要采用不同的活动方式。课程实施还有六种主要途径：生活常规活动、室内区域活动、户外游戏活动、集体教学活动、家园共育活动、社会实践活动。课程实施的审议需要注意：

1.“润物无声”是课程实施的最高境界

幼儿园课程要有目标，要有效促进幼儿发展，这是毫无疑问的。幼儿的学习特征以无意注意、直接兴趣为主，其目的性刚刚萌芽和发展，许多研究也已证明在幼儿感兴趣的游戏活动之中，让幼儿自然、无意识地与周围环境交互作用，学习的效果最佳。教师教的目的性与幼儿学的无意性有效融合，才能实现“随风潜入夜，润物细无声”的教育效果。要想实现这样的效果，一方面要加强环境建设，将课程目标与内容融于环境创设之中，让环境成为“第三位教师”，成为幼儿可对话、能发展的实施载体；另一方面，要让游戏成为幼儿的基本活动，要使所有课程活动渗透自由、自主、愉悦、创造的游戏精神，满足幼儿的兴趣与需要，激发幼儿的主体性与创造性，实现课程实施的有效与有趣。

2. 相互匹配与灵活多样是课程实施的内在要求

课程实施要与课程内容相匹配，课程内容决定实施的形式与途径。课程实施需要丰富多样的形式与方式，并能根据活动现场幼儿的兴趣与发展需要灵活调整。课程实施还要与课程资源相匹配，在课程实施中，材料就是方法，方法也就是材料。材料决定了幼儿学习的方式与水平，有什么样的方法就要有相应的材料来支撑，因而课程实施需要关注课程资源的开发与利用，课程实施的审议要把课程资源开发与利用的问题作为重要内容。

3. 师幼共同活动、互学共生是课程实施的本质内涵

“以个人经验为基础的教育，可能意味着成年人和未成年人之间的接触比在传统学校中所曾有过的接触，更为频繁而且更为密切。”②教师、学生、教育媒介

① 戴自俺 . 张雪门幼儿教育文集：上卷［M］. 北京：北京少年儿童出版社，1994：180.

② 约翰 · 杜威 . 我们怎样思维 · 经验与教育［M］. 姜文闵，译 . 北京：人民教育出版社，2005：246.

是教育的三要素，教师与学生是教育实施中最重要的影响因素。幼儿园课程是经验性的、过程性的，是教师有目的、有计划地组织与实施活动的过程，是师幼在活动中相互作用、互学共生、共同成长的历程。幼儿园课程实施的审议就要关注师幼互动的方式、频次以及质量，关注教师在活动过程中对幼儿活动、兴趣、需要的“支架”方式。

4. 有计划的弹性是课程实施的重要特征

幼儿园课程计划“必须具有相当的可变性，容许经验的个性能够自由地得到表现，而且这种计划又必须具有相当的坚定性，使能力的继续发展得到明确的方向”①。没有计划的课程实施，就会失去方向，就会毫无头绪与质量；没有实施的可变性与弹性，就不能关照幼儿经验的个性，就不能满足不同幼儿的兴趣与发展需要。

（四）幼儿园课程评价的审议

幼儿园课程评价是对其设计与实施有效性、适宜性的评估，既包含对课程方案的评价，也包含对课程实施过程与效果的评价；既包括对幼儿发展的评价，也包括对教师教学水平的评价；既有自我评价，也有外部评价。课程评价是课程开发的重要一环，是发现课程设计与实施中问题的重要方式，是实现与提升课程质量的重要措施。幼儿园课程评价的审议需要注意：

1. 幼儿有效发展是评价的重点内容

幼儿园课程效果评价，需要关注课程方案自身的完善和教师的专业成长，但最重要的还是幼儿的有效发展。幼儿发展的效果是课程质量评价的主要指标，没有幼儿的有效发展，课程方案完善与教师专业成长都失去了意义。

2. 幼儿活动中的表现是评价的主要依据

幼儿发展评价可以通过幼儿作品或者家长、教师反馈，甚至阶段性的测评来进行，但最主要的方式还是对幼儿活动现场的观察。幼儿在兼具挑战性与适宜性的活动过程中，会展现出自我的最高水平，会表现出自我发展的方方面面。活动现场观察符合幼儿园课程过程性的特点，也符合幼儿学习与发展的特征，是最有

① 约翰·杜威．我们怎样思维·经验与教育［M］．姜文闵，译．北京：人民教育出版社，2005：272.

效的评价方式。幼儿活动中的表现，是最真实、最可靠、最科学的幼儿发展效果评价的依据。

3. 纵向对比是评价的基本原则

幼儿的发展评价可以参照相关常模或指标进行标准评价，也可以与班级同伴进行横向对比，来察看幼儿发展的速度，但是这些评价方式只能作为参照。幼儿的已有经验是不同的，擅长的领域也不同，每个幼儿都是独特的个体，其发展有自己的速度与独特进程，我们不能用设定发展标准的方式搞“一刀切”，也不能用横向对比的方式要求幼儿“齐步走”。幼儿园课程评价，只能是基于幼儿自身的经验基础、个性特点和优势领域，看其在活动进程中的纵向发展。幼儿只要在自己已有水平上，发挥自身优势与积极性，实现自我的最佳发展，课程就是有质量的、高水平的。

总之，幼儿经验的有效获得是幼儿园课程审议的出发点与归宿，课程审议是保障幼儿园课程建设质量的重要手段。当然，基于经验视野对幼儿园课程的四要素进行全面审议，只是审议的一个维度，在此基础上还要对课程设计与实施的全过程进行审议，这样才能确保审议具有整体性。同时，基于经验视野的幼儿园课程审议，其最终效果受教师团队的专业水平、园所民主教研的氛围与审议制度、园所课程研究的基础与能力等众多因素的影响。要取得课程审议的成效，必须持之以恒地开展问题导向的课程研究，不断加强教师学习，将课程研究水平、教师专业素养提升和课程审议质量提高融入幼儿园课程开发的全过程、各方面，使之形成良性循环。这样，幼儿园课程审议的质量就能不断提高，幼儿发展就能得到有效保障，教师专业成长也会得到不断提升。

六、基于经验视野进行幼儿园课程全过程审议①

课程审议是一项较为复杂的工作，它不是单一环节的活动，而是包含了多个环节的综合过程。②施瓦布（1970）在论述集体审议时提出，审议方法的运用不

① 张晗．幼儿园课程质量的保证——基于经验本质的幼儿园课程审议［J］．基础教育课程，2020（20）：76–80．（节选自该文部分内容，并略有改动）

② 虞永平，曾福秀．D．诺伊的课程审议模式及其对幼儿园课程开发的启示［J］．早期教育，2004（8）：6–7．

应仅局限于“课程设计”阶段，而应贯穿于包括“课程实施”在内的课程体系形成的全过程。①

（一）课程实施前审议

生成性主题或项目活动，具体的活动方案是后形成的，课程实施前只有大概的经验价值分析与活动方向、环节的预设。因此，审议的基本路径与流程为：

第一步，分析偶发事件或课程资源蕴含的价值，即对幼儿经验发展的作用，审议其生成主题或项目活动的必要性。偶发事件或幼儿的经验并不都具有发展的价值，幼儿的兴趣有积极向上的，也有消极负面的；课程资源也存在不适于幼儿学习特点的情况，甚至还存在负向经验的糟粕。兴趣需要引导，更需要进行课程价值审议，“如果你放任这种兴趣，让儿童漫无目的地去做，那就没有生长，而生长不是出于偶然。但是，如果让儿童先表现他的冲动，然后通过批评、提问和建议引导他认识他已经做了的事，他需要做什么，结果就完全不同。”②课程资源生成主题也需要分析其自身的特征以及对幼儿发展的作用，也要进行课程价值审议。

第二步，从园所资源、师资以及幼儿的已有经验与兴趣、需要出发，审议生成主题或项目活动的可行性。幼儿园要因地制宜地实施素质教育，无论是由幼儿感兴趣的偶发事件引发的活动，还是由课程资源生成的活动，仅仅确定其发展价值还是不够的，还要看幼儿有没有已有的经验作为活动探究的基础，还要看幼儿园有没有相应的条件来开展该活动等，全面审议其生成主题或项目活动的可行性。

第三步，从教师自己幼儿时期的经历以及对班级幼儿的了解出发，从幼儿的视角，经过集体头脑风暴罗列出该主题活动可能开展的一切活动，再思考其对幼儿的挑战性与发展性，筛选出适宜的、有效的活动，按照事件进展的逻辑初步确定主题活动的方向与环节，初步形成预设性的活动方案框架。

（二）课程实施中审议

课程实施过程中需要对预设方案和具体活动进行审议，反思主题活动目标、

---

① 刘小林．幼儿园教师集体课程审议的个案研究［D］．东北师范大学，2009.

② 约翰·杜威．学校与社会·明日之学校［M］．赵祥麟，任钟印，吴志宏，译．北京：人民教育出版社，2005：44.

具体活动及其方案与进程安排、活动环境创设与材料投放、师幼互动与活动评价等方面的问题，审议团队群策群力探寻解决问题的策略，不断对活动方案、环境创设进行调适与完善，增进师幼互动的适宜性、有效性，提高活动评价的针对性与科学性。课程中审议是主题活动实施一段时间后进行的，因此既要瞻前又要顾后，既要发现实施过的活动的问题以及改进策略，更要关注如何基于前一段实施中的问题，调适与完善后续活动，使其更加有利于幼儿的经验发展。同时，课程中审议要对问题进行梳理，可以按照阶段进行审议，还可以针对问题类型与性质进行专项审议，以便增强审议的效果。

课程实施中进行审议不是一次完成的。一般来讲，园所或年级组层面的课程中审议可以每周组织一次，班级层面的课程中审议可以根据实施中出现的问题随机进行。课程中审议的频次是由实施中出现问题的数量决定的，其等级与规模是由课程实施过程中出现问题的普适性、严重性以及难度决定的。问题越普遍，就越需要大规模的审议，甚至全园教师都要参加；问题越严重、难度越大，审议的层级就越高，甚至需要邀请园外相关专家、区域教研员、主管部门行政人员参与。

（三）课程实施后审议

课程实施结束后，要对整个课程的主题方案和过程进行反思与审议。课程实施后审议主要应该关注：（1）主题的核心价值与关键经验是否体现于活动过程。（2）主题目标实现的情况，哪些目标已经实现以及实现的效果如何，哪些经验未能实现以及未能实现的原因，哪些目标是未预设而在活动过程中生成的，这些新生成的目标是否适宜、必要等。（3）各种活动及其形式与途径是否实现了预想的效果，与内容、资源的匹配性如何，儿童参与性、主动性、积极性如何，环境创设的效果如何，应发现存在的问题并突出完善的策略与建议。（4）还要对课程主题方案及实施过程进行整体审议，使得预设性主题方案得以完善、生成性活动方案得以形成，为以后该课程主题的设计与实施奠定基础。

总之，幼儿经验的有效获得是幼儿园课程审议的出发点与归宿，课程审议要基于经验的本质和幼儿经验获得的机制，对课程设计与实施的全过程进行集体审议，这样才能保障幼儿经验的有效获得，才能提升幼儿园课程开发与实施的质量。

七、提高课程审议成效的策略

（一）加强课程研究，提高课程审议的成效

课程研究是课程审议的前提，审议伴随着课程研究的活动，不是为了审议而审议。① 必须坚持深入地开展课程研究，审议课程研究中需要解决的问题。幼儿园课程审议的议题不是事先规定的，更不是园所领导闭门造车的臆想，而是主要源于教师的课程实践，是教师针对课程实践中自己不能解决，至少不能彻底解决的问题，是自下而上、自发进行的集体教研行为。也只有这样，课程审议才能真正产生实效。因此，要取得课程审议的成效，就需要幼儿园教师加强课程研究：一方面，研究幼儿园课程的本质与特征，形成科学的课程观与经验观，带着理论的视野去审视课程实践；另一方面，教师要观察、分析课程实践的活动，发现真实、具体、核心的问题，以便提升课程审议的价值。

（二）注重学习与反思，做好课程审议的准备

课程审议的质量取决于教师的专业水平以及对审议的重视、投入程度，高质量的课程审议总是与教师的专业水平、职业素养相联系的。为了不断提高课程审议的成效，教师应该有目的地学习，充实专业知识和经验，提升专业的敏感性，以学习促进审议。②

一方面，教师需要加强课程理论学习，没有解决不了的课程实践问题，只有不了解的理论。学习、借鉴他人研究的成果与经验，可以更直接、有效地找到解决问题的策略与方法，还可以形成科学的观念、掌握广博的理论。针对审议问题进行学习、借鉴理论，找到解决问题的理论支撑，对于明晰问题根源、影响因素，从而为审议提供更好的建议与策略，达成对他人观点的理解与共享具有重要价值；另一方面，将审议的议题提前向教师公布，教师针对问题，借助理论和自己已有的经验，认真分析与反思，为审议做好充分的准备，对于提高课程审议的效率与质量具有积极意义。再有，对课程审议来说，没有教师的积极参与不可能

---

① 虞永平．再论幼儿园课程审议［J］．幼儿教育，2008（21）：6.

② 虞永平．再论幼儿园课程审议［J］．幼儿教育，2008（21）：6.

取得审议的成效，也谈不上课程审议。① 教师积极提出问题、认真分析问题、投入讨论问题、努力贡献才智的态度，也影响着课程审议的质量。教师注重自身的学习与反思，积极参与课程审议，为课程审议做好充分的准备，方能提高课程审议的质量。

（三）聚焦实践问题，发挥教师全体的智慧

课程审议活动必须经历一个从问题到建议再到解决办法的过程。② 没有实际要解决的课程问题，就没有进行课程审议的必要性。有效的课程审议，其本质是一种基于平等地位的对话过程，是参与者贡献各自智慧的过程。集体参与课程审议不仅有助于人们做出合理的行动，而且能促使参与者彼此互动、相互启发。③ 倡导课程审议，就是倡导及时、有效地用集体的智慧解决问题。④

要发挥课程审议的最大功效，一方面，在审议的过程中必须破除权威，所有参与者平等相待、畅所欲言、彼此沟通、共同思考、相互协商、达成共识，真正解决课程实践中的问题；另一方面，教师个体没有独立承担课程开发和问题解决的能力，集体审议是解决课程实践问题的必然选择。要建立健全课程审议制度，确保每位教师参与审议的积极性与可能性，为高质量的课程审议夯实制度基础与保障。

（四）提升教师审议能力，保障课程审议的质量

课程审议的主旨是解决课程实践问题，但其根本目的还在于促进审议者个人的发展。⑤ 高水平、有素养的教师是课程审议质量最根本的保障。同时，教师课程审议的能力不是凭空产生的，它是在课程审议的实践中逐步发展和提升的。对教师而言，课程审议不只是一个简单的付出过程，而是一个获得与付出并举的过程。在审议过程中，教师积极地贡献自己的智慧，同时也从其他教师身上获得

---

① 虞永平．再论幼儿园课程审议［J］．幼儿教育，2008（21）：6.

② 艾伦·C.奥恩斯坦，费朗西斯·P.汉金斯．课程：基础、原理和问题［M］．柯森，译．3版．南京：江苏教育出版社，2002：221.

③ 向海英．课程制度管理：学前课程创生之机制保障［J］．学前教育研究，2010（5）：20–23.

④ 虞永平．再论幼儿园课程审议［J］．幼儿教育，2008（21）：4–6.

⑤ 龚晖．幼儿园教师课程审议的研究［D］．南京师范大学，2006：46.

很多有价值的观点、经验和启发。① 集体审议中，参与者之间交流思想与分享策略，相互碰撞观点和形成策略，引发深度思考与深入学习，不断提升自身的审议能力。因而，高质量的课程审议与教师课程审议能力的提升是互为依托、相互促进的。

（本章作者　张　晗）

① 虞永平. 再论幼儿园课程审议［J］. 幼儿教育，2008（21）：4-6.

第七章

CONG SHANGKE DAO
KECHENG SHISHI

从上课到课程实施

把“课”更名为“教育活动”，用“开展活动”“实施课程”来代替“上课”，这样的专业术语转换，其目的在于纠正传统幼儿教育过程中“知识（教材）中心”“教师中心”“课堂中心”的倾向，让幼儿教育更多地体现“经验中心”“儿童中心”“活动中心”。基于这一理念的幼儿园课程实施，理应挣脱“上课”的形式束缚，更多关注一日生活，关注幼儿的主动参与，关注教育活动是否具有教、学、做合一的活动性，是否具有开放统整等特点。

一、课程实施的内涵

幼儿园课程实施是把静态的课程方案转化为动态的课程实践的过程，是教师以课程计划为依据组织幼儿活动的过程。[①] 对课程实施的研究兴起较晚，二十世纪六七十年代起，随着国外一些课程改革的失败，课程实施的重要性才逐渐为大家所关注，学者们开始反思课程变革中“重设计，轻实施”的问题。的确，好方案还需要好的实施。精心设计的课程，若没有相匹配的高质量的实施，则设计之初所倡导的理念就无法落实，课程目标也无法达成，基于良好愿景的课程改革在实践中要么被排斥、要么流于形式、要么走样。唯有落实到实际的教育行动，才能将所研发的、计划的课程转化为教师可教、幼儿可经历的具体课程。

基于课程实施的重要意义以及幼儿园课程实施的基本概念，结合课程改革的前沿理念，我们可以对幼儿园课程实施的内涵做如下归纳和诠释：

（一）课程实施是一个因人（园）而异的动态过程

课程实施是一个动态的、将编制好的课程计划付诸实践的过程，通过这个过

① 虞永平，原晋霞．幼儿园课程［M］．北京：高等教育出版社，2014：7.

程实现预期的课程理想，达到预期的课程目标，实现课程内在的教育意义。课程实施充满变数，就如同一份食谱，不同的人参照这食谱烹调后，做出的菜会有不同的味道。即便使用相同的某套课程方案，不同的园所条件、教师、幼儿、家长群体，也会使得不同班级的课程呈现不同风貌。

（二）幼儿身心发展特点和学习方式决定了幼儿园课程实施的基本原则

幼儿园课程实施具有生活化、情境性的特点，课程实施过程需要遵循师幼间、同伴间、家园间相互支持的关系性原则，强调一日生活中的各类活动相整合的整体性原则，教师主导、幼儿主动参与的主体性原则，以活动为基本方式的活动性原则，以及教师有效指导的针对性原则。① 这些基本原则是由幼儿的身心发展需要和学习特点决定的。

（三）课程实施是一个集体行动的过程，受多因素的影响

课程实施强调园长、教师团队、家长、幼儿多方交流与团队协作，这种交流协作有正式的，也有非正式的。园长和课程设计者需要向教师宣传课程理念，解释与课程实施相关的要素，传递信息，同时为教师提供管理支持、专业支持、正面肯定。教师间需要互相讨论、分享心得体会。同事间的相互支持能够大大提高课程实施成功的可能性。同时，家长也需要和班级教师达成共识、共同解决问题。而家长、幼儿的积极参与和反馈，则为教师提供了积极投入、创造性实施课程的动力。当然，教师是最重要的因素，教师的教育理念、课程实施能力、实施过程中的参与感和投入感、实施过程中的权利等都影响着实施效果。

（四）将课程实施理解为变革过程

具有革新性的新课程从设计到推行运用，总是包含着新的理念和新的期待。新课程的实施也往往是一个逐步在不同范围内推行变革的过程，而不是一个特定的时间点上突然发生的一个特定事件。因此，时间是实施课程的要素，教师需要时间接受新的课程理念，逐步在实践层面实现设计者的意图，最终达到课程目标，并在过程中进行讨论和反思，而不是一口气推翻原有的全部课程。在这一过

① 虞永平，原晋霞．幼儿园课程［M］．北京：高等教育出版社，2014：80–84.

程中，既包含着幼儿园课程的深化建设和质量提升，又涉及课程建设成果的推广和制度化问题。

（五）促进幼儿的学习与发展是课程实施的根本

目前，课程实施研究的焦点从课程中心转向教师中心再聚焦到学生中心，具体表现为由关注课程内容的落实转向关注教师与课程的互动关系，再到关注学生的参与和学习发生。[①] 幼儿园课程实施的目标也不能局限于忠实执行课程方案，而是要促进幼儿个体的学习与发展。这需要教师及时了解班级幼儿的兴趣、需要和经验水平，创造性地实施课程。

（六）成功的课程实施指向创新

创造性地实施课程是为了让班级开展的各类活动更适宜班级幼儿的发展需要。这一过程不仅需要教师的创新，而且需要所有参与者、利益相关者的支持和创新。教师作为主要的课程实施者，他们的创新不仅包括了教师根据班级实际情况对原有课程计划的调整和再创造，也包括了教师作为班级课程实施层面的决策者，在实施过程中创造性地开发新的课程活动。作为推动者、发起者的园长需要管理创新、机制创新，为以班级为基点的课程实施提供弹性化的课程实施管理（赋予教师权力，提供丰富的课程内容、相应的资源，给予教师基本的要求和指导，做好班级课程质量监控，提升教师课程实施能力等）。而幼儿和家长也需要创造性地参与新的变革。

二、课程实施的途径

从“一日生活皆课程”的意义上来说，幼儿的一日在园生活都或多或少地体现着教师的意图，都是幼儿园课程从文本变为现实的途径。如果按活动类型来分，主要的课程实施途径包括教学活动、游戏活动和日常生活活动。当然，在不同的课程类型中，这三类活动之间的关系或取舍比例会有不同。不少幼儿园在课程实施的过程中，会强调这三类活动间的相互交融、相互促进。如散步中发现的

---

① 崔允漷．学校课程实施过程质量评估［M］．上海：华东师范大学出版社，2017：8–11.

“结冰”现象，引发了“有趣的冰”这一科学集体教学活动；“换牙”主题活动的展开，不仅包含系列集体教学活动，还可与每天的餐后漱口相结合，或成为“小医院”游戏的新增内容。

（一）教学活动

广义的幼儿园教学活动指包含着教师教和幼儿学的所有活动，因此教学活动、游戏活动和生活活动都包含在内。而狭义的教学活动指教师有目的、有计划地组织幼儿主动学习的教育过程，与游戏活动、生活活动并列。这里讨论的是狭义的教学活动，它强调教师有计划、有目的地施加影响，教师的教是为了幼儿主动积极地学，其中教是条件、学是核心。按照幼儿参与教学活动的人数规模，幼儿园教学活动可以分为集体教学活动、小组教学活动和个别教学活动。[①]

（二）游戏活动

游戏是幼儿学习与发展的重要方式，游戏活动也是幼儿园教育的基本途径，自然也是课程实施的主要途径。但是游戏本身定义较为丰富，甚至有矛盾之处，因此难以对游戏活动进行精确定义。幼儿园作为一个教育机构，其开展的各类活动天然便具有教育意义，在幼儿园中开展的游戏活动与“自然性游戏”不同，属于一种“教育性游戏”。[②]也就是说，幼儿园中作为课程实施途径的游戏活动，一方面具有教育目的，包含着教师的精心创设和指导；另一方面又体现了自由、自主的游戏本质，能使幼儿获得满足与快乐的游戏体验。按照游戏的组织形式，可将其分为集体游戏和区角游戏，也有按游戏发起和目标的不同而分为自由游戏和教学游戏。

随着幼儿园课程改革的深入，区角游戏逐渐成为许多幼儿园课程实施的主要途径之一。幼儿园区角游戏也称活动区活动、区域活动、区角活动，是指以幼儿的需要、兴趣为主要依据，兼顾幼儿园的教育目标和正在进行的其他教育活动等因素，将可利用的空间划分为多个区域，并投放适宜的活动材料，供幼儿自由选择，幼儿在其中通过与材料和同伴的互动，获得有益于身心发展的多样化

---

① 王春燕．幼儿园课程概论［M］．北京：高等教育出版社，2014：113.

② 王春燕．幼儿园课程概论［M］．北京：高等教育出版社，2014：109.

的学习经验的活动类型①。按照活动场域，一些幼儿园将游戏区角分为班级活动区、专用活动室（区）、户外活动区三类。也有幼儿园根据材料、游戏规则、自主程度的不同，将区角游戏分为指向偏重于学习性质的“区域化学习活动”和偏重于游戏性质的“自主游戏”两类。前者中教师预设的成分更多，幼儿从中获得的经验也更具确定性，主要包括生活区、语言区、益智区、发现区、种养区等。而后者包含的幼儿自主的成分更多，幼儿所获得的经验也更多元，主要包括角色区、建构区、表演区、美工区，以及临时性游戏区域等。在实践中，不同幼儿园在开展区角游戏时的组织方式、侧重点各有不同。有的幼儿园将“区域化学习活动”与“自主游戏”作为两类活动分开组织，有的幼儿园则将这两类活动合并组织。有的幼儿园会将班级内的区角活动创设为偏向于自主学习性质的区角活动，而将专用活动区和（或）户外活动区设置为偏向自主游戏性质的区角活动。但相同的是，区域的设置为幼儿提供了大量可操作、体验的情境和材料，幼儿拥有较高的活动自主权，他们可以根据自己的兴趣、意愿选择区域、材料和同伴进行游戏。教师则从集体教学活动中的直接指导转为多采取间接指导。

（三）生活活动

生活活动是幼儿园一日生活中满足幼儿基本生活需要的活动，包括入园、如厕、盥洗、进餐、睡眠、整理、过渡和离园等环节的活动。保教并重是幼儿园教育区别于其他学段的主要特点之一，教师精心组织开展的生活活动具有培养幼儿良好生活和卫生习惯，提高他们的生活自理能力，培养他们的独立性和自信心等重要的教育作用。

日常生活活动的设计和组织应遵循教养并重原则、关注差异原则、轻松温馨原则、渗透性原则、家园合作原则。②也有研究者认为幼儿园生活活动的实施应重在贯彻保教结合原则的基础上，重点建立科学的日常生活制度和合理的生活常规。③

---

① 虞永平，原晋霞．幼儿园课程［M］．北京：高等教育出版社，2014：137.

② 虞永平，原晋霞．幼儿园教育活动设计与组织［M］．北京：高等教育出版社，2014：161-163.

③ 王春燕．幼儿园课程概论［M］．北京：高等教育出版社，2014：107-108.

三、课程实施的方法

如前几章所述，幼儿园课程指向幼儿经验的融合与扩展。杜威基于他的经验课程观，认为在课程的实施方法上一切学习来自经验。实践、行动、做是课程实施的重要方法，因此强调“做中学”，重视幼儿直接经验的获得，主张通过一系列的实践活动，扩充和丰富儿童的经验。① 在幼儿园课程中，所谓经验的习得主要是直接经验，以及直接经验基础上的间接经验的获得。这种直接经验既包括亲身经历，也包括亲“心”经历；既包括认知层面，也包括情感层面。学生能通过自己的直接经验去再认识、再发现、再创造。②

从幼儿园课程的这一本质来看，幼儿园课程实施过程中，教师采用的各种方式都应旨在帮助幼儿通过主动行为获取经验。许多研究者在讨论课程实施方法时，会按照活动类别依次分别讨论教学活动、游戏活动、生活活动的组织方式。但随着幼儿园课程改革的深化，各类活动之间的界限划分逐渐不再那么清晰，教学活动会加入更多游戏化的组织方式，教师也能更清晰地认识到游戏活动的教育价值并精心组织，生活活动也会被赋予更多的教育意图而不仅仅是满足生理需求。一些幼儿园甚至已经在尝试打破这三类固定的活动方式，将教学与游戏、游戏与生活加以融合，以便更好地追随幼儿、支持幼儿。因此，本部分笔者从环境创设、活动组织、家长参与三个方面入手，尝试突破活动类型讨论课程实施。

（一）指向互动的环境创设

幼儿是在与周围环境中的人（教师、同伴等）和物（班级区角、游戏材料、户外环境等）的主动相互作用中获得经验的。因此不论是集体教学还是区角游戏，是班级内的活动还是公共区域内的活动，其环境创设都要考虑如何促使幼儿与周围的人与物进行互动。换言之，教师精心创设的环境或提供的物质材料，如果不能吸引幼儿深入参与和操作，进而推动幼儿主动活动，则不具备教育价值。

① 蒋雅俊 . 杜威的经验课程观［J］. 学前教育研究，2008（1）：36–38.

② 常丽丽，刘刚喜 . 关注学生的体验：新课程背景下对教学“直接经验与间接经验统一”规律的认识［J］. 教育理论与实践（学科版），2004（10）：45–47.

不少研究者对幼儿园教育环境的创设原则、创设内容都进行过深入讨论，本部分则着重探讨如何创设能够促进幼儿与人（物）互动的班级环境和公共环境。

1. 从“割裂、固定”到“弹性、去中心化”的班级空间创设

不少教师在创设班级环境时，会考虑到整体环境的温馨美观、主题墙饰的效果、各游戏区角的功能是否完善等因素。这样的“固化”“装饰性”的环境创设观并没有将幼儿在其中的活动过程作为首要考虑因素，是一种“去幼儿”的环境创设思维。而作为“基于关系的教育”的典范，瑞吉欧教室里的每一处环境都指向建立联结，包括通过光线和色彩调整、材料摆放、区角设置，鼓励幼儿与物质材料发生互动。而其空间的设置更是鼓励师幼间、幼儿间的合作，为互动提供便利，不仅材料的提供适宜合作游戏，区角的大小也能灵活容纳个别、双人以及小组活动。可以说，理想的环境空间创设，本质上是在设计幼儿在这个空间中与他人和材料的互动网络。依据这样的思维方式重新考量班级环境创设，我们应：

（1）提供灵活的空间分割和家具陈设，让师幼伴随活动共同“生产空间”

幼儿的活动是一个动态的过程，因此幼儿的活动空间不是凝固的、静止的，而应该是流动的、变化的。与“功能单一、割裂、僵化”“正式、分隔清晰、固定”的传统布局不同，一个可供教师和幼儿弹性创生活动的空间，应该是“多功能、复合、统整”“非正式、边界模糊、可创生”的。它应具有可移动的灵活家具或有自由度的室内陈设和隔断，可以根据需要将教室分割成或改造成动态的游戏和学习空间，让教师和幼儿一起通过增添主题角落、调整游戏区角、增设小型展厅等方式打造临时的多元空间，以此满足不同的活动需求。在这样一个开放的环境中，孩子们需要发挥想象力和创造力来“生产”他们期望的东西。在瑞吉欧，环境生成课程，课程也创设环境，他们主张用“灵活、创生”的空间支持项目活动的生成。这样的环境“必须是灵活的”，它必须能经受儿童和教师的时常调整来保持与时俱进，并响应他们在建构知识过程中做主人公的需求。① 因此，我们不能脱离具体的活动本身来评价一个静态的、固定不变的活动空间创设是否合理。活动空间应该是动态发展的，是在活动展开过程中，由教师和幼儿共同逐渐

① 卡洛琳·爱德华兹，莱拉·甘第尼，乔治·福尔曼.儿童的一百种语言：转型时期的瑞吉欧·艾米利亚经验［M］.尹坚勤，王坚红，沈尹婧，译.3版.南京：南京师范大学出版社，2014：350.

丰富和完成的，创设环境本身就是教育活动的必要部分。

（2）拓展空间划分维度，关注多样化的人际互动空间

传统的教室活动空间往往是“按内容和性质”来划分的，而指向互动的空间创设需要增加“按人际互动”来划分的新维度。以区域活动的空间创设为例（见表 7-1），这样多重维度的视角，不仅使得区域内容全面，还使得每个区域中的组织方式灵活多样，既有个体探究、同伴互动、小组合作等多种形式，也有动态生成的各种区域；既有根据领域的内容和逻辑进行材料提供和线索设计的区域，也有按主题划分的综合性区域，从而体现了一种基于儿童活动的活动空间组织形式。例如，在语言区中，既有安静的独自阅读区，也有小组式的绘本创编区；在益智区中，既有独自操作的游戏，也有两三个好朋友一起合作的操作；在美工区中，既有需要幼儿独自按图示完成的美工作品，也有需要一组幼儿合作的大型集体作品；在角色区，既有教师预设的空间，也有幼儿根据游戏需要自主生成的户外娃娃家、外卖小厨房……整个班级活动空间的创设也是如此（见图 7-1）。增加了人际互动维度的空间设计后，班级物理空间的布局变得灵活多样。从原来的集体活动布局，拓展至集体活动、大组环形、小组活动、混合活动等多种空间布局。幼儿的活动状态、活动展开模式也发生了相应的改变。在集体讨论、集体教学时多采用图 A、图 B 两种布局，在需要幼儿分组讨论、分组操作时可布置成图 C 的布局，在区域游戏时则采用图 D 的布局。灵活多变的空间不仅让幼儿能根据需要在同一空间内快速切换不同的活动形式，更重要的是让空间环境支持幼儿与教师、同伴、材料间发生深入的互动。

表 7-1　班级区域活动分类表

分类维度	分类内容
按照内容和性质	偏重于学习性质的“区域化学习活动”：生活区、语言区、益智区、发现区、种养区……
	偏重于自主游戏性质的“自主游戏”：角色区、建构区、表演区、美工区、临时区……
按人际互动类型	安静空间（允许儿童独处的小空间） 动态空间（儿童开展小组活动、进行合作的空间） 混合型空间（可以满足各种活动需求的空间） 自选空间（鼓励多种不同的学习方式） 创造性空间（儿童根据游戏需要临时创设生成）

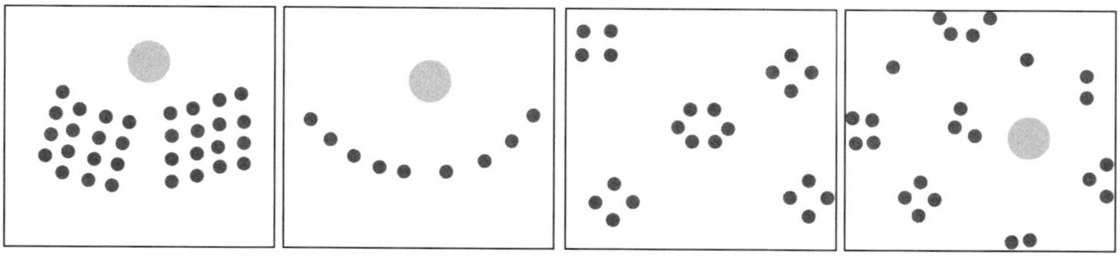

图 7-1　去中心化的教室空间布局

总之，教室环境布置的重要目标就是推动幼儿同他人积极合作以及探索感兴趣的对象。去中心化的班级空间格局不仅改变了教室的空间形态，更改变了活动空间的组织，让空间配置以学习者为中心，而非传统的以教师为中心。教师需要在活动实施过程中发挥积极的动力作用，统筹考虑如何在全班的集体活动、小组教学活动中追随幼儿的学习过程，引导幼儿开展多层面的人际互动。此外，物质环境的创设是为了让物质材料与幼儿对话，从而让材料支持幼儿的探究过程。因此，教师应精心为幼儿设计各种有吸引力的空间结构和材料，包括在桌子上、架子上放置方便拿取的材料，甚至设置某些临近区域，以促进幼儿主动跨区使用资源。而教师则在观察幼儿对空间的利用过程中，了解每个空间赋予幼儿的实际价值，以及空间是如何影响幼儿活动的，为后续的调整和创设提供依据。

（3）将空间的设计和建构作为活动设计与组织的重要部分

为了让空间环境更好地支持幼儿开展活动，教师应用“动态化”的思维模式来考量活动空间的创设，把活动空间的设计作为活动设计的重要部分，将活动空间的建构看作活动实施的重要部分，让活动空间的生产过程与课程设计、活动实施过程相呼应。例如，在大班开展的主题活动“毕业季”中，毕业典礼无疑是其中的高潮阶段。一开始，幼儿园把“毕业典礼”活动定位于让幼儿有一次自我展示的机会，强调典礼的隆重，满足家长看表演的愿望，进而选择在大礼堂或在大厅，以全年级参与的方式共同举行这一隆重的活动。几届之后，教师又从体验感的角度重新反思“毕业典礼”活动，将“毕业典礼”活动定义为“感恩”“告别”“成长”，因此选择在每天共同生活的班级里举行毕业典礼。这样，当幼儿跟同伴、老师告别的时候，也是跟自己生活了三年的这个空间告别，自然地带入了离别的情绪，体会到了各种复杂的情感。下一届的毕业典礼则在此基础上，进一步让这个主题活动吸纳多种资源，引入家长参与，体现幼儿的个性需求。于是教师又引入了“个性化的毕业典礼——个性化的班级空间布置”“成长海报制作——成长海报长廊布置”“家长志愿者资源运用——家长参与活动审议、家长参与活动空间个性化布置”等空间设计元素。可以说，“空间的生产”是对原有空间的“再空间化”塑造，它要求教师和幼儿一起，根据开展活动的需要而进行空间的调整与转换，追随活动展开的需要而“生产空间”“定制空间”和“开发空间”，而不是“削足适履”，用固定不变的空间来限制幼儿的活动过程。

2. 从“拓展功能”到“关系中心”的幼儿园公共空间创设

与班级环境不同，幼儿园公共活动空间的创设需要整个幼儿园团队的协作，它体现着整个幼儿园的课程理念，也广泛地影响着生活在幼儿园空间中的全体教师和幼儿以及各类来访人员。支持课程实施的幼儿园公共空间创设，不仅需要考虑审美、功能，还需要考虑是否灵活、开放，以及能否开发更多的班级外部资源以支持幼儿的活动。

（1）指向“灵活、多功能”的公共空间开发

目前，许多幼儿园都会从审美和功能两个方面对幼儿园公共环境进行设计和开发利用。包括：创设各类专用活动室，弥补班级资源的不足；改造原有户外运动区，通过纳入更多自然资源，丰富户外活动的价值和内容；突破原有“割裂、固定”的活动空间创设模式，探索走廊、楼梯、大厅等公共空间的多功能使用等。其目的在于通过对幼儿园公共空间的“功能拓展”和“资源开发”，利用“灵活、开放、多功能”的空间支持幼儿的活动。这不仅能避免空间的“隐形浪费”，半固定或不固定的多功能公共空间还能为幼儿的活动“生成”更多特别的场所，推进幼儿活动的深度发展，从而让课程的实施过程变得更有生命力。例如：幼儿园的大厅根据活动需要成为某个班级的主题展示区域，从而将主题活动推向高潮；室内体育馆临时成为某个主题活动的混班游戏区域；操场在毕业主题活动中成为大班幼儿自创个性化毕业照的空间；天气晴好时，班级门口的户外场地变成户外自主游戏的空间，幼儿可创造性地使用班级游戏材料和户外自然材料，开创自己喜欢的游戏区角；宽敞的走廊在游戏时段被用于开展相邻班级的混班区域游戏，让两个班的幼儿有更多机会交往、共享资源；等等。在此基础上，追随活动的展开，教师与幼儿一起变革活动空间的布局和设置，体现空间的丰富性、适宜性和针对性，力图使幼儿园成为“一个让孩子可以从后院玩到屋顶的

地方”。

（2）指向“关系”的公共空间创设

倡导“关系中心”的瑞吉欧幼儿园对空间的理解不只停留在“材料丰富”“美观”“功能多”这一层面，而是从空间关系学的角度重新定义空间的教育价值，强调了社区参与、与社会衔接等关系要素，并强调了空间的叙述性（即向空间中的每个人讲述倡导的理念和当下发生的课程故事）。其空间的创设是为了支持儿童、教职员工和家长在内的主角们参与学习、教学、分享和理解的过程。① 换言之，瑞吉欧的教育空间被赋予了促进儿童在发展和变化中交流这一功能。② 可以说，一个促进互动交流和社会建构、真正“相互关联”的空间环境，应该是一个互动的空间、记录的空间、教育的空间，这样的环境才能成为儿童的“第三位教师”。围绕“关系中心”，瑞吉欧幼儿园的空间创设旨在促进人际互动，以利用空间来增进彼此之间的关系。首先，空间体现对儿童的尊重。幼儿可以根据自己的需要建构和安排空间。其次，虽然强调尊重儿童，但这样的空间并不只是以儿童为中心的，教师、家长都会得到关照，他们的需求（包括教师的专业发展、家长与教师的沟通）都能在空间层面得到支持，教师和家长作为空间的创造者和使用者有着相应的空间权力。③ 再次，空间还承载着叙述的功能。通过“会说话的空间”“会记录的空间”，展现在空间里的各种档案记录，向进入空间的每个人讲述课程故事、阐述教育理念、展示园所历史，这样即使儿童不在场，也能讲述他们的故事。④ 最后，也是最重要的一点，空间是用来增进关系的。幼儿园空间的创设不仅要能够支持教师的工作以及增进教职员工和家长的关系，也要关注幼儿园与周边环境的连通和与社会的衔接，鼓励社区的参与。总之，空间增进成人和儿童间的相互关系，支持分享具有创意的想法和策略，促进共同探索、调查和建

---

① 卡丽娜·里纳尔迪.对话瑞吉欧·艾米利亚：倾听、研究与学习［M］.周菁，译.南京：南京师范大学出版社，2014：66.

② 瑞吉欧·艾米利亚幼儿园和婴幼园学会.瑞吉欧·艾米利亚市属幼儿园和婴幼园指南［M］.沈尹婧，李薇，译.南京：南京师范大学出版社，2014：4–5.

③ 卡丽娜·里纳尔迪.对话瑞吉欧·艾米利亚：倾听、研究与学习［M］.周菁，译.南京：南京师范大学出版社，2014：66，68.

④ 卡洛琳·爱德华兹，莱拉·甘第尼，乔治·福尔曼.儿童的一百种语言：转型时期的瑞吉欧·艾米利亚经验［M］.尹坚勤，王坚红，沈尹婧，译.3版.南京：南京师范大学出版社，2014：334–337.

构；家长与教师、社区人员也发生着对话、互惠和交流。

教育是面向人的活动，“互动交往”是教育活动的基本属性之一，是社会互动让幼儿的活动空间变得具有教育的意义。幼儿所钟情的活动空间，一定有他所喜爱的教师和同伴，有符合其天性的游戏及人际互动方式，一定是一个赋予他充分权利的场域空间。随着幼儿园课程改革的深化，传统的只关注“材料丰富”或“美观”的幼儿园活动空间难以呼应幼儿“在互动中学习”的需求。基于“关系”视角，公共空间的创设应能促进师幼、同伴互动，促进教师与家长间的联系和沟通，促进教师间的合作互动，以及家长等园外人员的互动参与。通过增加原有教室、走廊、操场、大厅（门厅）、专用室（或工作坊）的交际功能，促进幼儿与物质材料之间的互动，师幼互动、同伴互动、班际互动，以及教师间、教师与家长间、教师与管理者之间的互动协作。同时，园长也应提升自己的空间领导力，将“生产空间”作为推动幼儿园园本课程变革的动力，让幼儿、家长行动起来，与教师一起共创生活、学习和游戏的场域，让幼儿园空间在新的课程理念下与具体的教育活动一同“进化”，从而使得幼儿活动的空间突破原有的界限，吸纳更多人与物的资源，与幼儿的生活发生关联，与幼儿的行动发生关联，让空间为幼儿的活动提供充分支持。

（二）指向经验生长的活动组织

课程实施不是简单地执行或照搬课程计划，而是教师通过灵活、适宜地使用各种活动组织策略，为幼儿的学习提供持续的支持，让幼儿始终处于积极主动的活动状态，进而获得成长所需的核心经验。为此，有许多研究者按活动类型分别讨论了教学活动、游戏活动、生活活动的组织要点。随着幼儿园课程改革的深入，越来越多的幼儿园尝试追随幼儿经验生长的需要，打破生活与学习的界限，围绕幼儿成长所需的核心经验，重整、规划幼儿的一日在园生活，使各类活动（集体教学活动、区域游戏、生活活动）互相渗透、互相补充、互为促进。同时，教师弹性化安排活动时间，以幼儿的学习需要为前提，灵活安排幼儿的一日生活，让幼儿有充足的时间去感知体验、发现探索，保障幼儿的学习过程充分展开。

基于这样的思路，笔者尝试突破活动类型的限制，追随幼儿经验生长的逻辑，从“梳理原有经验→寻找经验生长点→建立经验联结→新经验的梳理提升”

这样的循环出发，探讨旨在促进幼儿经验生长的活动组织。

1. 帮助幼儿唤起、拓展前经验

幼儿的原有经验，是教师设计、组织具体活动的出发点。幼儿的原有经验源于之前在园、在家的各种生活经历，既有共性，也有个体差异。观察，是教师了解幼儿原有经验或发展水平最直接、有效的方法。在观察了解的基础上，教师需要在活动的启动（导入）阶段帮助幼儿唤起、梳理之前的经验，调动兴趣和需求，为迎接后续的学习做好经验储备。具体的方法有很多，例如：

集体谈话。如在“策划集体生日”活动的导入阶段，教师先请幼儿回忆：“你们在家里是怎样过生日的?”“你去参加各种宴会、庆祝活动时，看到哪些特别有意思的活动?”“你给爷爷奶奶过过生日吗？需要做哪些准备?”

作品欣赏导入。如教师组织幼儿欣赏绘本《一颗超级顽固的牙》，之后请幼儿结合自身的经历，说说自己的换牙故事以及自己想知道的关于牙齿的小秘密，然后根据“秘密调查、牙医讲堂、护牙秘籍”等线索，自然深入“爱护牙齿”的主题。

亲子调查（亲子准备）。如在开展毕业典礼前，请幼儿和家长一起围绕毕业典礼进行亲子调查：了解全世界有哪些庆祝毕业的方式，小朋友会怎么庆祝幼儿园毕业，这些庆祝的内容又有什么不同的意义，你最喜欢哪个庆祝内容及原因。在集体交流调查结果的基础上，自然导入“班级个性化毕业典礼策划”活动。

资料收集。如在开展科学主题活动“蚂蚁大搜索”前，鼓励幼儿将家中关于蚂蚁等昆虫的绘本带来幼儿园，相关标本、观察及饲养工具也可以带来放入区角，从而让幼儿在收集资料的过程中积累关于蚂蚁习性的经验，自然地“卷入”活动。

在一日生活中自然渗透。如在开展关于幼儿园自然资源的活动前，教师就有意识地利用户外运动、散步等契机，引导幼儿观察鸡鸭鱼虫、花草树木等动植物随季节的变化而产生的变化，从而捕捉本班幼儿探究的兴趣点。

总之，有了相关经验的充足储备，在主题活动或某个教学（游戏）活动的展开阶段，尤其是需要幼儿个性化表征、自主收集材料、调查解决问题时，幼儿能够更主动地调动相关经验，更主动地开展更为复杂而有挑战的活动。因此，不少研究者将经验准备视为幼儿参与教学活动、幼儿开展游戏的前提，与材料、空间等其他准备并列。

2. 师幼共同寻找新经验的生长点

幼儿是学习的主体，因此教师只能主导而不能完全主宰幼儿获得经验的过程。教师应基于班级共同生活，在观察、了解幼儿兴趣、需求和前经验的基础上，与幼儿共同展开活动；在活动中赋予幼儿选择、判断的权利，师幼协同推进活动；倾听幼儿的想法、感受，力求让活动的脉络走向凸显儿童的意义，而非成人眼中的价值；让幼儿成为知识意义的主动建构者，而教师则对儿童的意义建构过程起着促进和帮助作用。具体的操作方式有很多，这里着重谈以下三种：

（1）从“提问—回答”到“对话—讨论”

在教学活动中，提问是非常高频的教学行为。提问策略、提问质量、提问类型、提问对象、提问方式、回应策略等，都是教学法中研究的重点。然而，师幼间指向标准答案的“提问—回答”，并不必然能够支持师幼共同寻找新经验的生长点。师幼还需要在具体情境中围绕真实问题展开共同讨论，通过集体寻找解决方案、策划主题脉络等方式，以“共同协商”“彼此倾听和表达”“达成共识”为目标，调动心智参与，协商讨论活动。在共同的协商讨论中，每个幼儿都能了解事件发生的脉络，从而主动参与其中。如在主题活动“集体生日”中，从策划生日开始，教师就逐渐让位于幼儿，除了引导幼儿关注“寿星”的感受之外，商量庆祝内容、筹划准备、自制礼物等环节都由幼儿完成。从第一次的秋季生日会到最后一次的夏季生日会，随着幼儿经验的积累，教师更是进一步让位，不仅将筹备过程交由幼儿自己完成（幼儿会在自主游戏的小舞台排练节目、在美工区做贺卡、在家为好朋友做礼物），连各环节的主持任务都由幼儿负责。

通过“对话—讨论”寻找经验生长点的方式并不只局限于活动开始阶段，在活动展开过程中，当遇到问题或困惑，需要共同评议、协商解决时，教师和幼儿也可以通过共同讨论与寻找解决方案、策划后续活动等方式，帮助幼儿学习解决问题的方法、感受民主协商的过程，这都是师幼共同开创有意义的班级生活的体现。

（2）帮助幼儿主动了解活动内容和任务

教育活动常常有着明确的目标结构。从教师角度来看，教师应尽可能地明确、了解本次活动的目标，并让幼儿在自主活动中带有目标地活动。从幼儿角度看，活动目标即他感受到的具体目的，或是活动内容赋予他的任务。如果幼儿能事先感受到、了解到活动内容（任务），那么他对活动的参与度和控制度就会较高；如果幼儿中途才感受到目标，或从头到尾都被教师安排，那么教师就会比较高控。因此，教师应尽可能在活动一开始就让幼儿了解本次活动的任务内容（比如："今天老师带来一个好玩的科学实验，一起来看看是怎么玩的。""周五要去参观小学啦，你想知道哪些关于小学的秘密呢？"），从而便于让幼儿控制活动，而不是成为教师摆布的角色。感知活动任务的过程不是教师单向安排任务、幼儿了解教师要求的过程，而是教师和幼儿一起共同建构活动的意义，共同定义活动情境的过程。

（3）与幼儿一起赋予活动意义

瑞吉欧主张教师不能只是一个实施者，实施由他人针对其他儿童和泛泛的情境而制定和创造出来的一些项目和课程。因为这些预设的情境并不一定符合本班幼儿的愿望、经验和兴趣。课程的实施在于师生一起共同寻找、感受、分享、建构活动的意义。①

例如，在主题活动"集体生日"开始之初，幼儿因"以自我为中心"思维的影响，将集体生日的情境理解为："商议选择一些大家都喜欢的内容，大家一起准备，一起开心地度过半天。"在这一过程中并没有过多关注"寿星"。于是教师进一步引导："什么叫过生日？""你的爸爸妈妈给你过生日的时候，吃的、玩的、买的礼物都是谁喜欢的呢？"通过讨论，幼儿理解的集体生日的活动情境就变为："是为本季度过生日的小朋友准备的。""要让寿星们高兴才行。"基于这样的情境，幼儿能够接受教师的提议："确定庆祝内容时，要多听听组里小寿星的意见。"幼儿在为好朋友制作生日礼物时，会主动询问好朋友的喜好，而不是根据自己的喜好。生日会那天，幼儿会主动提议："让寿星多玩一次。""让寿星多吃一块蛋糕。"又如，升入大班后，教师鼓励幼儿一起讨论拓展值日生的工作内容，结果幼儿想到的内容五花八门，有些内容显然背离了教师期望通过值日，让幼儿"感受为他人服务的快乐"这一目标。于是，教师跟幼儿一起讨论："做值日生是为了管小朋友吗？""本来就是自己做的事（如整理学具柜），可以让值日生替自己干吗？"在讨论的基础上，教师跟幼儿达成一致："值日生是轮流为大家服务的，是为了让班级变得更好""想到的值日内容要跟服务有关""自己能做的事情不应该让值

---

① 卡洛琳·爱德华兹，莱拉·甘第尼，乔治·福尔曼．儿童的一百种语言：转型时期的瑞吉欧·艾米利亚经验［M］．尹坚勤，王坚红，沈尹婧，译．3版．南京：南京师范大学出版社，2014：160.

日生来干”“每天结束，我们要一起谢谢今天为大家服务的值日生”……

总之，活动的意义价值不能仅从教师的视角出发，还要考虑幼儿的需要，并与活动设计的初衷相匹配。游戏活动更是如此，游戏中幼儿的自主性更高，教师的指导和介入就需要先了解幼儿的游戏想法和游戏愿望，才能基于幼儿的相关生活为幼儿游戏的深入开展提供支持。

3. 提供支架促进新经验的联结

“学习的本质在于建立经验的联结”，而教师的作用在于在幼儿的原有经验上嫁接新的经验。教师可以通过“提供材料”“示范讲解”“创设情境”“引导观察”“个别指导”“谈话讨论”“鼓励同伴（小组）合作”“指导幼儿规划记录”“支持操作、试误”“引导个性化表征”等各种各样的方式，支持幼儿调动原有经验，让幼儿在兴趣与需要的引领下，在动手操作、亲身体验的过程中，充分展开学习，与同伴一起获得新经验。每一种具体方式都有值得研究之处。

就“示范讲解”而言，教师需要把握“时机适当”“繁简有度”“重点突出”“适度留白”“教师示范与同伴示范相结合”等要点。此外，支持幼儿深入活动的“支架”并不只能由教师提供，“同伴合作”也是重要的方式。当幼儿需要以学习共同体的方式学习某项内容或合作完成某项任务时，教师可以鼓励幼儿以小组或两两结伴的方式深化展开合作。在相互学习中，幼儿充分调动自己的经验和智慧，合作完成任务，同时也培养了交往沟通、协商合作的能力。

就“创设情境”而言，在活动展开过程中，教师可以通过导入介绍或引导讨论的方式，让全班或小组幼儿融入某个默认的游戏情境，促使幼儿更好地进入情境开展活动，诱发相应情境下的学习行为，最终使得幼儿获得该活动情境中包含的经验。如无锡市实验幼儿园王巧连老师提供的案例：

为了鼓励孩子们感受原始艺术之美，同时学习使用多种材料进行手工制作的技巧，教师创设了“疯狂原始人”的美工区场景，并提供了相应材料。但哪些内容是孩子们热衷创作的呢？教师通过和孩子们的聊天发现：吃、穿、住是大班孩子们感兴趣的内容。于是情境创设围绕着孩子们的兴趣展开：“吃：吃什么？怎么吃呢？有刀叉吗？怎么分小块呢？他们咬得动吗？有调料吗？原始人吃的野兽是从哪儿来的呢？野兽怎么会乖乖地给他们抓呢？他们会设陷阱吗？他们那个时候会有什么武器呢？他们会做矛吗？箭呢？锤子呢？他们吃生的还是熟的？那个时候有火吗？火是怎么来的？钻木取火吗？怎么保存火？”“住：住在山洞？山洞黑不黑？在哪里找到的山洞？除了山洞，还有其他的地方住吗？”“穿：为什么要穿虎皮、穿树叶？穿鞋子、袜子吗？要到什么时候才会出现我们身上穿的衣服？不穿衣服会怎么样？”围绕孩子们喜欢的内容，教师鼓励孩子们想象、创作，并用“我做的原始人在……”的方式讲述自己的作品故事。交流欣赏、场景创设、逐渐丰富的情境推动着孩子们热情高涨地创作更为生动有趣的作品：“野兽看着很强壮，原始人可能要被吃掉了，需不需要卫兵？”“房子造好了，维修需要梯子吗？”“天天抓野兽太辛苦了，养点小动物可以天天吃。”“吃饭缺张桌子。”“光吃怎么行，还要喝水的，挖个小水塘吧。”“有忙着抓野兽的原始人，是不是还要有做家务的原始人？”“他们会结婚生宝宝吗？”“×× 小朋友和 ×× 小朋友做的原始人不一样，因为他们是不同家族的吧？”教师还邀请孩子们一起来布置场景——“把你的作品放在你想让它出现的地方”，从而让孩子们“心中的故事”得以在实际场景中展现。总之，教师通过和孩子们一起用“情境故事”推动着整个活动的发展，使得无论主题持续时间有多长、当中被打断后间隔的时间有多久，孩子们一直热情满满地投入其中。顺应孩子感兴趣的情境，教师将相关的制作技巧融入其中：“怎样让小桌子站稳不倒？”“怎么分清男女？要给原始人来点装饰吗？”“跑起来的原始人和站着的有什么不一样？怎么表现出他们在飞快地跑？”

不论是在教学活动、游戏活动中，还是在生活活动中，许多教师都会像这样提供各种“支架”，其目的在于逐步丰富内容、调整材料、增加活动复杂性，进而帮助幼儿与新经验建立联结。在集体教学活动中，随着幼儿从小班到大班各领域经验的积累，教师给幼儿更多的主动权，开展更为复杂的活动。例如：将 10 以内的计算、20 以内的估算与“小超市”游戏结合起来，并在春游前开展“超市购物”活动，引导幼儿通过设计购物单、自由结伴、自主购物等方式完成购物任务。在游戏活动中，教师可以通过丰富游戏情境、增加游戏步骤的方式，推动游戏深入。生活活动也被赋予了更多“学习”“练习”的价值，比如在每天自主用餐中形成正确的饮食习惯等。此外，教师也可以捕捉生活活动中有价值的事件，将其转化为课程资源并加以运用。

4. 新经验的梳理和提升

帮助幼儿将零散经验系统化，促进幼儿的认知发展和全面发展是幼儿园教学活动的目标之一。因此，在教育活动的结束部分，教师可采用总结归纳、展示分享、游戏表演等方式，通过完美的结束起到总结提升或进一步激发兴趣的作用。随着游戏活动、生活活动的教育价值越来越得到大家的重视，教师也可以通过游戏活动后的讲评交流、生活环节中的随机教育，异曲同工地发挥着梳理、提升新经验的作用。具体的操作方式有很多，例如：

交流分享。指向既定答案的“满堂问答”不等于“主动学习”“有效对话”，不论是在活动启动阶段，还是活动结束、经验提升阶段都是如此。对话不是指从教师指向儿童再从儿童返回教师，而是在师幼共同交流的过程中彼此分享经验和兴趣，让想法彼此碰撞，推动幼儿主动经历、充分学习。当活动中幼儿有了值得分享的创意、兴趣和经验时，教师及时组织交流分享、总结提升，让兴趣和创意彼此激发，利用集体的力量，帮助幼儿提炼个体的关键经验，从而使其成为大家共享的教育资源。如常见的游戏活动后的集体交流、科学实验后的交流展示都是如此。

环境布置。当需要向本班幼儿展示、交流主题的展开脉络及阶段性进展时，教师可以使用创设主题墙饰、构建思维导图、展示阶段作品等方式，展现主题脉络、记录学习过程、分享彼此的创意作品，帮助幼儿交流、梳理、提升经验。这一梳理、提升经验的方式并不仅仅局限于班级内部，当需要在班级间交流主题活动的阶段成果或全园渲染节庆氛围时，教师可以通过大厅、走廊集中布展来渲染主题氛围，促进班级间幼儿的经验交流，将主题活动推向高潮，例如大班“迎国庆·我是中国人”主题汇报展、全园艺术节汇展、毕业季“大班成长海报”长廊展等。

集体展示。当主题活动进入高潮阶段，幼儿需要向家长、同伴展示自己的成果时，教师可以通过具有仪式感的展示活动，将主题活动推向高潮，给幼儿留下深刻的记忆和体验，如亲子展示、主题会演等。

瑞吉欧教育者们借鉴了以维果茨基为代表提出的社会建构主义的研究，认为知识是在情境中、在理解的过程中、在不断和他人与周围世界的互动中建构的。儿童和教师被视为知识和文化的共同建构者。① 因此，瑞吉欧强调自我建构，也

① 卡丽娜·里纳尔迪. 对话瑞吉欧·艾米利亚：倾听、研究与学习［M］. 周菁，译. 南京：南京师范大学出版社，2014：6.

强调集体对个体建构的影响，进而强调集体建构的力量，认为学习是个体和群体建构的过程。[①] 也就是说，幼儿经验获得的过程既离不开自己的主动建构，又离不开同伴和教师的影响，是个体建构和集体建构的结果。如果说“提供支架”支持幼儿建构经验更多地偏重于支持幼儿在与他人、材料的互动中主动建构经验，那么“新经验的梳理提升”则更强调通过高质量的互动对话，鼓励幼儿间、师幼间分享彼此的兴趣、问题、感悟和经验，利用群体的力量来共同梳理、提升经验。

（三）超越资源开发的家长主体性参与

家园合作是幼儿园保教工作的重要方面，幼儿园课程实施的整个过程也离不开家长的参与，但家长以什么样的角色参与、如何参与，在实践层面却不尽相同。有的幼儿园只在开放日、家长会时才向家长介绍幼儿园课程或班级活动，结果家长们来去匆匆、不甚了解，回家后也不知怎样配合；有的幼儿园本意是开发家长资源来支持班级活动，家长却觉得不堪重负、徒增烦恼、收效不大；有的幼儿园专门开展了家长活动或家长培训，以期更新家长育儿观、提升家长育儿水平，以帮助家长更好地认同幼儿园的课程理念，然而应者寥寥、收效甚微。

经济合作与发展组织（OECD）的教育团队在《强壮开端Ⅲ：儿童早期教育与保育质量工具箱》中就提出，教育者应“吸引主要的利益相关者和相关专家参与到课程的修订过程中”[②]。家长作为幼儿园课程建设的主要利益相关者，其主体性地位应在课程实施过程中得到彰显，家长的育儿需求应能在课程实施过程中得到满足，家长的育儿观、育儿水平应随着课程实施过程不断得到提升，课程实施过程应成为促进家长与教师、家长与园部、家长间、亲子间的对话和合作的过程，这样家长才能主动成为幼儿园课程实施的重要伙伴和支持力量。具体方式包括：

1. 家长作为主体参与课程实施，与教师形成共同成长的伙伴关系

角色定位决定了个体的角色行为及个体间的互动，进而确定了彼此之间的人

① 瑞吉欧·艾米利亚幼儿园和婴幼园学会．瑞吉欧·艾米利亚市属幼儿园和婴幼园指南［M］．沈尹婧，译．南京：南京师范大学出版社，2014：5–6.

② 经济合作与发展组织（OECD）教育团队．强壮开端Ⅲ：儿童早期教育与保育质量工具箱［M］．陈学锋，译．北京：北京师范大学出版社，2015：129.

际互动关系。如果将家长视为“不懂教育”“需要老师指导”的人，或者待开发的“资源提供者”，那么教师就成了主导者和安排者，家长只需要配合。但在课程实施的过程中，家长积极作用的发挥是与其主体性角色相对应的。教师只有将家长视为平等的合作伙伴，要求家长参与的同时与家长共享权利与责任，才能让家长作为重要的参与者，通过扮演各种角色（家委会成员、志愿者、审议者、评价者等）发挥主动作用。

然而在家园互动中，教师常常扮演专家的角色，家长习惯于把教师作为信息发布者，只需要听从配合、提供资源即可。家长很少介入活动设计和评价的具体过程中，这样的家园沟通（互动）本质上是单向的。这样的关系带来了权利的分配不均衡，作为配合者的家长需要听从教师的安排，家长的育儿需求并未在活动设计之初得到充分的关照，教师的育儿指导并不见得是“急家长之所急”“为家长之所需”。当教师要求家长参与活动只是为了展现自己的教学成果（如家长开放日）或是利用家长资源（物质资源、专业资源、人力资源）时，家园之间就难以形成真正的合作伙伴关系。

教师与家长之间天生有一种“共育的关系性”。教师不应只将家长视为“资源提供者”或“需要教师指导的配合者”，而应将家长视为“重要合作伙伴”，在课程设计阶段就充分关注家长的育儿需求，让家长与幼儿园管理者、教师、幼儿一样，作为主体参与园本课程的实施过程。

2. 基于相互了解和认同，呼应家长育儿的需求开展家园合作

当家长作为平等的伙伴时，家园关系就不再是一种指导与被指导的从属关系，而是一种互相尊重、相互倾听的关系。

（1）增进对家长的育儿模式、育儿需求、专业资源的了解和呼应

首先，了解家长的育儿需求。教师在班级活动开展之初就应关注到本班家长的育儿需求，并做出积极回应。例如，有些班级的教师感受到幼儿升入大班后家长的“入学准备焦虑”，于是利用家长会、个别交流、班级群宣传等方式向家长普及正确的入学准备教育观并进行具体的做法指导。一些幼儿园会在开展需要家长配合较多的活动（如亲子活动、毕业典礼等）之前，邀请家长代表来园参与活动审议，确保在活动设计阶段就充分倾听家长的育儿需求。在能够满足育儿需求的活动中，家长容易与教师形成一致的目标，家长的参与度、配合度会更高。其次，利用家长的专业知识等个人资源。来自不同行业的家长拥有教师所没有的专

业知识和生活经验，如医生家长具备的儿童保健知识，有摄影特长的家长具备的照片拍摄与视频剪辑知识，工程或生物等技术专业的家长具备的STEM知识、种植饲养的知识等。邀请这样的专家家长来园审议，家长和教师之间重在相互分享知识而不是教师单方面的知识传授。教师作为专业教育工作者，既要引导家长，也要向家长学习。再次，尊重家长的育儿经验和育儿模式。教师常常觉得自己是专业工作者，自己拥有的育儿经验和专业知识比家长要多得多，因此会自然地将家长视为“被指导”的对象。然而，家长并不是毫无育儿理念的、需要教师“描绘”的白纸。恰恰相反，家长是带着自己的人生经历和前几年的育儿经验踏入幼儿园的。在入园之前，家长在与自己孩子朝夕相处的几年中积累了对自己孩子很多细节的了解，也形成了适合自己个性理念或自己家庭的育儿方式。现代生活的复杂性也使得教师和家长之间的相互理解比指导更加重要，教师并没有“绝对正确”的育儿模式需要灌输或传递给家长。有的家庭祖辈的时间充裕又有耐心，以祖辈抚养为主也非常适宜；有的父母一方因工作原因不得不缺席育儿过程；有的家庭因孩子体弱而引发各种焦虑，育儿观念也以保护为主。教师在鼓励家长发挥作用支持各类活动之前，需要通过家访、沟通等方式，了解家长的养育模式及相应的育儿理念。“当专业教育工作者认为家庭教育出现错误或被误导了，即便有研究依据的支撑，也要沉得住气，不要过早地作出判断性的结论。”① 例如，园部设计了关于“爸爸每日亲子陪伴打卡”系列活动，本意在于呼吁爸爸更多地参与育儿活动，能够养成陪伴孩子的习惯。但教师了解到本班有一半幼儿的爸爸在外地上班，他们往往在周末甚至月末才回家。于是教师及时调整了活动方式，采用了周末陪伴、网络陪伴等弹性化方式，也取得了家长的积极配合，收到了良好效果。

（2）通过双向、私人化、多样的深入交流，增进家长的了解和认同

在家长的价值观念、知识背景、育儿经验、育儿需求、育儿价值观得到了教师的充分关照之后，教师又该如何帮助家长了解幼儿园的课程理念、即将实施的课程内容、所需的课程资源，进而使家长更好地理解幼儿园课程，更深入地参与班级课程的实施过程呢？首先，沟通需要建立在相互了解的基础上，传统的家长

① 冈萨雷斯—米娜．儿童、家庭和社区：家庭中心的早期教育［M］．郑福明，冯夏婷译．5版．北京：高等教育出版社，2012：12.

会等“广而告之”的方式本质上其实是教师（幼儿园）单方面的信息发布，不利于教师了解家长的需求和家庭育儿方式。教师应主动通过公开和私人化的多种方式（包括网络媒体、数码媒介），向家长传递关于班级活动和幼儿活动表现两方面的信息，家长们只有获得这些信息，才能真正在目标一致的基础上深度参与。在这一过程中，私人化的交流比集体交流更有针对性、也更有效，当面交流比书面交流沟通效果更好。其次，家长不是被说服的，而是被感染的。说教式或宣传式的传统指导方法应该被浸润式、分享式的双向、多向交流所取代。组织分享沙龙、家长志愿者活动、家长来园审议等方式，都能让家长有多种机会真正感受园所一直贯彻的理念，进而与幼儿园目标一致。有些幼儿园将家长志愿者活动视为另一种“家长课堂”，通过鼓励家长参与幼儿园或班级的各类志愿者活动，让家长感受园所文化、理解课程理念、观摩常态化的课程实施方式。同时结合志愿者培训，提升家长的育儿水平，让家长在付出的同时也能有所得，用正面的回馈激励家长不断参与。再次，家园间的了解与认同不是教师将全班家长的观念和需求统一成一种，而是家园间倾听和关注彼此需求的共生状态。教师关注家长不同的育儿期望和育儿风格，在给予个别化支持的同时赢得家长的认同和对课程实施的高度参与。如果教师用“熔炉式”的思维方式，试图将家长的想法统一成与自己一致的所谓正确理念，那么也许会招致家长的漠视甚至抵触。相反，如果教师抱着“沙拉式”的思维方式，让不同资源、不同需求的家长在班级课程实施的过程中得以调和，那么势必更容易得到家长的认可和支持。

总之，家长与教师通过双向交流分享知识与经验，相互尊重彼此的专业，共同探讨育儿问题，从而建立起一种共同学习与成长的伙伴关系。在这样的伙伴关系下，家长的主动性才能得到激发，才能作为主体性角色发挥作用。相反，在家园互动中，教师如果成为唯一的推动者，家长成为被动等待教师开发利用的资源，那么家长的动力作用就难以充分发挥出来。

3. 组织开展各有侧重、多种类型的亲子活动

家长在课程实施过程中的主动参与不是教师要求、宣传、安排下的必然结果，而是家长在育儿需求的推动下，在教师的支持与激发下，主动调动自身各种资源，积极参与班级活动的结果。家长参与班级课程实施的角色和方式丰富多样，包括提供活动资源、参与课程审议等，从具体的活动层面来说，主要有以下三种方式：

家庭亲子活动。在班级活动展开的过程中，教师通过亲子准备、亲子协助的方式，为幼儿储备相关经验和提供个性化支持，以丰富幼儿的学习体验，帮助幼儿获得个性化的学习经历；或者将幼儿园的学习内容延伸至家庭，给幼儿的日常生活带来影响和改变。例如，在开展“超市购物”活动之前，教师通过亲子模拟购物、亲子超市调查等方式，帮助幼儿积累相关经验，为参与班级活动做准备。又如班级开展“劳动”的主题活动后，将“我爱做家务”的每日打卡活动延续到家庭中开展，帮助幼儿养成爱劳动的习惯。

班级亲子活动。除了固定的家长开放日，当主题活动、亲子节庆活动进入高潮阶段，需要向家长展示或亲子共同参与时，幼儿园也可开展班级亲子活动。这样被课程实施过程推动产生的亲子活动，与“例行公事”的开放日相比，课程意识更强、指向也更为明晰。家长带着前期参与某个主题活动的经验来园，通过班级或班级间具有仪式感的集体亲子活动，与教师、幼儿一起推动主题活动进入高潮，与幼儿、教师共同留下深刻的记忆和体验。例如，幼儿园开展冬季运动的主题活动，鼓励大班幼儿学习跳绳，教师结合元旦迎新年活动，邀请家长一同参加亲子运动会，开展趣味跳绳比赛，家园共同营造坚持运动的氛围。

日常家长志愿者活动。家长协同开发、利用各种资源支持幼儿的学习，用丰富的家庭资源（物质资源、人力资源、家长的专业资源等）为班级各类活动提供常态化的支持。随着家长们的参与，一些与课程相关的社区资源也能进入课程。例如：家长志愿者协助开展各类社区参观活动（如参观消防大队等）；家长志愿者参与班级环境创设，包括收集材料、布置班级百宝箱、亲子布置毕业典礼现场等。

（本章作者　蔡　菡）

第八章

CONG HUODONG ZONGJIE DAO
KECHENG PINGJIA

从活动总结到课程评价

在幼儿园课程评价变革中，“全新的教育结构与实践正在产生”，但“原有的教育结构与实践依旧存在”，对于课程评价方式的争议与反思也从未停止。[①] 回顾过去，早期的课程评价实践与研究主要聚焦于对幼儿园课程实施的总结与评估，以活动观摩、听课、评课等形式为主。自 1989 年《规程（试行）》实施以来，我国幼儿园课程的水平不断提升，课程评价领域日益成熟。随着课程评价领域的发展，早期聚焦活动总结的视野逐渐拓宽，转变为综合性、科学化的课程评价。

一、超越活动总结——幼儿园课程评价内涵的发展

评价是人类的一种认识活动。与认识世界“是什么”的认知活动不同，评价是一种以把握世界的意义或价值为目的的认识活动。它所要揭示的不是“世界是什么”，而是“世界对于人意味着什么”“世界对人有什么意义”。顾明远的《教育大辞典》中将课程评价定义为检查课程的目标、编订和实施是否实现了教育目的，实现的程度如何，以判定课程设计的效果，并据此做出改进课程的决策。《国际课程百科全书》指出，课程可以包括教育经验的设计、需要、过程、材料、目标、环境、政策、各类支持措施以及结果，因此课程评价是收集资料并对以上部分进行价值判断的过程。

21 世纪之前，我国幼儿园课程评价方式大致以活动总结为主。新世纪伊始，课程评价超越活动总结，其内涵不断拓展与深化。

（一）2000 年之前的幼儿园课程评价：聚焦活动总结

在西方，幼儿园课程一词指的是学习计划、活动、学校科目、材料及学习的

① 富兰．变革的力量：透视教育改革［M］．中央教育科学研究所，加拿大多伦多国际学院，译．北京：教育科学出版社，2004：序．

主题等，课程被定义为影响儿童的所有与学校有关的经验。① 美国幼儿教育协会（简称 NAEYC）将幼儿园课程定义为："一种有组织的框架，它描述了儿童应学习的内容、儿童达到规定课程目标的过程和为帮助儿童达到这一目标教师所担负的责任，以及教与学所发生的环境。"②

在我国，"课程"一词从 20 世纪初开始就被幼教界普遍使用，并且在不同的时期有不同的定义。我国幼儿教育家陈鹤琴先生尽管没有明确给出幼儿园课程评价的定义，但他强调：幼儿园应该给儿童一种充分的经验，这种经验的来源有二：一是与实物的接触，二是与人的接触。应该把儿童能够学而且应该学的东西有选择地组织成系统，应该以儿童的两个环境——自然环境和社会环境——为中心组织幼儿园课程。③1926 年，张雪门通过社会调查、参观访问，拟定了"幼稚园第一季度课程"，并在《新教育评论》上发表，引起同行的注意，随后逐渐完善了"生活即教育行为即课程"的行为课程观。

1982 年，唐淑、赵寄石等在《学前教育研究》等期刊中再次重新使用"课程"这一概念。至此，"学前课程"正式出现在我国幼儿教育学术史上，但并没有引起实践界的足够重视。

这一时期，课程内涵逐步得到充实，教育者们开始注意用联系的和整体的观点去考察课程。如课程是"每门科目本身的教材结构、教学规律和各门科目之间的相互关系"，"学前课程是反映幼儿园某一科目的教育、教学客观规律的总体结构，或是反映幼儿园整体教育客观规律的总体结构"。④ 学前课程的含义从单科的教材、教法向幼儿园教育整体发展，由强调单科的教材结构、教学规律向强调幼儿园教育的整体结构转移。

1989 年颁布的《规程（试行）》提出，教育应"促进每个幼儿在原有水平上发展"的理念，初步提出了发展性评价的概念，指出幼儿园必须建构适宜儿童发展的课程。但在 20 世纪 80 年代到 20 世纪 90 年代，"学前课程就是幼儿园科目"的观念仍占主导地位。课程评价基本等同于不同科目的活动评价，以活动总结、

---

① ARCE E M. Curriculum for young children［C］. Columbia：Delmar. 2000，13.

② ARCE E M. Curriculum for young children［C］. Columbia：Delmar. 2000，20.

③ 陈鹤琴 . 怎样做幼稚园教师［M］. 上海：华东师范大学出版社，2013：95-96.

④ 唐淑 . 我国幼儿园课程结构改革概述［J］. 早期教育，1990（11）：2-3.

评课等形式出现在幼教实践中。例如，幼儿园数学教育活动评价、语言教育活动评价、美术教育活动评价等。

当时，活动观摩（听课）和活动总结（评课）是幼儿园教研活动最常见、最重要的一种方式，也是促进教师专业成长的有效手段。听课，即参与公开课的其他教师进行随堂观摩，在了解执教教师教育目标、教育内容的基础上，观察儿童的反应，思考执教教师教育行为的适切性。评课，即全体人员就执教教师的教学观念、活动准备、活动过程、儿童表现等进行探讨和分析。

可以说，早期的中国幼儿园课程评价的主要特色就是集体教学活动总结与评价。必须承认，活动总结（听课和评课）具有特殊的优势，可以促进教师教学能力发展，并且成为幼儿园管理者开展教师考核的重要依据。

具体来看，活动总结作为评价方法的优点包括：首先，评课活动直接源于教师的日常教学实践，因此评课活动的成效更有可能被教师运用到新的实践中去。其次，听课活动可以促进教师反思自己的教育行为和理念。在评课环节，听课人员可以听到执教教师的解释和说明，从而对教学活动有更加全面、深刻的理解；执教教师在与专家和其他教师的平等交流中更新教育观念，重构教学理解，从而重塑教学行为。教师在讲课、听课和评课的过程中通过比较、借鉴，与其他教师碰撞、对话，深度反思、自我改进，从而实现专业成长。

这种研讨型的公开听课与评课可以增进教师间的交流与合作，构建学习共同体。① 正如佐藤学所说："对教学的反思和经验的相互交流是每位教师成长的食粮。"② 不过，当时我国幼儿园的听课、评课活动中仍存在流于形式、浮于表面、止于活动、忽视游戏等主观问题。1999 年的《学前教育研究》刊发了长沙市的幼儿园教育活动评价标准研制的过程和具体内容。③ 随后，关于幼儿园听课、评课如何进一步科学化、规范化这一议题也逐渐成为幼儿园课程评价的内容之一。

---

① 沈俊，严文琪，宋云梅．幼儿园研讨型公开课存在的问题及其解决对策［J］．学前教育研究，2011（3）：38-40.

② 佐藤学．静悄悄的革命：创造活动、合作、反思的综合学习课程［M］．李季湄，译．长春：长春出版社，2003：17.

③ 张洁．长沙市幼儿园教育活动评价标准研制简介［J］．学前教育研究，1999（3）：24-26，57.

（二）2000 年之后的幼儿园课程评价定义

2001 年 9 月，教育部颁布的《纲要》将教育评价作为与总则、教育内容与要求、组织与实施相并列的四个基本领域之一，对其进行了专门阐述。《纲要》第四部分围绕幼儿园教育评价，提出了评价的发展性、合作性、标准的多元性以及多角度、多主体、多方法、重视过程、重视差异等原则。① 随着《纲要》的颁布和课程理论的丰富，课程评价进入了科学发展的阶段，逐渐超越单一的活动总结模式，形式与内容都日益多样化。

2000 年，关于幼儿园课程评价主题的论文共 3 篇，2012 年达到了 20 篇，2022 年达到 81 篇。当代课程学者对幼儿园课程的不同定义大致可分为三大取向：学科取向、经验取向和活动取向。其中，对我国幼儿园课程评价实践影响较大的是经验取向的课程观。虞永平提出了经验取向的代表性观点："幼儿园课程是从幼儿身心发展的特点和特定的社会背景出发，且是有目的地选择、组织和提供的综合性的、有益的经验。" ② 幼儿园课程被定义为幼儿园中影响幼儿的所有经验，是帮助幼儿获得有益的学习经验、促进其身心全面和谐发展的各种活动与体验的总和。

幼儿园课程评价就是对幼儿园课程方案、课程实施以及课程效果，从量化评估和质化评估的角度做出价值判断的过程。幼儿园课程评价主要包括课程方案评价、课程实施评价、课程效果评价三个部分。幼儿园课程评价涉及探索课程的编订和实施是否符合教育目的和儿童特点的要求，课程的实施是否收到了预期的效果，以及课程在什么方面需要改进等。

这一阶段，学前教育者对课程评价有了更加全面的认识，从相对单一的活动总结与评估走向量化与质化结合，指向课程不同阶段、不同要素的广义课程评价观。

二、幼儿园课程评价的理论意义

作为幼儿园教育工作的重要组成部分，课程评价是幼儿园教育活动的重要反

① 教育部基础教育司 . 幼儿园教育指导纲要（试行）解读［M］. 南京：江苏教育出版社，2002：257.
② 虞永平 . 学前课程价值论［M］. 南京：江苏教育出版社，2002：28.

馈机制，是深化课程改革、提高教育质量的必要手段。课程评价是课程建构的重要环节，既可以看作现行课程运作的终点，也意味着新课程的起点，伴随着课程发展的全过程。总体来看，幼儿园课程评价具有引领课程变革、促进儿童发展、提高学前教育质量等意义。

（一）幼儿园课程评价具有引领课程变革的意义

课程的定义影响着课程评价的内涵。事实上，课程和评价是一枚硬币的正反两面。当我们认识到课程应当有何种追求时，也是对什么是好的课程做出了一定的回答。幼儿园课程评价是组织课程实施的起点和终点。幼儿园课程结构有无调整的必要和空间，课程思路是否科学严谨，课程实施的效果如何，有没有切实促进幼儿发展及教师专业成长，这些都需要通过课程评价来加以确认。

因此，幼儿园课程评价首先具有引领课程变革的意义。斯克里文提出形成性评价和总结性评价。形成性评价是课程在实行或实施过程中的评价，这种评价的结果可以用于改进、修订和发展课程；总结性评价是课程在实行或实施告一段落以后的评价，这种评价具有综合检验性质。课程评价包括了课程的诊断与修订，找出课程的优缺点并且为修订提供建议。通过课程评价，幼儿园还可以对不同的课程方案进行价值判断，并且结合需求进行课程选择。通过幼儿园课程评价，幼儿园还可以判断课程目标的达成度，全面判断课程实施的效果。

（二）幼儿园课程评价具有促进儿童发展的意义

幼儿园课程评价的终极目标是为了每一个儿童的身心和谐发展，为儿童一生的学习与发展奠定良好的基础。幼儿园课程评价目标包括评估儿童的需要，作为为儿童开发课程的依据、课程效果的实证依据，以及评估儿童的发展水平。课程评价必须从倾听儿童的声音开始，鼓励儿童文化与成人文化共生互济，让儿童的原初文化与整体经验重返儿童的学习生活。①

儿童像一颗阳春三月正在萌芽的种子，每天都在生长。幼儿园课程评价的目的不是为了将幼儿分出优劣或排序，而是为了幼儿个体生命的发展。课程评价建立在充分尊重幼儿生命价值和幼儿个体需要的基础之上。例如，许多幼儿园的一

---

① 钱雨. 儿童文化论［M］. 济南：山东教育出版社，2014：197.

日活动流程是开学初就规定好的，不能根据幼儿的需要灵活调整。一位教师在笔记里写道："吃完点心后，孩子们很想去自由活动，可一日流程规定了这个时间我们班必须去美术室，只好按照计划来。"① 因此，幼儿园课程评价的内容要考虑幼儿生活的丰富性和完整性，使课程评价真实地反映幼儿个体生命的体验与需求。

（三）幼儿园课程评价具有提高学前教育质量的作用

1995 年，美国幼儿教育协会在广泛听取和吸收幼教专家和实际工作者意见的基础上，制定了《适宜于 3 ～ 8 岁儿童的课程内容与评价指南》，清晰地指出了课程评价的目的，主要包括三个方面：

1. 为教学服务和为与家长交换意见服务提供指南，通过观察儿童，对课程进行调整和改进，促进儿童的学习、发展与自我评价，同时与家长进行交流。
2. 通过一些测试识别有特殊需要的儿童。
3. 判断幼儿园教育工作的质量，看幼儿园的教育工作能否满足家长和儿童的需求。

课程评价是事实与价值判断的合体，是课程价值的发现和教育意义的创造。课程评价应起到发现课程价值、创造课程价值，并为学前教育价值的实现保驾护航的作用。价值判断，可以确立教育目标，预测和评判什么样的经验符合儿童的生长需要；在课程实施的过程中，可以检验已经实施的课程是否满足了儿童的需要；最终，通过比较、判断与分析，反思课程是否提升了学前教育的质量。幼儿园课程评价的最终价值就是在反思中不断提高我国幼儿园教育质量，切实促进每一个儿童和谐、健康、全面发展。

三、幼儿园课程评价的内容和原则

（一）幼儿园课程评价的内容

幼儿园课程评价的内容非常宽泛，涵盖幼儿园所有的保育教育活动，覆盖幼儿园一日生活的整体。幼儿园课程评价内容包括三大方面：对课程方案的评价，

① 钱雨."课程游戏化"：童年的诗性旅程［J］.教育发展研究，2021（2）：58-63.

对课程实施过程的评价，对课程效果的评价。

1. **课程方案评价**

幼儿园课程方案评价是指评判幼儿园课程方案是否依据科学原理或理论，课程方案的结构是否合理，各个课程要素是否高度一致，能否促进幼儿全面和谐发展等。

评价课程方案是评价后续课程实施与效果的基础。课程方案的评价依据一定的评价目的，根据教育活动和评价活动的一般规律，对评价的内容、范围、方法、手段和程序等方面加以规范。评价标准是评价课程方案的核心内容，它规定评价活动评什么，不评什么。课程方案评价中最关键的工作就是评价标准的制定，很多评价方案是由评价标准组成的。评价标准通常有两种形式：其一为指标体系，其二为概括性问题。其中，评价指标体系是最常见的表述形式。指标是一种具体的、可测量的、行为化的评价准则，是根据可测量或可观察的要求而确定的评价内容。

除了对幼儿园课程方案进行整体评价，也可以就某个领域的课程方案提出评估建议。如针对当前幼儿园健康教育课程展开评价，通过调查、评估健康教育课程内容，优化健康教育课程评价结构，为幼儿的健康发展创设良好的课程活动环境。

除了领域和学科的课程方案评估，还可以对一个教学活动的具体方案展开评估。幼儿园教学活动方案可以通过目标、内容、教师、幼儿这四个相互关联的要素来评价。目标评价主要是考察目标的年龄适宜性、可落实性、和谐性以及目标实际的达成度；内容方面考察内容的年龄适宜性、与目标的一致性、科学性、生活性、相关环境材料的适宜性以及内容实际的完成情况；从教师角度考察教师讲解的适宜性、教学策略的适宜性、对幼儿的关注度、评价的适宜性；从幼儿角度考察幼儿的投入程度、互动机会、面临的挑战，以及幼儿的学习习惯。① 而后面两个项目已经涉及了幼儿园课程实施的评价。

从以上研究可以看出，近年来幼儿园课程方案评价的研究日益受到关注，开始探索建立幼儿园课程方案评价指标体系，取得了一定的成果。但是，由于研究者知识、时间、精力等的限制，这些课程方案的评价指标与标准在信效度、客观

---

① 虞永平 . 幼儿园教学活动的评价［J］. 早期教育，2005（3）：8–9.

性等方面仍然存在一定局限。

2. 课程实施评价

幼儿园课程实施评价是指对幼儿教师有目的、有计划为促进幼儿发展而组织的一日活动进行合理的价值判断。它是保证幼儿园活动正常进行的必要管理手段，也是幼儿教育质量的重要提升手段。

过去，幼儿园课程实施评价的主要形式是活动总结，如听课与评课。传统的听课与评课有不少问题。叶澜认为："一节好的公开课应该是平实的课，是常态下的课，课堂应实实在在，不管谁在听课，教师都要做到旁若无人，心中只有学生。"① 但在个别幼儿园，公开课是某种表演，是失真的日常。个别幼儿园把研讨课或者公开课视作评价教师的方式，教师则把公开课当作展示自我的舞台，最后展现在听课者面前的往往是一节精心准备、反复排练的"演出"。有些教师甚至在上课前向儿童教授正确、固定的答案，或者遴选聪明乖巧的儿童，展现课堂最好的一面。这是一种扭曲的课程实施现象，把课程实施评价看作表演，阻碍儿童和教师的发展。

在一些评课的过程中也会出现形式主义的现象，如听课者往往被动发言，或者碍于情面挑好的说，营造皆大欢喜的局面。形式主义使任课教师和听课教师无法看到儿童最真实的反应，也不能就存在的问题展开讨论，因此不能充分发挥评课应有的作用。例如，在区域活动评价中，最常见的现象是教师通常在活动结束后花 5 ～ 10 分钟讨论幼儿在区域活动中的常规和表现，评价形式固定、单一，但总结内容并未对幼儿发展起到积极作用。

《纲要》指出："幼儿园的教育活动，是教师以多种形式有目的、有计划地引导幼儿生动、活泼、主动活动的教育过程。教育活动的组织形式应根据需要合理安排，因时、因地、因内容、因材料灵活地运用。"幼儿园活动的范畴很广，包括了幼儿一天的全部活动：运动、游戏、生活、学习（区域活动、集体教学活动等）。随着对学前教育质量的关注度不断提升，越来越多的学者不再局限于从理论上去探讨幼儿园活动评价，而是研究幼儿一日生活活动各个环节的评价，如幼儿游戏活动评价、幼儿区域活动评价、各领域教学活动评价（如美术活动评价、音乐活动评价）等。

① 叶澜 . 什么样的课算一堂好课［J］. 福建论坛（社科教育版），2005（11）：4-6.

20世纪末，在以活动总结为主的课程实施评价中，许多学者已经开始研制幼儿园活动评价标准，强调在评价活动内容时注重活动目标设置的层次性，注重评价过程中的发展性与挑战性等。探索幼儿园一日活动过程质量的评估，引导和激励教师重视一日活动的各环节，对幼儿的发展有着积极的意义。在幼儿园课程实施评价中，幼儿园可以利用相应的评价技术和方法对教师组织的一日活动全过程（从来园到离园）中各要素的整体结构及效果给予价值判断。

幼儿园课程实施评价往往和课程目标的设置相联系。科学制订的目标可以作为幼儿园课程实施评价的依据。师幼互动是幼儿园课程实施评价的重要内容。国际广泛运用的CLASS、ECERS等量表中包含了大量师幼互动的指标，涉及了教师的态度与行为，如对儿童的控制程度、管理方式、教育机智和技巧，以及师生互动的质量与学习环境（条件和利用方式等）等。

为使幼儿园课程实施走向规范化、科学化，促进幼儿和教师共同发展，必须对幼儿园课程实施评价给予充分关注，建构起合理的评价体系，审慎思考课程实施评价的原则与评价要素。

幼儿园或一个专业学习共同体中可以设立自己的课程实施评价标准，引导教师从教学目标、教学内容、教学组织、师幼互动等几个维度进行活动评价。如评价教学目标，可判断活动目标设置的科学性、准确性，是否符合儿童年龄发展特点。幼儿园在实施课程评价前还应确定评价目标，就某个核心话题进行深入探讨，不仅能加深教师对某个问题的理解，还能避免评价过程流于形式、过于呆板。此外，幼儿园还可以通过专题的形式进行课程实施评价，由浅入深地探讨同一个专题，加强不同课程实施评价的连贯性和延续性。在课程实施评价中，参与者应该避免拘囿于活动细节与表象，而应对这些细节背后的深层观念进行反思与评价，如活动设计背后的儿童观、课程观、知识观等。

3. 课程效果评价

幼儿园课程效果评价包括儿童通过课程实施后的各个领域的身心发展状况，发展状况与课程目标的符合程度，产生的非预期结果，教师的变化和提高等。①具体的教学活动效果评价也可以结合活动目标达成度、内容完成度、幼儿参与态度、幼儿参与广度等开展教学效果评价。

---

① 冯晓霞．幼儿园课程［M］．北京：北京师范大学出版社，2001：114.

好的课程效果评价应该客观评估幼儿和教师在课程实施后的变化，并进行对照和比较。在课程效果评价的过程中，应当允许教师、儿童和家长彼此信赖，各抒已见，勇于接纳不同的观点。高质量的课程效果评价对于促进儿童身心和谐发展，推动课程方案变革，提升教师课程领导力，诊断幼儿园教学问题和提升幼儿园教学质量具有重要意义。

（二）幼儿园课程评价的原则

在开展幼儿园课程评价时，要坚持发展性原则、适宜性原则、主体性原则和科学性原则。

发展性原则体现在课程评价的目的是促进幼儿、教师以及幼儿园教育质量的发展，尤其是幼儿的全面发展。教师应用发展的、积极的眼光看待幼儿，审视幼儿园课程对幼儿发展的作用。在课程评价的过程中，课程评价的指标、方法也要与时俱进、不断完善。在成人文化的主导下，当前有些课程实施过分追求教学目标的完成度，忽视了幼儿在教学活动中不断生成的探究与创造欲望。在这种“机械性导向的课程中，目标是固定的，而且先于教学过程而确定；目标一旦设定，便要贯穿整个课程”。① 弗莱雷认为，“压迫者与被压迫者关系中的基本要素之一是规定”，规定者试图改变受规定者的意识，把自己的选择强加给受规定者，使之与自己相一致。② 过分追求结果、路线和效率的课程开发，其本质是反儿童、反教育的。

适宜性原则体现在课程评价要考虑幼儿以及幼儿园的实际情况，制定适宜性的评估标准。适宜性包括了方法的适宜性与文化的适宜性。课程评价的形式和内容可根据课程实施的实际情况进行调整，考虑幼儿在自己原有水平上的发展，考虑幼儿园的环境以及拥有的资源等。每个幼儿的文化背景和发展水平是有差异的，评价者应避免用同一把尺子丈量所有幼儿。评估不同地区课程质量与儿童发展的方法也要因地制宜，具有文化适宜性。

主体性原则体现在教师在评价时要从幼儿、家长的角度出发，不能仅仅从管理者或者教师的角度去解读幼儿的行为，应该重视幼儿等相关主体在评价中的主体性地位。所有的课程利益相关者都有权利参与课程评价，发挥主体性作用。

---

① 钱雨．“课程游戏化”：童年的诗性旅程［J］．教育发展研究，2021（2）：58-63.

② 保罗・弗莱雷．被压迫者教育学［M］．顾建新，赵友华，何曙荣，译．上海：华东师范大学出版社，2001：25.

科学性原则体现在用科学的方法，开展科学的幼儿园课程评价。早期课程总结时期，评价的内容比较主观、方法较单一。随着课程评价科学的演变，建立科学的评估体系，采用科学的评估方法，能够促进学前教育质量健康、持续发展。

四、幼儿园课程评价的模式与方法

（一）我国幼儿园课程评价的主要模式

20 世纪 80 年代末，随着课程评价逐渐成为我国课程研究的重要领域，课程评价模式也成了国内关注的热点。课程评价模式是评价人员或研究工作者依据某种教育理念、课程思想或特定的评价目的，选取一种或几种评价工具所建立的评价体系，对评价的要素、实施和分析做了基本的说明。

西方从 20 世纪 60 年代就开始探索课程评价，形成了各具特色的课程评价模式。施良方在《课程理论——课程的基础、原理与问题》中，对目标评价模式、目的游离评价模式、差距评价模式、CSE 评价模式、自然探究评价模式等 7 个常用的评价模式进行了详细介绍。国际学者研究的评价模式可以分为技术性范式、实用性范式、批判性范式、综合性范式四类。①

当前，较有代表性的幼儿园课程评价模式包括“目标模式”“CIPP 评价模式”“回应模式”和“差距模式”。

1. 幼儿园课程评价的目标模式

课程评价的目标模式的代表是美国学者泰勒。泰勒认为，教育目标的建立是课程设计最重要的工作，目标引导整个课程设计过程。评价则需按照目标，设计搜集资料的方法，确定目标达成与否。如果目标已达成，整个课程方案便算成功，否则即为失败。

在泰勒的课程评价模式中，每一个步骤都与目标紧密联系，这些目标都以具体表现在学生身上的可测量的行为目标为主，评价的操作性和针对性很强。目标模式的缺点在于受预期目标的束缚，忽略了未预期的目标。此外，目标模式重视显性功能的评价，忽略潜在功能的评价。并且，目标模式倾向于把评价作为一个课程发展的最后阶段，也就是诊断性评价，并没有把评价贯穿于课程研究的

① 钟启泉 . 现代课程论［M］. 上海：上海教育出版社，1989：399–406.

始终。①

2. 幼儿园课程“背景、输入、过程、结果”评价模式（Context—Input—Process—Product，也称 CIPP 评价模式）

该模式由美国评价学者斯塔弗尔比姆提出，他认为评价不应局限于确定目标的达成度上，应为做出某种决策而描述、获得和提供有用的信息。同泰勒模式相比，斯塔弗尔比姆强调了评价最重要的目的不是证明，而是改善。CIPP 模式克服了泰勒评价模式的片面性，对教育过程进行全面的评价，因而可以比较准确地了解课程在哪些方面是恰当的，在哪些方面还存在问题。

由于研究者的主要目的不在于对课程做出最终的判断，而是为课程的决策者提供有用的信息，所以研究者可以用一种比较客观的眼光来看待评价对象，尽可能全面地描述和分析研究对象的特征，为教育决策者提供更有效的信息。CIPP 评价模式更加符合我国课程评价研究者日益重视课程评价“过程性”和“形成性”的思想。

3. 幼儿园课程评价的回应模式

回应模式又称外观评价模式，由斯塔克于 1967 年提出。斯塔克认为，目标评价模式忽视了教育的前提条件和相互作用以及这些因素对教育的影响，而回应模式从前提条件、相互作用、结果三个方面收集有关课程的资料，并对其进行描述和评判。与 CIPP 模式相比，回应模式关注的不是课程的决策者，而是课程本身。评价应该向听取评价结果的人提供他们所关心的信息，因此评价者应该充分了解那些人所关心的问题。回应模式更关注评价课程的活动与过程，而非课程的目的与结果；更关注非正规的、自然的交流与评价，而不是正规的、标准化的评价；更关注对课程的描绘，而不注重考试分数、标准和目标等方法意义上的客观资料。

4. 幼儿园课程评价的差距模式

这一模式由普罗沃提出。他认为，学校在课程实践中，往往不是完全地执行课程计划，而是有所偏离。因此，他提出了差距评价模式，其目的在于将设计的课程标准与实际的课程表现加以比较，找出彼此之间的差距，找出造成差距的原因，并以此作为改进课程的依据。

---

① TYLER R W. Basic principles of curriculum and instruction［D］. Chicago：University of Chicago，1949：105-106.

（二）我国幼儿园课程评价的主要方法

在我国幼儿园课程评价方法的演变中，存在着从定性评价到定量评价，最终走向定性评价和定量评价相结合的趋势。当前的评价方法体现了过程取向、定性与定量结合评价的趋势。

1. 幼儿园课程评价的质化评价方法

我国幼儿园课程评价中常见的质性评价方法包括档案袋评价、学习故事、案例研究与观察记录、听课评课等。

档案袋评价。这是指教师有目的、有计划地选择、收集幼儿作品，展示幼儿在一段时间内各领域发展的成果，以有效促进幼儿在知识、技能与态度、情感、价值观等诸方面发展的评价方式。它符合现代教育评价“强调评价的目的不是为评价而评价，而是为发展而评价”的理念。

当前，有些幼儿园在使用档案袋进行评价的过程中存在不少问题，如重结果、轻过程，对幼儿作品的选择存在盲目性，对幼儿作品缺少必要的说明，档案袋评价结果构成不全面等。作为一种发展性评价，档案袋评价要想达到促进幼儿发展的目的，教师必须有目的地选择幼儿作品，对作品进行解释和说明，并依据幼儿的档案，支持幼儿在最近发展区发展，逐步纠正不正确的观念与做法。当前，急需为儿童档案袋评价建立明确、科学、可行的标准。

学习故事。起源于新西兰的学习故事关注幼儿学习的过程，重视幼儿在学习中展现的学习品质，强调幼儿学习过程中的“哇——”时刻。学习故事旨在引导教师在真实的情景中捕捉幼儿的闪光点，发现幼儿的积极体验，关注幼儿活动中的兴趣点，记录幼儿学习过程中的“魔法时刻”。学习故事试图刻画一个整体发展着的、独一无二的儿童，体现了儿童和周围环境（人、物、事件）之间的关系，折射了家庭和社区在儿童学习发展中的作用。此外，学习故事赋予儿童力量，让他们明白自己是有能力、有自信的学习者和沟通者。

这种建立在观察基础之上的叙事记录，基于教师的日常教学实践，基于幼儿的优势与兴趣，基于幼儿良好的学习品质，帮助教师树立起一种正向的评价观，从而以更加积极的心态去鼓励幼儿、欣赏幼儿、发现幼儿，弥补了教师评价幼儿学习与发展的不足之处。

案例研究与观察记录。这是幼儿园课程评估实践中应用比较广泛的一种形式，也是幼儿园课程评价与管理的重要手段。和学习故事不同，它主要通过教师对集体教学活动、主题活动、区域活动、生活活动等幼儿活动、游戏的某一个片段进行记录与分析，并提出解决问题的策略，从而不断改善课程实施的效果、推进幼儿的发展。课程评价的目的是优化课程，需要教师在活动中评价幼儿的兴趣、能力等是否能达到预期，分析幼儿的学习与发展是否得到有效的推进，检视课程设置是否科学合理等。要收集与这些指标相关的信息，就需要教师展开深度观察，获取有价值的幼儿行为表现，为科学评价提供证据支持。例如，流动的儿童和开放的区域对课程评价提出了新的挑战，如何有效评价区域活动成为很多学者探讨的焦点。幼儿园区域活动评价要坚持常态化原则、动态性原则、多主体原则、方法多元化原则等。在评价时，教师要以幼儿园各个活动区域为主要评价场所，采取“公正、公平”的眼光，以儿童的视角来评估活动区域的成功与不足。

听课评课。这种活动总结法是我国幼儿园课程评估的传统方法，不能一味地摒弃，而是需要不断改进和超越。早期的活动总结存在很多不足，如过于主观，缺乏科学客观的标准，评价时往往对教师组织教育活动中最有印象或最感兴趣的某一环节（某些环节）进行讲评、发表看法，可能导致评价片面。此外，有些评价者以教师在教育活动中表现的技能、技巧（组织能力及本身的特质）为主要标准，忽视幼儿在教育活动中是否情绪愉快、主动积极等，不注重全面衡量师生间的“双边活动”。新教师在评课时往往很难对活动进行科学把握，常常会通过自身的兴趣和经验来对活动做出判断。

常见的评课可以分三种：第一种情况是教师认为“言多必失”“沉默是金”，从而不敢或不愿发表观点；第二种情况是教师愿意发表意见，但是努力和权威保持一致，不愿发表真实想法；第三种情况是教师彼此平等，可以发表真实想法，敢于提出质疑。① 如何营造宽松、自由、健康的评课氛围？

教师专业成长的过程是“实践—反思—再实践—再反思”的循序渐进的过程，评课应该为教师下一阶段的发展提供指引，在评课中发现问题，在实践中完善。在把评课作为教师考评手段的幼儿园中，教师往往视课程评价为活动总结、

① 秦元东．幼儿教师在对话、反思与评价中不断成长：通过评课促进幼儿教师专业化成长的一种尝试［J］．学前教育研究，2005（5）：37-38.

工作考核。幼儿园可以通过制定评课标准、确定评课目标、进行专题评课等方式提升评课质量，提高评价的深度。

借助同伴互助，高质量的听课评课可以促进课程方案和课程实施经验的交流分享，让教师通过再现课程实施过程梳理课程实施经验，相互学习与促进。借助专家引领，高质量的听课评课也可以帮助教师进行必要的课程分析与诊断，通过评课的经验分享，助推课程策略的调整与改进。在这个过程中，一方面，教师通过自我研判，总结梳理经验，在同伴分享中互相启发、互相借鉴，实现共同提高；另一方面，通过同伴互助，在促进自身专业成长的同时，形成互相协作的教研文化。

此外，幼儿园课程评价常见的质性评价方法还包括研究儿童视角的马赛克法、照片引谈法等。

2. 幼儿园课程评价的量化评价方法

幼儿园课程的定量评价使用的典型方法有观察、访谈、作品分析、问卷调查、量表测查等。幼儿园课程评价的量化评价主要采用数据收集法，并进行规范的测量与分析。

2022 年 2 月，教育部印发《幼儿园保育教育质量评估指南》，聚焦幼儿园保育教育过程及影响保育教育质量的关键要素，围绕办园方向、保育与安全、教育过程、环境创设、教师队伍 5 个方面提出了 15 项关键指标和 48 个考查要点，旨在引导幼儿园全面贯彻党的教育方针，落实立德树人的根本任务，尊重幼儿的年龄特点和发展规律，坚持保育教育结合，以游戏为基本活动，不断提高幼儿园办园水平和保教质量。有研究者基于《指南》，研制了学前教育质量评估量化工具。① 当然，《指南》的颁布也提醒评估者，不能仅仅关注量化评估，还要注重过程评价、关注教育现场。

国际还使用《学前儿童观察记录量表》（COR），教师依据对幼儿的观察记录，对照 COR 的评分标准，根据幼儿在每个观察项目上的得分，将幼儿分为五种水平。成人记录他们对幼儿的观察，这些记录被称为轶事，轶事记录的重点是幼儿的所做及所说。教师可以根据对幼儿的观察记录对幼儿进行评分，判断幼儿

---

① 黄瑾，李琳，程春阳，等.《幼儿园保育教育质量评估指南》背景下区域学前教育质量评估工具编制研究［J］. 幼儿教育，2022（21）：14-19.

处于观察项目的哪个水平，以支持和引导幼儿的发展。评价者可以根据 COR 中所列的观察项目决定每天的观察重点，并根据当日的观察记录为第二天的活动制订计划，从而更好地促进幼儿发展。

西方著名的《幼儿学习环境评量表》(ECERS)在 2015 年被翻译为中文并出版，包括了针对托育机构的《ITERS-R 婴儿学习环境评量表》，以及针对幼儿园阶段的《ECERS-R 幼儿学习环境评量表（修订版）》。前者包括 7 个子量表，可以评量婴幼儿教育环境中的卫生和安全设施，通过语言及活动所提供适切的刺激，以及友善、具有鼓励性的互动。量表采取七级评分的办法：1 分（不足）、3 分（最低标准）、5 分（良好）、7 分（优良）。此外，《ECERS-E 幼儿学习环境评量表（课程增订本）》则着重于“读写能力”“数学”“科学与环境”“幼儿教室布置的多样性”“师幼互动”等的核心课程领域，包含四个课程子量表，可评量幼儿园为儿童创设的课程和环境。

五、我国幼儿园课程评价的发展趋势

（一）评价主体从单一主体到多元化主体

20 世纪末，我国幼儿园课程评价基本上还是一种自上而下的单向性评价，评价主体单一。从理论上来说，课程评价主体应该有各种不同类型的人员（如课程专家、管理人员、幼儿以及家长等）的参与，特别是教学第一线的人员的加入。以往幼儿园课程评价大多是以教育管理部门和专家的评价为标准，体现了从上到下的科层制管理理念。

幼儿园课程评价主体的单一化，不利于课程改革的有效进行，不利于教育事业的正常发展。譬如，课程评价的目标、手段、方法以及课程方案的调整的权力主要集中在教育行政部门和幼儿园管理人员手中，教师仍显得被动、力量薄弱；教师评价多由幼儿园管理者进行；幼儿发展评价多由教师评定；托幼机构教育质量的评价多由上级主管部门组织。近年来，评价主体逐渐拓展，教师、幼儿、家长和学者都可以作为评价者参与幼儿园课程评价。

1. 教师作为课程评价者

因为教师是幼儿园课程的主要设计者和实施者，所以教师理应成为幼儿园课程最重要的评价力量。教师的评价贯穿于幼儿园日常生活、活动过程之中，受制于教师的教育观和课程价值观。教师应该运用幼儿发展方面的知识，成为有效的评价者，做真实的观察者。

课程评价不是教学评比。有些幼儿园中，执教者会被定位为“被评价者”，观摩人员则是“评价者”。研究人员、幼儿园管理者、资深教师常常成为评课活动中的主要发言者，执教者的自我评价往往会被忽视。这样不仅会给新教师带来压力，还会使他们失去批判性思考的能力和机会。

教师间应当在平等的对话中开展课程评价。参与评价的主体必须相互学习，将对方视为平等的伙伴，将对方观点视为是有价值和值得讨论的；承认对方的观点在一定程度上也意味着对自己观点的质疑、批判与超越。评价主体也要敢于向他人和自己袒露真实的想法，这种评价需要建立专业发展共同体中合作、平等的教师文化氛围。

2. 幼儿作为课程评价者

幼儿园课程最终指向的是幼儿的发展，幼儿对自己的发展有自评和互评的权利。从这个意义上说，幼儿是最终的评价主体。幼儿应当有机会参与幼儿园课程评价标准的制定和参与课程评价的实施过程。近年来，越来越多的学者开始倡导赋予幼儿评价的权利。幼儿对知识的自我建构往往是其自主探索、合作交流、自评及互评的结果。教师应根据幼儿园课程目标的要求，从各领域中的认知目标、情意目标以及动作技能目标等层面给予幼儿更多的自评或互评机会。

幼儿的发展是通过与外界的交互作用形成的，针对幼儿在课程评价中严重缺席的现状，有研究者指出幼儿参与幼儿园课程评价的水平分为四类：作为数据的来源、作为积极的反应者、作为共同的研究者、作为研究者。

“马赛克方法”是英国学者艾莉森·克拉克提出的一种评价方法，把不同的视角结合在一起，以便教师和儿童共同创造一幅关于儿童世界的图景。艾莉森·克拉克认为，幼儿受到语言发展水平的制约，通常不是通过言语，而是通过情绪情感、行为反应和发展变化来“表达”自己的看法。针对儿童这一自我表达特点提出的“马赛克方法”强调儿童是自身生活的专家，观察评价应凸显儿童的参与性。①比如，和教师拍照相比，“马赛克方法”意味着将拍摄工具交给幼儿，

① 艾莉森·克拉克.倾听幼儿：马赛克方法［M］.刘宇，译.北京：中国轻工业出版社，2020：11-12.

由他们拍下照片，并以照片为载体与他人分享观点。这种评价方式可以确保幼儿的声音能得到重视。

3. 家长作为课程评价者

在幼儿园课程评价的过程中，家长是重要的评价主体。从某种意义上来说，家长用自己的方式一直在对幼儿园课程发表见解和看法，表达自己的满意程度。只不过许多时候，家长的观点不一定能得到足够的重视。

幼儿园可以把家长每日接送孩子时与教师的交谈作为评价方式，或者采用幼儿园课程书面评价及网络评价问卷相结合的评价方式。教师可以采用“家园桥”之类的张贴栏、亲子活动以及请家长到幼儿园“助教”，为家长提供参与幼儿园课程评价的平台。

由于家长的教育理念不一、家庭背景多样，且家长教育观念容易受到大众媒体和舆论的影响，因此，幼儿园有必要加强对家长的教育与指导。开展家长讲座、举办家长教育沙龙、提高对家长的开放度、邀请家长参与课程决策和课程评价等多种形式与途径，可以帮助家长形成正确的儿童观和科学的教育观，提高其评估幼儿园教育质量的能力，为其有效行使教育评价权利提供支持。①

4. 第三方评价者

许多学者和专业评估机构都开始积极关注幼儿园课程质量的评估，越来越多的学者开始探索建立幼儿园课程评价方案。当前，不同评价者之间的有机联系还需要进一步加强。有关教育管理部门应该联合学术机构、社会团体和个人，共同建构包括家长、社会群体、第三方中介、教育部门、教育专家等在内的专业、实用、广泛的多元评价主体联盟。

（二）评价方法日益科学化

传统的幼儿园课程评价以活动总结为主要形式，评价过程和结论相对具有主观性、随意性。西方多元、科学的幼儿园课程评价方法，为我国课程评价研究奠定了重要基础。20 世纪 60 年代后期，美国教育协会的斯克列文教授在《评价方法论》中首次提出形成性评价。20 世纪 70 年代初，布卢姆等人将这一概念扩展

① 原晋霞. 对把家长满意度作为幼儿园教育质量评价最主要依据的质疑［J］. 学前教育研究，2011（12）：6–9.

到课堂评价研究中，由此产生了与终结性评价相区别的形成性评价。形成性评价的最终目的是促进儿童的发展。其特点主要表现在：（1）评价目的的发展性；（2）注重评价的真实性；（3）评价主体多元化、评价方法多样化；（4）评价内容范围广泛。形成性或过程性评价不以区分评价对象的优良为目的，不重视对被评对象进行分等鉴定，重要的是获得有关教学的反馈信息，进而改善教学、促进儿童发展。

美国教育科学院于2002启动了“学前教育课程评价研究项目”（PCER），探究学前教育项目中各类早期教育课程对儿童入学准备的效果。课程评价团队研究了每种课程对学生5个方面的发展水平（阅读、语音意识、语言、数学和行为）和6个课堂水平（课堂质量、师生互动和4种教学方式）的影响。他们广泛采用了儿童评价、教师报告、课堂观察、教师访谈与问卷调查、家长访谈等量化与质性评价方法。① 该项目对我国的学前课程方案评价也具有重要参考意义。

在学前教育规模迅速扩大、发展水平不断提高的背景下，我国积极借鉴和吸收国外优秀经验，建立、健全了中国特色的学前教育课程评价体系，丰富了中国幼儿园课程评价的系列量表与标准。在《纲要》的引领下，幼儿园教育评价观发生了根本的转变，由竞争本位的、以分等排序为核心的评价观转向以人的发展为核心的评价观。以区域活动评价为例，区域活动包括对区域设置、材料的评价，以及对儿童学习过程和结果的评价。前者包括对区域设置、区域活动目标、区域活动环境、区域活动材料等进行的评价；后者包括对幼儿在区域中的目的性、计划性、积极性、常规性、同伴交往、如何解决问题以及学习作品等进行的评价。

随着活动总结转向科学的课程评价，幼儿园课程评价的方法日益规范和多元。在区域活动评价中，教师可以灵活使用不同的方法：幼儿自我评价——让幼儿记录参与活动的频次、活动成果和探索发现，并向其他幼儿或者家长讲述；生生互评——请幼儿对其他幼儿的作品进行评价，共享经验；教师观察评价——教师通过观察法、录像录音分析法、成长档案袋、制定活动观察评价表等方式进行观察、介入指导和评价。此外，还有成果展示法、家长评价法等。

① 钱雨．美国学前教育课程评价研究项目的背景、内容、实施及其启示［J］．学前教育研究，2011（7）：20–25.

总之，近二十年来，我国幼儿园课程评价的理念与实践已经发生了重大变化，评价取向从重结果向重过程转变，评价内容从重知识到全面发展，评价方法日益科学，评价主体日益多元。课程评价的目的不是评价本身，而是促进高质量的儿童发展与学前教育发展。

（本章作者　钱　雨）

第九章

CONG KECHENG GUZHUOHUA DAO
KECHENG SHENGHUOHUA

从课程固着化到课程生活化

“从教师的观点来看，学校中的各种课程代表着许多工作的资源和可以利用的资本。但是，这些课程远离儿童的经验并不是表面现象，而是事实。所以学生的教材和成人的公式化、定型化和系统化的教材，即书本中和艺术作品中的教材是不一致的，也不能一致。成人的材料是学生的材料的可能性，而不是学生的材料的现状。成人的材料直接成为专家和教师活动的一部分，而不成为初学者和学生的活动的一部分。不牢记由于教师和学生的不同观念所产生的教材的区别，乃是在使用课本和许多其他先前存在的知识的表现形式时所造成的大多数错误的根源。”① 反对课程从系统化、定型化的教材出发，重视依据儿童的经验和年龄特点对儿童实施教育是杜威的基本观点。

从 20 世纪 80 年代开始的幼儿园课程改革已经启动约四十年，至今仍方兴未艾。幼儿园课程改革的整体趋势，是在逐渐远离那种固着于教材的课程活动，幼儿园教师越来越善于发现儿童生活和身边资源中的课程资源，进行园本化或班本化的课程探索。

一、幼儿园生活化课程的源流

2012 年 9 月，《指南》颁布了。在《指南》的说明部分，指出“理解幼儿的学习方式和特点”，强调“珍视游戏和生活的独特价值”。《指南》的颁布，对幼儿园课程的生活化起到了积极的推动作用。但幼儿园的课程生活化并不是从《指南》颁布才开始的，远在一百多年前，幼儿园生活教育的探索就已经开始了。

教育必须和生活联系是许多教育学者的共同主张。卢梭在《爱弥儿》中指出，爱弥儿在十二岁前从经验中学习，而非从书本中学习；他从自然中学习，而

① 杜威．民主主义与教育［M］．王承绪，译．北京：人民教育出版社，2001：194.

非向成人学习。延续这种理念，自然主义学者尼尔创办了英国夏山学校，他认为学校应该让儿童自由管理，使儿童心理和情感都不受外来权威的管束。美国教育家杜威“教育即生活”的哲学主张对生活教育影响最大。

（一）杜威的生活教育理论

教育要关注的是儿童当下的生活。在《我的教育信条》中，杜威指出：“教育是生活的过程，而不是将来生活的预备。学校必须呈现现在的生活——即对于儿童说来是真实而生气勃勃的生活。象他在家庭里，在邻里间，在运动场上所经历的生活那样。不通过各种生活形式或者不通过那些本身就值得生活的生活形式来实现的教育，对于真正的现实总是贫乏的代替物，结果形成呆板而死气沉沉。”① 杜威在批判旧教育时又提到，旧教育的特点在于“学校的重心是在儿童之外，在教师、在教科书以及在其他你所高兴的任何地方，唯独不在儿童自己即时的本能和活动之中。在那样的条件下，就说不上关于儿童的生活”②。

儿童是学校教育的中心。杜威认为儿童的生活是课程设置的依据，儿童的社会生活是他的一切训练或生长的集中或者相互联系的基础。“学校科目相互联系的真正中心，不是科学，不是文学，不是历史，不是地理，而是儿童本身的社会活动。”③ 他反对那些忽视儿童学习的特点，把儿童的学习内容分科设置的做法，“我们由于给儿童太突然地提供了许多与这种社会生活无关的专门科目，读、写和地理等，而违反了儿童的天性，并且使最好的伦理效果变得困难了”④。

教育要与儿童的真实生活发生关联。杜威的“教育即生活”是针对美国教育脱离社会生活、脱离儿童生活的弊端而提出的，也是针对教育没能融入儿童生活这一弊端而提出的。杜威认为：“总是有一种危险，正规教学的材料仅仅是学校中的教材，和生活经验的教材脱节。永久的社会利益很可能被忽视。那些没有为社会生活结构所吸收，大部分这是用符号表现的专门知识，受到学校的重视。因此，我们有了这样一个通常的教育概念：这种概念忽视教育的社会必要性，不顾教育与影响有意识的生活的一切人类群体的一致性，把教育和传授有关遥远的事

① 杜威．杜威教育论著选［M］．赵祥麟，王承绪，编译．上海：华东师范大学出版社，1981：4.
② 杜威．杜威教育论著选［M］．赵祥麟，王承绪，编译．上海：华东师范大学出版社，1981：31.
③ 杜威．杜威教育论著选［M］．赵祥麟，王承绪，编译．上海：华东师范大学出版社，1981：6.
④ 杜威．杜威教育论著选［M］．赵祥麟，王承绪，编译．上海：华东师范大学出版社，1981：6.

物的知识，和通过语言符号，即文字传递学问等同起来。”①

杜威认为学校教育要与社会生活联系起来，但并不是完全的等同。学校应该是对社会生活的净化、简化与平衡。学校“这个特殊的社会环境有三个比较重要的功能：一是简化和安排所要发展的倾向的许多因素；一是净化现有的社会习惯并使其观念化；一是创造一个更加广阔和更加平衡的环境，使青少年不受原来环境的限制”②。

（二）陶行知的生活教育理论

作为杜威的学生，陶行知深受其影响，但他没有将杜威的观念原样照搬，而是根据中国的实际，提出了“生活即教育”的生活教育主张。陶行知曾对生活教育理论做过这样的总结：“从定义上说，生活教育是给生活以教育，用生活来教育，为生活向前向上的需要而教育 。从生活与教育的关系上来说，是生活决定教育。从效力上说，教育要通过生活才能发出力量而成为真正的教育。”③

陶行知的生活教育理论主张生活决定教育，教育是以儿童的生活为基础的。

与杜威将学校教育看作社会生活的简化、美化不同，陶行知将儿童的生活看作学校教育的基础。在陶行知看来，生活是教育的前提。他认为生活与教育是同一个事物，不是两个东西。“在生活教育的观点看来，它们是一个现象的两个名称，好比一个人的小名与学名。”④因此，“过什么生活便是受什么教育：过康健的生活便是受康健的教育；过科学的生活便是受科学的教育；过劳动的生活便是受劳动的教育；过艺术的生活便是受艺术的教育；过社会革命的生活便是受社会革命的教育。从此类推，我们可以说：好生活是好教育；坏生活是坏教育；高尚的生活是高尚的教育；下流的生活是下流的教育；合理的生活是合理的教育；不合理的生活是不合理的教育；有目的的生活是有目的的教育；无目的的生活是无目的的教育。”⑤“人生需要什么，我们就教什么。人生需要面包，我们就得受面包教育；人生需要恋爱，我们就得过恋爱生活，也就是受恋爱教育。依此类推，照加

① 杜威．杜威教育论著选［M］．赵祥麟，王承绪，编译．上海：华东师范大学出版社，1981：10.
② 杜威．民主主义与教育［M］．王承绪，译．北京：人民教育出版社，2001：23.
③ 陶行知，等．生活教育文选［M］．成都：四川教育出版社，1988：210.
④ 陶行知．陶行知教育文集［M］．成都：四川教育出版社，2017：279.
⑤ 陶行知．陶行知教育文集［M］．成都：四川教育出版社，2017：279.

上去：是那样的生活，就是那样的教育。”①

陶行知重视教育过程中儿童的身体力行。他认为儿童在各种具体的行动之中都是接受教育。“学校以生活为中心。一天之内，从早到晚莫非生活，即莫非教育之所在。一人之身，从心到手莫非生活，即莫非教育之所在。一校之内，从厨房到厕所莫非生活，即莫非教育之所在。”② 陶行知反对那种依赖于书本而脱离儿童生活经验的教育。他认为“从前是读死书，死读书，读书死！舍书本外无教育，所以造成许许多多‘书呆子’”③。

“生活即教育”强调生活决定教育，教育不能脱离生活。教育的目的、内容和方法都不能脱离现实社会生活和儿童生活。

（三）仓桥物三的生活教育理论

仓桥物三是日本幼教界儿童中心主义保育观的确立人，素有“日本幼儿教育之父 ”之称。仓桥物三分析日本幼儿园存在的问题，结合西方先进的教育理念，提出符合日本国情的学前教育方案——诱导保育。在诱导保育过程中，尊重幼儿是教师的基本理念，幼儿自身是活动内容的中心，符合幼儿生活节奏是学前教育的核心与关键。

仓桥物三非常重视幼儿园中的生活形态。这种生活形态接近儿童家庭生活风格，具有自由、松弛的特点，跟一般学校教育的快节奏、抓效率形成鲜明对比。仓桥物三强调在幼儿园生活形态中的先决条件是自由，他指出：“为了不妨碍将幼儿的生活置于真正幼儿生活的氛围中，其先决条件是在幼儿园生活形态中，尽可能多地赋予所谓的自由这一要素。说到自由，不仅仅对幼儿来说是理所当然的，对以幼儿为主要服务对象的幼儿园来说，也是理所当然的。”④ 为什么要注重幼儿园的生活形态呢？“这是因为生活唯有通过其形态才能发挥其真实的生活性。有生命的东西都是生活着的，然而，生物能否真像其那样地生活，则是受其所处的生活形态支配的。”⑤ 在尊重幼儿生活节奏的基础上，仓桥物三主张“以生活为

---

① 陶行知．陶行知教育文集［M］．成都：四川教育出版社，2017：226.
② 陶行知．陶行知教育文集［M］．成都：四川教育出版社，2017：146.
③ 陶行知．陶行知教育文集［M］．成都：四川教育出版社，2017：343.
④ 仓桥物三．幼儿园真谛［M］．李季湄，译．上海：华东师范大学出版社，2014：18.
⑤ 仓桥物三．幼儿园真谛［M］．李季湄，译．上海：华东师范大学出版社，2014：10.

基础，在生活中渗透教育，或者说是在生活中融入教育”。①

仓桥物三非常重视儿童实际生活活动中的教育价值。“在幼儿园中，每天都会遇到一些诸如早上要幼儿戴好帽子、饭前要洗手之类极其实际的生活问题。从狭义的教育角度出发，或许认为这些过于琐碎了，但我们坚持认为，必须对此始终如一地给予尊重。”②“幼儿园的实际生活可以分为两类，一类是对于幼儿个人来说是必要的实际生活，另一类是对幼儿园的集体生活来说是必要的实际生活。对这两种实际生活都必须予以尊重。作为幼儿自身的生活，如脱帽、饭后漱口、使用牙签、在沙坑游戏弄脏手后要洗手等，即使有的是在幼儿园之外也要做的事，但幼儿园也应当理所当然地予以重视。另外作为幼儿园集体生活的一些活动，如就餐时，为了大家一起吃饭，要有一些必要的行动，对这一类生活活动也必须列为保育的重点。”③

二、幼儿园课程生活化的特点

生活教育理念在幼儿园中的落地依赖于生活化的课程。这里的课程是“大课程”，包括儿童从早晨进入幼儿园到下午离开幼儿园之间在教师的引导下所进行的所有活动。从生活教育理念中吸取了营养的生活化课程具有鲜明的特性。

（一）生活化课程起源于儿童生活

生活化课程不是从现成的幼儿园教材中取材，从而使得不同地域、不同园所的同龄儿童都进行着一样的课程活动。课程生活化需要教师睁大眼睛，观察儿童的生活，以儿童的生活世界为中心和起点，逐步向外拓展儿童的经验。生活化的课程一定是园本化的课程，或者说一定是班本化的课程。这样的课程活动，由于每个儿童的生活经验不同，儿童所在的园所资源不同，儿童与外部环境的互动过程不同，从而使得不同的班级有着非常个性化的活动。因此，我们会看到有的班级收养了一只落在幼儿园中的鸽子，有的班级在畅想和规划即将搬迁的幼儿园，

① 仓桥物三．幼儿园真谛［M］．李季湄，译．上海：华东师范大学出版社，2014：17.
② 仓桥物三．幼儿园真谛［M］．李季湄，译．上海：华东师范大学出版社，2014：104.
③ 仓桥物三．幼儿园真谛［M］．李季湄，译．上海：华东师范大学出版社，2014：104-105.

有的班级持续探究园所里的树木，有的班级热衷于烤制饼干……每一个儿童带着自己独有的经验，在与外部环境相遇时，碰撞出不同的火花。教师需要抓住儿童在活动中的问题、需要、兴趣，推动儿童的活动持续地、深入地发展，就会一点点地形成生活化的课程活动。

（二）生活化课程具有整合性

在20世纪80年代的幼儿园综合教育课程改革以前，我国幼儿园的课程以分科教学为主。依照1981年颁布的《幼儿园教育纲要（试行草案）》，“幼儿园的教育内容与要求分为生活卫生习惯、体育活动、思想品德、语言、常识、计算、音乐、美术等八个方面”，每个方面的内容相对独立，分别实施。生活化课程与这种课程安排截然不同。生活化的课程具有整合性。这种整合性不是围绕某一个中心话题，将不同学科的内容拼贴在一起的综合，而是以儿童的真实生活为基础，由于幼儿的生活本身具有整合性，不是分学科的，因此，生活化课程具有天然的整体性。

在幼儿园的帮厨活动中，孩子们帮厨房师傅剥洋葱，结果被洋葱的气味冲得流眼泪。孩子们提出疑问：“洋葱为什么会辣眼睛？”“有什么办法可以不让洋葱辣眼睛？”这些疑问成为重要的教育资源，教师接下来引导孩子们寻找洋葱辣眼睛的原因，同时还鼓励孩子们设计并寻找材料制作了各式各样的“剥洋葱神器”。在这样的活动中，幼儿的语言叙述（口头语言的理解和表达）、科学探究、沟通交流等多种方面的能力都在分析问题、解决问题的过程中得到了发展。这样的活动不是纯粹的科学活动，它统整了幼儿在不同领域的能力的发展，具有整合性。

（三）生活化课程具有真实性

对那些依照现成的教材组织幼儿园课程活动的教师来说，由于活动的内容对幼儿来说是外部强加的，为了加强教育活动与幼儿的联系，教师在活动组织中不得不经常创设某种情境，让幼儿解决教师“制造”的问题。例如，教师在教学活动中时常以游戏的口吻跟幼儿说班级里来了一个客人（这是一个假想的客人），请幼儿帮客人解决某一个问题（这个问题不是来源于幼儿，而是源于教学目的）。

生活化课程源自幼儿的真实生活，活动的任务源自幼儿在生活中的经验。幼儿穿裤子的时候分不清正反，与同伴在户外活动的时候争抢三轮车，饲养角的乌龟突然死亡……所有这些问题都是幼儿在生活中的真实体验，不是教师事先的有意制造。如果教师能够抓住幼儿在生活中遇到问题的契机，基于此开展的活动就能够演变成对幼儿有意义的课程活动。

生活化课程的实施也是在真实的生活中进行的。生活化课程不会刻意安排课堂教学来解决幼儿的生活问题。通常来说，生活场景和相对松散的教育活动就是生活化课程的实施途径。例如，成都市第十三幼儿园的王兴艳老师所在的小班，幼儿发现午睡时睡眠室的窗帘上有影子，他们说那是“妖怪”。王老师就让幼儿拉开窗帘往外看，“妖怪”在哪里？幼儿一无所获后，王老师又鼓励幼儿继续用手摸、用脚踩地板上的影子，户外活动的时候到室外去找“妖怪”。在这个过程中，幼儿对光影产生的好奇是真实的，对影子的体验和探索是在自然的生活情景中进行的。幼儿的学习过程与幼儿的真实生活体验过程是同一个过程。

（四）生活化课程具有生成性

预设与生成是幼儿园课程形成的方式。依据现成的教材开展的课程活动以预设为主，教师依据教材提供的教学建议，事先规划教学活动的目标、环境、活动过程等。而生活化的课程以幼儿的生活需要为中心，在真实的生活中推进课程的进程，因此，这样的课程活动难以事先做精确的规划。教师需要在活动过程中持续跟幼儿进行互动，依据自己对幼儿的判断来规划课程活动。

“生成课程不是预先设计的课程。事实上，生成课程出现在每个活动和方案的实施过程中，并能通过教师和儿童的不断对话进行灵活的调整。”“一般来说，生成课程要求教师先确定大致的课程目标，假设活动和方案实施的方向，做好相应的准备，并对儿童的活动进行观察，在此基础上，经过共同比较、讨论，作出选择，决定在儿童的探索和学习中为他们提供些什么，如何保持他们的兴趣，并确定进一步活动的方向。”①

例如，在成都市蒲江县北街幼儿园孙灵犀老师组织的“野炊”活动中，孙老师依据活动中幼儿遇到的问题来开展班级的活动。幼儿在筹备和野炊过程中遇到很多问题，诸如：老师，我和谁一组？（野炊分组）我凭什么要听你的？（野炊小组选组长）野炊到底吃什么？（规划野炊活动需要的食物）不会讲价怎么办？（购买

① 亨德里克．学习瑞吉欧方法的第一步［M］．李季湄，施煜文，刘晓燕，译．北京：北京师范大学出版社，2002：19–20.

食材）我不知道家长会如何评价？（野炊活动前召开家长会）……这些问题大多是孙老师事先没有预想到的，但她观察和捕捉到了这些问题具有的教育契机，灵活地依据幼儿的问题开展了课程活动。课程在幼儿遇到的问题的引导下，生成了能够回应幼儿疑问的活动。

（五）生活化课程具有行动性

生活化课程是儿童通过各种具体的行动感知、操作、体验、探究的过程。正如张雪门所指出的那样："我们提倡的幼稚园课程，首先应注意的是实际行为，凡扫地、抹桌、熬糖、炒米花以及养鸡、养蚕、种玉蜀黍和各种小花，能够实在行动的，都应让他们实际去行动。从行动中所得的认识，才是真实的知识；从行动中所发生的困难，才是真实的问题；从行动中所获得的胜利，才是真实的制驭的能力。"① 儿童在学校中的生活与抽象的知识相反，它们是儿童真实、鲜活面对的问题，需要儿童身体力行去解决问题。生活化课程关注儿童真实生活中的需求，而儿童在生活中，无论是就餐、如厕、拔草养花，还是与伙伴窃窃私语，无一不是具体的、直接的、行动化的。

三、幼儿园生活化课程的实施路径

与幼儿园课程过去过于注重集体教学活动比较起来，生活化课程的实施路径渗透于幼儿一日生活的整个过程。从实施的途径上来说，生活化课程可以通过生活环节、主题活动、游戏活动，以及渗透于重复性的日常活动来进行。

（一）生活环节

生活环节是指满足幼儿基本生活需要的活动，主要包括幼儿入园、进餐、饮水、盥洗、如厕、睡眠、离园等环节。生活环节贯穿于幼儿的一日活动中，除了具有促进幼儿生活能力提升的可能性外，同样具有促进幼儿认知、语言、人际交往等多个方面的能力发展的可能。

《指南》中大量对儿童发展的期待目标都依托于幼儿园的日常生活环节。以

---

① 戴自俺．张雪门幼儿教育文集［M］．北京：北京少年儿童出版社，1994：1089.

5～6岁年龄组为例，如健康领域中“经常保持正确的站、坐和行走姿势”“能熟练使用筷子”“能使用简单的劳动工具或用具”“吃东西时细嚼慢咽”“主动保护眼睛。不在光线过强或过暗的地方看书，连续看电视等不超过30分钟”“能知道根据冷热增减衣服”“会自己系鞋带”“能按类别整理好自己的物品”等发展期待；语言领域中“在集体中能注意听老师或其他人讲话”“听不懂或有疑问时能主动提问”“会说本民族或本地区的语言和普通话，发音正确清晰”“愿意与他人讨论问题，敢在众人面前说话”“别人讲话时能积极主动地回应”“能根据谈话对象和需要，调整说话的语气”“懂得按次序轮流讲话，不随意打断别人”等发展期待；社会领域中“有问题愿意向别人请教”“有高兴的或有趣的事愿意与大家分享”“与同伴发生冲突时能自己协商解决”“不欺负别人，也不允许别人欺负自己”“自己的事情自己做，不会的愿意学”“与别人的看法不同时，敢于坚持自己的意见并说出理由”“能有礼貌地与人交往”“尊重为大家提供服务的人，珍惜他们的劳动成果”“接纳、尊重与自己的生活方式或习惯不同的人”“在群体活动中积极、快乐”“爱惜物品，用别人的东西时也知道爱护”“爱护身边的环境，注意节约资源”“愿意为集体做事，为集体的成绩感到高兴”等发展期待；科学领域中“能发现生活中许多问题都可以用数学的方法来解决，体验解决问题的乐趣”等发展期待。

生活环节中的课程往往起源于生活环节中的问题，而儿童在真实生活中解决这些问题又具有多方位的价值。

中班幼儿发现有些小朋友上厕所后总会忘记冲厕所，夏天很热时或节假日后入园，厕所里难免有异味。随后，幼儿自发对这一现象进行了讨论。老师针对这一情况，及时组织幼儿召开“班会”，鼓励幼儿各抒己见，充分发表意见和提出建议。幼儿认真积极地参与讨论，为了让自己班级的厕所更加卫生、整洁、漂亮甚至能够散发香味，大家经过商量，最后决定：1. 轮流担任“厕所管理员”，专门提醒解便的小伙伴记得冲厕所；2. 盥洗间里无人时，“厕所管理员”也应该巡视，随时检查厕所便池是否有异味并及时冲水；3. 大家一起设计“讲卫生”标志和“厕所公约”一并张贴出来，时刻提醒大家文明如厕；4. 各小组每周轮流从家里带点花草或其他室内装饰物，摆放在盥洗间适宜的位置，让厕所变得更加卫生、漂亮，有香味！

幼儿除了讨论出解决厕所异味的办法外，还在老师和家长的支持和帮助下，真实地开展了行动。厕所的异味彻底消除了。（本案例来自成都市第五幼儿园）

上述案例中的儿童活动源自儿童在生活环节中遇到的问题——厕所有异味。教师抓住了儿童对这个话题好奇的契机，引导幼儿发现问题的原因，共同商量解决问题的办法。幼儿在生活中学习，进而解决真实存在的生活问题，从而培养思考问题、解决问题的能力。

对生活环节教育价值的洞察是教师将日常的生活环节转变为生活化课程的重要支点。在生活环节中扩大幼儿的自主权，让幼儿做自己能够做的事情，能够增加生活环节的教育价值。过去，幼儿园的餐点活动主要是由教师安排。而现如今，有的幼儿园在餐点环节扩大了幼儿的自主性，让幼儿参与餐点的准备、餐后的收拾整理工作，扩大幼儿在就餐过程中的选择权，给予幼儿选择吃什么、吃多少、和谁一起吃的机会。幼儿承担餐前和餐后工作，处理自主就餐中遇到的问题，这些活动对幼儿来说就是生动而有意义的学习机会。例如，幼儿在参与准备午点的时候，遇到问题：哪些盘子是干净的？哪些盘子已经用过了？教师将这个问题抛给幼儿，幼儿想出了多种解决问题的办法：给用过和没有用过的餐盘做标记，将用过和没用过的盘子分开放，吃完就把盘子洗干净，等等。再比如，应该准备多少份午餐呢？今天来了多少小朋友？这些问题又促使大家讨论如何数班级内幼儿的人数。有的幼儿说将男孩和女孩分开数，有的幼儿说让大家手拉手站一圈数，有的幼儿说一个小组、一个小组地数，还有的幼儿说可以数小朋友每天背到幼儿园的书包，等等。

（二）主题活动

单元主题活动，就是在一段时间内围绕一个中心内容（即主题）来组织的教育教学活动。它的特点是打破了学科之间的界限，将各种学习内容围绕一个“中心”（可以是一个问题，也可以是一个事件）有机连接起来。学习者通过该单元的活动，获得与“中心”有关的较为完整的经验。①

过去的单元主题活动往往来自教师的预设设计，单元主题活动的过程就是按

① 冯晓霞.幼儿园课程［M］.北京：北京师范大学出版社，2001：206.

照预计的课程设计进行组织实施。在生活教育理念下，教师能够看到在真实生活中的儿童的行为，察觉到儿童的兴趣、需要，从而能够以幼儿的真实需求为基础，研发出一段时间内围绕一个中心话题的主题活动。

还是以成都市蒲江县北街幼儿园孙灵犀老师的主题活动“野炊”为例。该主题活动以老师带孩子们经历一次真正的野炊活动为主线。野炊活动一开始，孙老师就让孩子们决定要去哪里烧火做饭，把选择的机会交给孩子自己。在野炊的筹备过程中，孩子们遇到很多的问题，包括：大家的意见不统一怎么办？对“管钱的”这一称谓有不同意见，怎么办？谁来承担小组的五个职务？野炊需要带什么工具，谁来带？如何开家长会？家长会上如何才能不忘记自己打算说的话？如何计划买菜？……孙老师敏锐地捕捉到这些问题中的成长价值，把问题抛给孩子，让孩子共同面对。例如，在野炊分组的时候，孩子们的意见不统一，有孩子质问：“我为什么要听你的？”孙老师抓住这个问题，让孩子们思考小组是否需要有人管理。最后孩子们经过讨论、权衡，决定在小组里选出五个人：一个管事情，一个管钱，一个管物品，一个管卫生以及一个管大家安全。确定好了小组需要的五个职务，孩子们觉得“管钱的”很不好听，孙老师又组织大家共同讨论该取个什么名字，让大家投票表决来确定称谓。

主题活动“野炊”以孩子们真实地开展一次野炊活动为中心，活动组织的线索是孩子们遇到的问题。这样的主题活动具有如下特性：

第一，生活化主题活动具有生成性。来源于儿童的真实生活并且通过儿童的真实生活来开展的主题活动，教师无法完全地规划主题活动的过程，毕竟教师无法预知幼儿在与环境互动的过程中会产生哪些问题。在“野炊”活动中，孩子们提出的“应如何称呼小组中管钱的小朋友”“小组中的五个职务如何分工”等问题都不在教师的预计之中。教师要依据幼儿的表现组织幼儿讨论，尝试找到解决问题的办法。

第二，生活化主题活动的前后活动具有整合性和连贯性。过去，幼儿园为了保证幼儿在一个主题活动中获得全面的发展，教师设计主题活动的思路往往是各个不同学科活动的叠加和拼贴，各个活动虽然与主题有关，但活动之间缺乏关联性，且每个活动都是典型的学科或领域活动。而生活化主题产生于儿童的生活，儿童的生活本来就具有支持儿童多个方面发展的特性，“野炊”这一活动具有综合的特点，无法区分是属于哪一个学科或领域的活动，它具有促进幼儿多方面发展的可能性。从活动连贯性来说，由于生活化主题是沿着幼儿生活逻辑的方式进行组织的，前后活动要么具有问题解决的逻辑，要么沿着时间演进的线索推进，因此，活动具有连贯性。

（三）游戏活动

游戏是幼儿园的基本教育活动。游戏是儿童的最佳学习方式，是儿童在园生活的重要组成部分。随着《纲要》和《指南》的深入推进，幼儿在园所内的自发游戏时间得到了更为充分的保障。由幼儿的游戏生成的课程有两种类型，一种是课程整体采用游戏的方式，另一种在国内更为常见，就是游戏只是幼儿园课程活动的一个组成部分。

课程整体采用游戏的方式，让幼儿通过在园所内自主、自发的游戏活动进行学习，在学前教育的发展历史上不乏这样的做法。美国幼教届的资深教师佩利，在她的班级推行了这样的方式。佩利采用人类学家参与观察的方法，从幼儿的角度叙说幼儿在教室中的经验文本。教室的情境让幼儿可自由游戏，由游戏连接至学习如何生活，并由游戏发展出幼儿自己的故事，形成教室内活生生的课程文本。课程是叙说幼儿一起说和一起演的故事，以及这些故事产生的意义，教师自己也是课程故事情节中的一个角色人物。一方面，佩利仔细观察每个幼儿相互形成的游戏，从中知道幼儿正在学习的功课。另一方面，佩利发展出一种指导游戏的方式，结合了说故事、书写、阅读和戏剧。教师引导幼儿轮流叙说、创造他们自己的故事脚本，并将故事录音后写出来，再念给全班听，然后让幼儿一起演出和欣赏故事。这种指导游戏的方式结合了教师的技术取向与幼儿的游戏取向，在教师的指导活动中保留了自愿、自发的游戏元素，形成叙说的和游戏式的活动。①

教师将游戏作为幼儿园课程活动的组成部分，将幼儿在游戏中遇到的问题作为课程发展的基石，并沿着问题解决的过程持续向下推进，这也是生活化课程的重要表现。

例如，大班幼儿对买卖游戏产生了兴趣，他们商量要开奶茶店、烧烤店、甜品店。但在实际操作中，他们发现外卖员派送食品时缺少便于运送的包装盒。他们便再次讨论并统计，收集、增加了更多适合包装外卖的材料。对于外卖员该如

---

① 黄瑞琴 . 幼儿园游戏课程［M］. 台北：心理出版社，2018：31.

何接单、到哪里送餐的问题，教师让幼儿在游戏中多次进行探索。对于“外卖员是不是固定只送某个区域”的问题，教师智慧地生成“调查外卖员”的活动，让幼儿通过亲身调查，丰富在游戏中有关外卖的经验。在幼儿的游戏过程中，教师专注地进行观察，突破游戏发展中的瓶颈，让幼儿在游戏中积极面对疑问，将幼儿遇到的问题转化为幼儿积极学习和深入研究的机会，使得游戏成为幼儿在真实生活中的课程活动。

再如，中班幼儿在玩沙区玩起了“挖陷阱”的游戏活动，他们先在沙区挖好坑，然后想办法遮盖坑，乐于看到不知情的幼儿掉入他们的陷阱中。在“挖陷阱”的游戏活动中，幼儿也遇到了很多的问题：比如覆盖在沙坑上的报纸太软，无法承受上面沙土的重量，导致塌陷；陷阱太小，只能放进一只脚；陷阱不能引诱弟弟妹妹上当；等等。教师跟随和带领幼儿解决这些问题，是推动幼儿游戏发展的重要契机，也使得游戏成为课程的主要契机。

（四）日常活动

幼儿园中的日常活动具有重复性，在日复一日中，日常活动也具有水滴石穿的力量。这些重复性的环节看起来普通，但如果恰到好处地运用这些环节的育人功能，它们也跟集体教学、游戏活动一样，具有推动幼儿发展的积极作用。

以上海市静安区南西幼儿园的一个故事为例。①

园长在巡视幼儿园的过程中发现，在幼儿园的一日活动中，能看到孩子每天在操场上嬉戏，能看到孩子自编、自导、自演着各自的游戏情节……可她总感觉在幼儿园里，很少能听到孩子的歌声。为此，园长专门抽取一个学年的园本教研记录来研究，发现公开教研集体活动共计 35 个，其中倾向科学领域的公开教研集体活动有 21 个，倾向语言和社会领域的公开教研集体活动有 9 个，而倾向艺术领域的公开教研集体活动仅有 3 个，仅占所有活动的 8%。抽查的情况让园长确定了自己的猜想——幼儿园的确存在着音乐活动安排随意的情况。喜欢（或者

① 洪晓琴. 推动“快乐 15 分钟”项目实施的几次思考［EB/OL］.（2012-12-28）［2020-12-16］. http://www.age06.com/Age06Web3/Home/MobileImgFontPetail/287096d6-2494-44a2-boff-e59cc5181928.

擅长）音乐的教师，往往会在自己的一日课程中有目的地进行音乐教学，或者将音乐活动自然融入其他活动。但还有很多教师将音乐活动视为可有可无的教学内容。如何高质量地做到“班班有音乐”？在反复商量、反复听证的基础上，南西幼儿园有了“以教研组为单位，每天午睡后提供15分钟音乐活动的时间”的畅想。幼儿园从每日作息中调整出15分钟，以确保音乐活动正常进行。一段时间后，在每天午睡后的规定时间，幼儿园的音乐准时响起，年级组所有的带班教师都带着幼儿到操场的各个角落唱唱跳跳。幼儿终于唱起来了，跳起来了。教师在两个问题上达成一致：一是教师要不要教？大家倡导通过“山羊剧团＋每日示范”，带给幼儿美的欣赏，激发幼儿表达的兴趣。二是幼儿该“习得”还是“学得”？通过案例分析，大家又得出结论，日积月累的习得是激发幼儿兴趣、发展幼儿能力的最佳途径。

在这个案例里，幼儿园通过对作息时间的调整，让幼儿每一天有15分钟的时间能够进行音乐活动。活动的方式就是跟着教师做，没有集体教学活动那种“教”的痕迹，但一个学期下来，幼儿通过这种“习得”的方式学会了十多个音乐作品。这种浸润于日常生活环节，通过水滴石穿的方式来促进幼儿发展的活动，其效果一点也不亚于集体教学活动所产生的效果。

此外，种植、散步、饲养也是幼儿在园所内的日常活动。如果教师能够积极观察幼儿的这些日常活动，从幼儿在这些环节中的真实问题出发，也能够支持幼儿的发展，使日常环节成为课程。例如，中班幼儿对饲养的兔子表现出了强烈的好奇心和探究欲望，时常因为到饲养区观察太拥挤而发生争吵。教师拍下视频并回放给幼儿观看，与幼儿讨论“什么时候去看比较合适”“怎样观察才能让兔子舒服”“几个人进去比较好”等问题，鼓励幼儿发表想法，由此幼儿初步形成了观察兔子的约定。后来在观察兔子的过程中又出现“不知道谁是最先进去的”“看多久才出来”等问题时，教师与幼儿积极互动，引领幼儿主动寻找解决问题的办法，制作了观察号牌，形成更为周到、合理的约定。

（本章作者　彭俊英）

第十章

CONG YOUERYUAN JIAOYU “XIAOXUEHUA”DAO
KECHENG YOUXIHUA

从幼儿园教育“小学化”到课程游戏化

幼儿园课程以满足幼儿全面和谐发展的需要为根本目标，但由于受传统观念的影响，课程小学化现象严重。为了规范幼儿园保教工作，贯彻落实《关于当前发展学前教育的若干意见》和《纲要》精神，国家出台了“防止和纠正幼儿园教育‘小学化’现象”①的相关政策，其重点在于去除幼儿园课程“小学化”。2014年江苏省教育厅、财政厅下发《关于开展幼儿园课程游戏化建设的通知》(苏教基〔2014〕17号)，启动了幼儿园课程游戏化项目建设，力求通过幼儿园课程改革，“引导幼儿园树立正确的儿童观、游戏观和课程观，推进幼儿园课程实施符合幼儿身心发展规律和学前教育规律，促进幼儿健康快乐成长”②。

一、幼儿园教育“以游戏为基本活动”

（一）游戏的含义

游戏的历史很难确定起点，可以说有了人类就有了游戏，游戏随着人类社会的持续进步而不断发展。长期以来，人们从不同的角度关注着儿童游戏的行为，许多心理学家和教育学家都提出了自己的游戏理论。席勒和斯宾塞提出了“剩余精力说”，他们认为游戏是机体的基本生存需要满足后，仍有富裕精力的产物；格鲁斯等人提出游戏具有生物适应的机能，能够帮助小动物适应未来的生活；还有一些理论家如拉察鲁斯等人，则把游戏看作帮助儿童松弛、恢复精力的一种手段。这些早期游戏理论是人类历史上较早对游戏做出的解释，奠定了日后现代游戏理论发展的基础。但早期游戏理论把游戏生物学化，按生物发展规律来解释游

① 中华人民共和国教育部．教育部关于规范幼儿园保育教育工作防止和纠正“小学化”现象的通知［EB/OL］.（2011-11-28）［2020-12-16］. http://www.moe.gov.cn/srcsite/A06/s3327/201112/t20111228_129266.html.

② 虞永平．课程游戏化的意义和实施路径［J］. 早期教育（教师版），2015（3）：4-7.

戏，否认并抹去了儿童的社会性，只能对一小部分游戏行为做出解释，不能解释儿童游戏的全部行为，也没有看到游戏中蕴藏着的教育价值。

在现代游戏理论中，精神分析学派强调早期经验对健康的成年生活的重要意义，强调游戏对于人格发展、心理健康的价值，这对人们重视儿童早期的发展与教育具有重要的意义。精神分析学派尤其强调游戏具有满足幼儿的欲望、发泄愤怒、减少焦虑、抒发情感、缓和心理紧张、发展自我力量的功能，这一观点对于人们重视游戏的情感发展价值具有重要启示。皮亚杰认知游戏理论学派把游戏看作智力活动的一个方面，把游戏放在儿童智力发展的总背景中去考察，试图通过研究儿童的游戏和模仿，找到沟通感知运动与运算思维活动之间的桥梁。皮亚杰认为游戏是学习新的复杂客体和事件的方法，是巩固和扩大概念和技能的方法，是使思维和行动相结合的方法，是思维活动的一种表现形式，儿童的认知发展阶段决定了他们不同的游戏方式。认知游戏理论启发人们开始注意融游戏与智力发展为一体，开始重视游戏对促进儿童在智力、情感、社会性、身体等方面发展的价值。苏联的社会文化历史学家强调社会文化环境对儿童游戏的影响，注重人际交往的作用，尤其是成人的教育对儿童游戏的影响。维果茨基认为游戏对儿童的发展赋予了极为重要的价值，是游戏创造了儿童的最近发展区，游戏应是占儿童生活中主导地位的活动形式。

游戏是一种普遍的社会现象，要给游戏下一个精确的定义却是困难的，各种文化的社会都有游戏，可能各有特点，但存在更多相似的形式和共同的性质。英国学者加维提出了游戏行为的五个特征：1. 游戏是令人愉快、有趣的活动，即使有时游戏者没有表现出快乐，但仍然对游戏做出积极的评价；2. 游戏没有外在目标；3. 游戏是自发自愿的，它是非强制性的，是由游戏者自由选择的；4. 它包括对游戏者的积极约束；5. 游戏与非游戏之间有着某种系统性的联系。一般认为，游戏具有以下几个特点：1. 自主性；2. 创造性；3. 生成性；4. 过程性；5. 情境性；6. 愉悦性。

（二）游戏与幼儿教育

游戏是童年幸福的象征，能促进幼儿的身心发展，能给幼儿带来快乐，其重要性仅次于母乳喂养和母爱。幼儿教育应“以游戏为基本活动”，幼儿教育离开了游戏，就如同躯体没有了灵魂，游戏与幼儿教育的这种特殊关系，是幼儿教育区别于中小学教育的一个显著标志。

1. 游戏的生活性与幼儿教育

幼儿的生活是一个生命内在潜能自然展开的过程，是身心不断成长的过程，而幼儿的身心健康发展正是幼儿教育的宗旨。幼儿教育与幼儿生活是统一的，不可分离的，教育应当从幼儿的生活开始，从幼儿的生活展开，也从幼儿的生活结束。幼儿教育是为了生活，通过生活，让幼儿学会生活的。幼儿教育只有扎根于幼儿的生活，才能发挥效能，教育才真正有意义，即幼儿教育应该充实幼儿的生活，使幼儿适应生活并更新生活。

游戏既是生活的一部分，又不同于日常生活，是日常生活的“折射”。正如沛西·能所说，游戏是一个不可捉摸的、巧于规避的“精灵”，它的影响可以在最难预料到的一些生活角落里找到。游戏的生活性就在于它源于生活，又无处不在地影响着人的生活。游戏是人的存在方式，游戏更是幼儿的存在方式。对于幼儿来说，游戏本身就是一种生活，是幼儿生存的一种状态，幼儿的游戏和幼儿的生活二者水乳交融，浑然一体。游戏是幼儿最喜爱的、主动参与的活动，是幼儿反映现实生活的活动。幼儿生活的需要滋生着游戏的动机，而游戏的过程中对游戏动机的实现又满足着幼儿生活的需要，幼儿生活的需要在游戏中不断被满足，成为其快乐童年生活的源泉。幼儿在游戏中生活，在游戏中成长。幼儿在生活中，就仿佛他在游戏中，他不为游戏之外的目的而游戏，他只是在游戏。幼儿教育应当反映生活性，应当是一种以幼儿生活为特征的教育。幼儿教育更应该是以游戏为特征的教育，因为幼儿的游戏实现了教育与生活的水乳交融。

2. 游戏的愉悦性与幼儿教育

尽管游戏研究者对游戏的定义各持己见，但他们都不约而同地把“游戏愉悦”作为游戏的一大特质保留在自己的理论中，把愉悦性作为游戏精神的鲜活体现。游戏无疑是愉悦的，幼儿对游戏的迷恋充分地说明了这一点。游戏把游戏者卷入游戏活动，并使他成为自身的一个组成部分，游戏者始终处于游戏强大的感召力之下，努力向游戏本身所展示的深度和广度渗透，同时又不断地实现自我完满和自我升华，直到游戏终止。儿童在游戏中对游戏的投入达到入迷的程度，即使是游戏与现实发生了冲突，他也不愿意离开游戏情境。在游戏中，幼儿感受到满足和快乐，幼儿的征服欲、成就感、自信心在游戏中很容易被激发，并被强化到最大程度，通过表现自己的能力和实现愿望，从成功和创造中获得愉悦感。正是这种对自身力量的考验，游戏成为幼儿产生愉悦体验的源泉。正是游戏的愉悦性，使得幼儿痴迷于游戏，并在对游戏的痴迷中，幼儿获得了游戏对于身心发展的巨大回报：游戏最大限度地发挥幼儿的潜能，促进身体的发展，全面提高幼儿的能力，培养幼儿的意志品质和审美能力，加速幼儿的社会化，完善幼儿的个性等。

体验愉悦，是每一个人的天性；拥有一个快乐的童年，是幼儿的权利。良好的幼儿教育就要尊重人的天性，让幼儿舒展天性，促进幼儿的全面发展，感受童年的快乐。幼儿园开展游戏活动时，有时会因为过多强调游戏的发展价值，而忽略了游戏的享乐性、愉悦性，使得游戏空剩了躯壳，失去了真正的游戏精神。缺失了幼儿的愉悦体验，游戏的发展价值也难以实现。享乐、愉悦包含了发展，发展也意味着愉悦感与成就感，这两者在幼儿的游戏中得到了最密切的统一。幼儿教育以游戏为基本活动，可以使得幼儿“乐学”,“趋向鼓舞，中心喜悦”①，快乐地学习，愉悦地生活。在快乐、愉悦中，幼儿的潜能与创造性得到自然激发，获得春风化雨般发展的效果。

3. 游戏的自主性与幼儿教育

自主性是游戏的本质体现：游戏是游戏者自我控制、自主自由的活动，游戏者总是自己选择做什么游戏和怎样游戏。幼儿喜欢游戏，也是因为幼儿自己就是游戏的主人，游戏是幼儿自主的活动。在游戏中，幼儿是根据自己的兴趣，自发、自主、自由地进行活动的。在游戏过程中，幼儿不会强迫自己，更不会接受外来的约束；同时，幼儿不会遇到自我能力不足的限制，因为他们是能怎样游戏就怎样游戏，愿怎样游戏就怎样游戏，也就是说，幼儿在游戏中对内对外都是绝对自主的。在游戏中，幼儿自由地选择行为方式，真实地、毫无拘束地表现自我。

幼儿是游戏者，是游戏中的人在游戏，如果是游戏之外的人控制着游戏，那么游戏就走向了它的反面；同样，教育是为幼儿而存在的，游戏的自主性呼唤让幼儿从教育的对象成为教育的主人。教育是幼儿的生活，幼儿是教育的主人，应以幼儿的身心健康发展为中心，尊重幼儿的兴趣、需要，关注幼儿的生命成长，尊重幼儿的个别差异及身心发展规律，依据幼儿的身心发展特点实施幼儿教育。

---

① 王守仁. 传习录［M］. 郑州：中州古籍出版社，2004：238.

与游戏相似，幼儿教育正应该是这样一种“游戏”：教育活动不管是传统式的教师发起，还是幼儿主动发起，它都应该成为幼儿与教师共同的体验。这样，幼儿、教育、生活三者完美地融合，教育成为幼儿的教育。

（三）游戏在幼儿园课程中的地位

1. 国外幼儿园课程中游戏的地位

古希腊哲学家柏拉图的早期教育是一套有内容、有宗旨的完整体系，强调自然快乐且以身体、道德、游戏等内容为重点的和谐教育。柏拉图认识到游戏符合儿童的天性，是儿童自主活动和培养创造精神的最佳教育内容，主张游戏场以游戏为主，但游戏的内容、方法必须经过慎重选择。柏拉图鼓励儿童玩自己发明的游戏，认为儿童自己发明的游戏是最好的。亚里士多德提出 7 岁前儿童的主要活动是游戏和听故事，对儿童的教育应以游戏为主，认为儿童游戏要既不流于卑鄙，又不致劳累，也不内含柔靡的情调。他认为游戏是儿童应有的活动，应保证儿童有充分的活动和游戏的机会，但应对游戏进行指导，儿童的游戏和故事，最好能与将来的工作相联系，是将来应从事工作的简单模仿。古罗马教育理论家昆体良强调了游戏在儿童发展中的地位，认为游戏既是一种休息，同时更是一种教育手段，游戏不仅有德育的意义，更有智育的价值。在课程编制上，他提出把学习和休息、游戏妥善安排，有张有弛，让儿童进行有节制的游戏活动。

夸美纽斯提出要用游戏的方式进行教育，认为游戏是幼儿生活的伴侣，是组织幼儿愉快、幸福生活的手段；在游戏中，幼儿的身心得到全面的发展。福禄培尔认为，游戏是儿童内部需要和冲动的表现，幼儿园应当是儿童游戏的乐园。他主张用游戏作为幼儿教育的基础，儿童应通过游戏学习。但并非所有的游戏都具有教育价值，若是没有意义的游戏，就不能正确适当地为衔接以后的课程做准备。福禄培尔倡导“游戏”“恩物”“作业”（绘画、手工），认为游戏是童年生活中最快乐的活动，成人既应允许儿童自由地、尽情地游戏，又必须注意观察和指导儿童的游戏，从而通过游戏增进儿童的体力和智力。卢梭强调允许儿童沉迷于自然的和游戏的状态的重要性，但蒙台梭利不认为儿童需要游戏，不认为游戏是具有创造力的。西蒙认为游戏是幼儿园儿童学习的主要内容，是儿童最有效的学习方式。戴维斯则称游戏是个体发展模式的一面镜子。

二十世纪六七十年代以来，出现了幼儿园课程模式多样化的局面，游戏在不同模式的幼儿园课程中的地位有所不同。根据各种课程对游戏的重视程度，可分为非游戏模式和游戏模式两大类型。在游戏模式中，又根据对游戏的运用方式，分为非干预模式、重视特殊类型游戏的课程模式、重视各种类型游戏的游戏课程模式等。

（1）行为主义课程模式与游戏

行为主义课程模式属于非游戏模式，把游戏仅仅作为一种奖赏，只有当幼儿圆满完成学习任务后，才能得到机会去游戏，且以搭积木等建构性游戏为主。游戏是附加的娱乐活动，是在课业完成之后或课程之外的调剂。教师不考虑材料的投放和引发的活动，认为游戏是与学习不相关的事情，追求的是幼儿在游戏中随心所欲的快乐。

（2）银行街课程方案与游戏

银行街课程方案属于重视特殊类型游戏的课程模式，重视主题角色游戏或社会性表演游戏对儿童发展的作用，把游戏作为一种主要的教育手段。扶助儿童的游戏并加以引导是银行街课程的基本核心，在一日活动中安排专门的游戏时间，开辟专门的游戏角，提供大量的游戏材料。教师在深入细致的游戏观察基础上，丰富儿童游戏经验，布置游戏环境，影响游戏进程等。

（3）以皮亚杰理论为基础的课程模式与游戏

以皮亚杰理论为基础的课程模式属于重视特殊类型游戏的课程模式，游戏构成课程的重要内容。海伊斯科普课程方案以科学和数学为课程的主要领域，重视材料的自主性操作。凯米—德芙里斯课程把传统游戏作为课程的重要活动内容。

（4）瑞吉欧课程方案与游戏

瑞吉欧课程方案属于非干预课程模式，是以科学活动为主线索展开的主题网络课程，把建构性游戏和戏剧性游戏作为课程的重要内容，并把游戏活动作为课程编制、实施的主线索。课程往往由幼儿发起，师幼协商生成课程网络，家长参与课程审议。

（5）苏联幼儿园课程模式与游戏

苏联幼儿园课程模式属于重视各种类型游戏的游戏课程模式，但对各种类型的自然游戏进行了全面的改造，以服务于幼儿园教学的目的。该课程模式强调有主题的角色游戏在幼儿心理发展中的作用，强调游戏的社会性本质以及成人在幼儿游戏发展中的作用；反对把游戏看作教育影响之外的自由、自发的活动，强调有目的地开展儿童游戏；强调成人对于儿童游戏的组织与领导，用游戏来包装课程，课程的内容常常以游戏的形式呈现，游戏是课程实施的重要手段，游戏是改装的教学活动。这样，教师在组织和指导幼儿园游戏活动时，很容易过分强调成人对儿童游戏的指导和干预，总是期望儿童的游戏朝着自己预先构想的方向发展，用各种方法去“导演”儿童的游戏，以实现计划中的教育目标。于是，在游戏实践中产生了对儿童游戏的过度干扰，教师常常像组织作业那样领导儿童游戏，游戏成了经过伪装的作业，使得游戏仅仅作为获取大纲要求所规定的知识的补充教育手段，不能够真正发挥游戏在教育过程中应有的作用。游戏不再是儿童的游戏，而被异化为成人的游戏，游戏作为儿童自发自由的活动的价值实现成为泡影。

2. 我国幼儿园课程中游戏的地位

中国古代的蒙学，以礼仪教育和简单的读写算为主，尽管颜之推和王守仁等教育家提出了“乐学”思想，但游戏从未被纳入蒙学体系。直到清末，福禄培尔模式的幼儿园传入中国，游戏才成为幼儿教育的内容之一。1932 年，在中华民国教育部制定的《幼稚园课程标准》中，游戏被正式定为幼稚园课程的重要内容，并确定了通过游戏活动应达到的教育目标，提出了幼儿游戏能力的“最低限度”要求。中华人民共和国建立后，幼儿教育全面“苏化”，重视主题角色游戏，强调成人对儿童游戏的指导和干预，利用规则游戏编制教学游戏，教学游戏成为幼儿园课程实施的辅助手段。1989 年颁布实施的《规程（试行）》提出，幼儿园教育应“以游戏为基本活动”，清晰确立了游戏在幼儿园课程中的定位。

尽管人们在观念形态上对游戏给予极高的希冀，对其价值给予高度的评价，但是在教育实践中，儿童游戏的实际状况并不理想，从观念到行动还存在着巨大的鸿沟。可以说，在许多学前教育机构中，儿童游戏的权利并没有受到普遍尊重，在实际的课程编制和实施过程中，游戏尚缺少其应有的重视。一些教师口头上重视游戏，承认游戏在幼儿园课程中扮演重要的角色，而实际却把游戏放在次要的位置上。尽管教师非常认同游戏是课程的重要组成部分，相信游戏可以提供理想的学习条件，但他们低估了自己在游戏中的角色价值，而将注意力更多地放在较正式的教学活动上。时间、空间、教师与儿童之间人数比例的限制，教育基本技能的课程压力，以及教师持有的成人不应干预儿童游戏的观念，导致了对游戏的忽视。另外，教师经常会对儿童如何响应游戏活动做出一些毫不现实的假设，高估或低估了儿童的能力或游戏具有的难度水平，这进一步破坏了教师将游戏作为学习媒介的信心。

由于传统学习观的影响，大多数幼儿家长甚至包括不少幼儿园的教师，对游戏的功能认识不足，认为游戏活动和教学活动是不能相提并论的，游戏中的幼儿学不到知识，游戏意味着休息、闲暇，只能作为课程结束后的放松与娱乐。此外，对游戏认识的不深入，对幼儿游戏的年龄特征等问题缺乏足够的了解，对幼儿园游戏指导方法等方面缺乏系统的研究，致使教师只在观念上重视游戏，而在实际的幼儿园游戏开展过程中却感到束手无策，不能很好地把握游戏指导中“度”的问题，造成了游戏作为幼儿园课程重要组成部分的实践困难，导致以下误区存在：

误区一：游戏工具化。追求游戏活动的热闹场面，给任何活动都冠以游戏的名称，使各种活动都一味地去追求游戏的外在形式。教师设计选用的一些游戏只是用来取悦或娱乐儿童，游戏作为调味品存在于幼儿园的一日生活之中，游戏的内容也并没有与课程的内容融为一体，游戏与课程仍是“两张皮”。即使游戏与课程有相互交叉与融合的倾向，但也仅仅是把游戏当作课程实施或教学的途径。游戏被工具化，即教师更多是利用游戏这一形式调动幼儿的直接兴趣，引发幼儿的注意，为教学服务，而幼儿并没有真正的游戏体验，活动目标的达成也是低水平的。此外，教师精心设计、准备并组织游戏，安排游戏的框架和结果，将游戏模式化，对幼儿的游戏控制过严，致使游戏变味，阻碍了幼儿主体性、创造性的发挥。游戏被异化，儿童的游戏变成了“老师的游戏”，儿童游戏演变成了游戏儿童。游戏活动被教师、教学强行侵占，真正的、自然状态的儿童游戏被驱逐出了幼儿园课程，仅留下了作为“教学奴仆”的游戏的影子。

误区二：游戏自由化。盲目崇拜幼儿游戏的自发性，把游戏神圣化，坚决反对教师以任何方式施加的任何干预。认为教师的任何干预都将从外部影响幼儿的自由表现，对幼儿游戏都可能会造成损害，认为幼儿游戏不应受到成人的干预，反对施加任何自觉的教育指导，对游戏的指导由过去那种教师完全的“导演”而异化成了让幼儿自由玩耍的“放羊式”游戏，游戏变成了幼儿随便玩玩的活动。游戏的自由化导致游戏的低水平，幼儿的游戏在低水平上徘徊，游戏在层次性、变换性、角色性上都体现得不够。游戏与幼儿的生活及其他活动也没有太大的联系，内容和形式的贫瘠导致幼儿在游戏中出现频繁变换主题、改变游戏行为，甚至因无所事事而打闹的情况。教师对幼儿游戏的不予控制与“无为”，以及仅对每天“自由游戏”时段的游戏重视，致使幼儿游戏的发展价值与教育价值大打折扣。

3. 幼儿园教育“以游戏为基本活动”的精神

1989 年颁发的《规程（试行）》首次为幼儿园课程游戏化改革奠定了政策基础：“以游戏为基本活动，寓教育于各项活动之中。”2001 年颁布的《纲要》规定幼儿园教育应“以游戏为基本活动”。2012 年《指南》再次强调“要珍视游戏和生活的独特价值”。2016 年颁布实施的《规程》将“以游戏为基本活动”列为幼儿园教育的重要原则和要求，并做出了具体的阐释：“幼儿园应当将游戏作为对幼儿进行全面发展教育的重要形式。幼儿园应当因地制宜创设游戏条件，提供丰富、适宜的游戏材料，保证充足的游戏时间，开展多种游戏。幼儿园应当根据幼儿的年龄特点指导游戏，鼓励和支持幼儿根据自身兴趣、需要和经验水平，自主选择游戏内容、游戏材料和伙伴，使幼儿在游戏过程中获得积极的情绪情感，促进幼儿能力和个性的全面发展。”幼儿园教育“以游戏为基本活动”这一命题确定了游戏在幼儿园教育活动中的地位，也对幼儿园课程改革提出了要求，体现了以下几方面的精神：

（1）对幼儿游戏权利的保障

幼儿园教育“以游戏为基本活动”，不仅在教育的组织形式上突出了幼儿教育不同于其他阶段教育的特点，更重要的是从教育立法的角度，保障了幼儿游戏与发展的权利。承认游戏是幼儿身心发展的需要并保障这种需要的满足，使之成为幼儿的基本社会权利，已经成为人类社会文明进步的标志之一。《儿童权利宣言》《儿童权利公约》《中华人民共和国未成年人保护法》都把游戏与娱乐规定为儿童的基本权利。

游戏是幼儿的基本活动，在幼儿的身心发展中具有重要的作用。正如苏联心理学家维果茨基所指出的那样，游戏创造了儿童的最近发展区。在游戏中，儿童的表现总是超过了他的实际年龄，高于其日常行为表现，在游戏中凝聚和孕育着未来的所有趋向。游戏和发展的这种关系，使我们必须把幼儿游戏权的保障看作对幼儿发展权的保障。要使幼儿身心全面健康地发展，必须保障幼儿游戏的权利，使游戏真正成为幼儿的基本活动。

（2）对幼儿适宜性生活需求的满足

幼儿以游戏为基本生活，游戏是他们身心发展的客观要求。但幼儿游戏的需要能否得到满足，游戏能否在实际中成为幼儿的基本活动，则取决于成人对幼儿游戏的态度，取决于成人是否为幼儿游戏创造必要的客观条件。也就是说，游戏要成为幼儿的基本活动，需要成人社会的理解、支持与保障。随着都市化进程的加快，城市绿地面积和幼儿游戏场所显著减少，原先以幼儿游戏为纽带构成的庭院儿童团体正在消失。幼儿游戏由户外转入户内，孤独化、静态化和智能化的“驯化”趋势非常明显，以游戏为特征的童年生活正受到外在学习课业的挤压。如何在现代社会满足幼儿游戏的需要，保障幼儿游戏的权利，让以游戏为纽带构成的“儿童社会”亚文化群继续存在下去，已经成为现代社会人们日益关注的问题。

幼儿园是人们根据一定的教育目的，旨在促进幼儿健康成长而创设的特殊的生活环境。幼儿园要创造既符合教育目标要求，又符合幼儿身心发展特点的生活，就必须坚持以游戏为基本活动。幼儿园应当继承正在消失的以游戏为特征的庭院儿童文化，让幼儿在以自由交往为基础的“儿童社会”中学会交往、学会生活。当代中国的教育工作者已经认识到：儿童期不只是为成人期做准备，它具有自身存在的价值，儿童不能只是为将来活着，他们也为现在而生活，他们应当充分享受儿童期的生活，拥有快乐的童年。幼儿园教育“以游戏为基本活动”，就是满足幼儿身心发展的需要，就是满足幼儿年龄适宜性和个别适宜性生活的需要。游戏是童年幸福的象征，幼儿园是儿童的花园，将游戏还给幼儿，让每一个幼儿都拥有一个快乐而有意义的童年。

（3）对幼儿学习方式的尊重

幼儿园教育“以游戏为基本活动”，并不是要用自然的游戏活动代替幼儿园的教学活动，也不是盲目崇拜幼儿游戏活动的自发性，把游戏活动神圣化，而是要把游戏要素与游戏精神纳入幼儿园课程范畴，确保幼儿自主游戏、自由游戏的机会和权利。同时，将游戏活动体现的主体精神、愉悦精神、生活精神与“有社会文化内容”的教学因素结合起来，平衡课程内容，使非游戏活动游戏化，强调活动的自主性、创造性、生成性、过程性、情境性、愉悦性，让幼儿在游戏中和在游戏化的活动中，以幼儿感兴趣的、游戏性的体验来促进幼儿生动活泼、积极主动的学习与发展。需要强调的是，游戏是对幼儿进行全面发展教育首选的主要形式，而不是调味品，不能把游戏当作一层“糖衣”，让幼儿在“糖衣”的诱骗下，把本来难以下咽的“苦药”吞咽下去。教师不能把游戏作为一种用来控制幼儿学习知识的法宝，而应该让幼儿在游戏的情景中，积极主动地、自主自愿地去探索和发现，以自己感兴趣的方式去获得有益的经验。

儿童的发展是在活动中产生的，受活动规律的制约。在儿童的各个发展阶段都有其主导活动，游戏是学前儿童的主导活动，进行幼儿园课程游戏化改革是幼儿教育发展的必然要求。这不仅符合幼儿直觉形象思维的认知发展特征和需要，同时还满足了幼儿童年幸福生活的需求。幼儿园应把游戏当作一种教育资源，系统地进行探索研究，将游戏因素与教育因素结合起来，让幼儿在游戏体验中生动活泼、积极主动地获得发展。渗透了游戏精神的幼儿教育才是符合生命规律性的教育，渗透了教育意义的游戏才能更好地发挥其教育功能。

二、幼儿园课程游戏化改革

高质量的教育有赖于科学的实践，游戏化是科学实践的基本路径和指导思想之一。课程游戏化的核心是能让幼儿园课程更加贴近幼儿的实际发展水平，贴近幼儿的学习特点，贴近幼儿的生活，贴近幼儿的兴趣与需要。

（一）课程游戏化的含义

课程游戏化是一个课程改革项目，更是一个质量工程，也是推进《指南》落实的重要举措。课程游戏化不是把幼儿园所有活动都变为游戏，而是确保基本的游戏活动时间，幼儿能自选游戏、自由游戏；同时，又把游戏的理念、游戏的精神渗透到课程实施的各类活动中。课程游戏化理念的核心是关注儿童的需要和兴趣，关注儿童发展和学习的规律和特点，让幼儿园课程更具有游戏精神，变得更生动、更有趣、更有效。幼儿园课程游戏化符合世界幼儿园课程改革的新进展和新动向，既与《规程》《纲要》和《指南》等国家相关法规和政策精神一致，也符合陈鹤琴、张雪门、陶行知等老一辈教育家的思想倡导，切实遵循了幼儿的身心发展规律和学习特点，是基于幼儿园教育的特质和规律而形成的科学儿童观、教育观和课程观。

（二）幼儿园课程游戏化的理论依据

幼儿园课程是从幼儿身心发展的特点和特定的社会文化背景出发，有目的地选择、组织和提供的综合性的、有益的经验。这些经验的初始形式可以是主题、单元、学科、领域等，但它们最终都将转化为经验的形式，即以感性的、具体的、活动的形式对幼儿的身心产生作用。① 知识的情境性、幼儿思维的叙事性、幼儿经验的情境化是幼儿园课程游戏化改革的立论基础。

1. 知识的情境性

任何的知识都是存在于一定的时间、空间、理论范式、价值体系、语言符号等文化因素之中的；任何知识的意义也不仅是由其本身的陈述来表达的，而且更是由其所位于的整个意义系统来表达的；离开了这种特定的境域，既不存在任何的知识，也不存在任何的认识主体和认识行为。② 简单地说，任何知识都要受到时空及其所产生的社会文化背景的限制，具有情境存在性。在后现代主义看来，知识的情境性是指任何知识都是在特定情境中创造的，而且还要在特定情境下获得其意义，即知识是与某个具体情境下的具体认知实践活动联系在一起的。因而，知识是具体的或局域的。所以，任何知识的存在和建设以及对它的理解，都不能脱离它所在的那个时空。如果脱离了特定的境域，知识便会失去其自身的特性。

关注知识的情境性是揭示知识本质的一个新视角。有关知识、学习、理解的情境性研究是多视角的，其中包括以莱夫、温格为代表的人类学的视角，以布朗、柯林斯和杜吉德为代表的心理学的视角以及以格里诺等为代表的知识情境观。情境理论强调认知与学习的交互特性和实践的重要性，揭示了知识的存在是依赖于情境或与环境情境有关的。杜威强调，教育应遵循儿童本能发展及获取经验的自然进程。“学生的教材和成人的公式化、定型化和系统化的教材，即书本中和艺术作品中的教材是不一致的，也不能一致。成人的材料是学生的材料的可能性，而不是学生的材料的现状。成人的材料直接成为专家和教师活动的一部分，而不成为初学者和学生的活动的一部分。” ③ 因此，“当教师从事直接的教学活

① 虞永平．试论幼儿园课程及其特质［J］．早期教育，2001（1）：4-6.
② 石中英．知识转型与教育改革［M］．北京：教育科学出版社，2001：151.
③ 杜威．民主主义与教育［M］．王承绪，译．北京：人民教育出版社，2001：199.

动时，他需要精通教材；他的注意力应该集中在学生的态度和学生的反应上。教师的任务，在于理解学生和教材的相互影响”①。“教师不应注意教材本身，而应注意教材和学生当前的需要和能力之间的相互作用。”②教师应“发现介于儿童现在的经验和这些科目的更为丰富和成熟的东西之间的各个步骤”③，“把各门学科的教材或知识各部分恢复到它所被抽象出来的原来的经验。依照儿童经验生长的实际情况，还原为直接的和个人的经验”④。

作为教师，必须先熟悉以间接经验为表现形式的系统教材，然后将之心理化，转化为儿童可以感知理解的直接经验，再引导儿童通过组织原则达到较系统的认识，这个过程是从间接经验到直接经验再到间接经验的过程。这便是知识的解构与建构的过程，通过这个过程实现经验的二次转换。第一次转换：间接经验转换为直接经验。教师解构间接经验，创设情境，将系统的、抽象的知识还原为具体情境中可直接感受的经验，组织儿童通过活动感知——做中学（玩中学），引导儿童获得直接经验。在此基础上，教师帮助儿童分析、概括、提升直接经验，将具体情境中的知识迁移到高弹性的一般情境中，帮助儿童将零散的、感性的直接经验系统化，完成经验的第二次转换——直接经验转换为间接经验，这便是知识建构的过程。通过知识的解构与建构过程，实现经验的转化和知识的转换，完成知识的传承，实现教育的目的。

“经验首先是做的事情。”⑤“人们最初的认识，最根深蒂固地保持的知识，是关于怎样做的知识。”⑥“如果承认教材的自然的发展进程，就总是从包含着做中学的那些情境开始。”⑦杜威将“逻辑的”和“心理的”二者之间的对立辩证地统一起来，并在儿童的做中学活动中找到了二者的契合点。“体现典型情境的游戏和主动作业，可以提供现实性或欣赏的背景。”⑧知识的获得方式是经历和行动，知识的呈现和接受形式是经验。只有将概括化、系统化、体系化的成人型知识转化

① 杜威 . 民主主义与教育［M］. 王承绪，译 . 北京：人民教育出版社，2001：199.
② 杜威 . 民主主义与教育［M］. 王承绪，译 . 北京：人民教育出版社，2001：200.
③ DEWEY J. The child and the curriculum.［M］Chicago：The University of Chicago Press，1956：11.
④ DEWEY J. The child and the curriculum.［M］Chicago：The University of Chicago Press，1956：22.
⑤ 杜威 . 哲学的改造［M］. 许崇清，译 . 北京：商务印书馆，1997：46.
⑥ 杜威 . 民主主义与教育［M］. 王承绪，译 . 北京：人民教育出版社，2001：201.
⑦ 杜威 . 民主主义与教育［M］. 王承绪，译 . 北京：人民教育出版社，2001：201.
⑧ 杜威 . 民主主义与教育［M］. 王承绪，译 . 北京：人民教育出版社，2001：251.

为具体的、生动的、形象的情境性经验，利用真实的或者模拟的情境境脉，引导儿童在具象化的直接活动（游戏）中感知、操作、交往、协商、体验，帮助儿童理解经验、转化经验、建构经验，实现经验的转换，才能真正实现“逻辑的”（系统知识）与“心理的”（儿童已有经验）的统一。

2. 幼儿思维的叙事性

著名心理学家布鲁纳在其《真正的精神活动，可能的世界》一书里指出，在人的心理生活中存在着两种本质不同的思维模式：例证性思维（paradigmatic thought）和叙事性思维（narrative thought）。例证性思维又叫作命题思维，是哲学、逻辑学、数学和物理学等科学的思维方式，这种思维模式的目的在于给认识提供一种理论化的、形式化的解释，一种普遍抽象的例证。命题思维独立于特定情境，而叙事性思维就是讲故事或演故事，是关于人类条件、历史和社会生活的思维方式，是依赖于情境的经验。成人的思维模式同时包括例证性思维和叙事性思维，这两种思维模式都提供了各自的组织经验的方式，具有互补性。而儿童的思维是一种叙事性思维，依赖于具体情境，或者说儿童的心智具有一种叙事性的结构，是故事情节导向的。

皮亚杰把人的思维发展分为四个阶段：感知运动阶段、前运算阶段、具体运算阶段、形式运算阶段。感知运动阶段（0 ～ 2 岁）主要依靠感知觉和动作思维；前运算阶段（2 ～ 7 岁）主要靠表象来进行思维运动，也就是形象思维，还不能进行逻辑推导；具体运算阶段（7 ～ 12 岁）可依据具体的事物进行逻辑推导；形式运算阶段（12 ～ 15 岁）能够用假设进行推理。对于幼儿园的儿童，其思维处于前运算阶段。前运算阶段的儿童的认知活动具有相对具体形象性，还不能进行抽象的思维运算。思维的具体形象性是指思维过程依赖于具体的、有联系的，甚至活生生的上下文关系，而非形式化的、孤立的、脱离具体内容的单纯抽象过程。具体形象思维是依靠表象，也就是依靠事物具体形象的联想进行的，是在具体形象的情境中进行的。它是学龄前儿童思维的典型方式，是在感觉运动性的基础上形成和发展起来的。

皮亚杰所描述的前运算阶段幼儿思维的诸多特点都指向叙事性结构这一核心。幼儿常常把他们探索的外部世界当作有生命（泛灵论）、有联系、有故事的世界。幼儿的思维、记忆、想象甚至爱和恨，都是故事情节（或脚本）导向的。在幼儿的心理生活中，感性重于理性，个别性、具体性、形象性、情境性以及直接体验永远先于并优于抽象性和一般性。同时，幼儿的思维需要想象，需要理解人的目的、人的行为的原因，需要把握具体的时间和空间。叙事性思维在幼儿心理生活中具有不可动摇的中心地位。

3. 幼儿经验的情境化

“发展中的经验就是思维。思维的开始阶段就是经验。”①“思维是由直接经验的情境引起的……在每种情况下，都是由实际经历着的情境的性质引起了人们的探究和反省活动。……思维不单是从情境中产生出来的，它还回到情境中去。思维的目的和结果是由产生思维的情境决定的。”②“一切知识都是一个人在特定时间和特定地点获得的。”③知识具有情境性，儿童的经验来源于具体情境中的活动。“学习是情境性活动，没有一种活动不是情境性的。”④“但是我们一般并没有尽很大努力使学生在有意义的情境中学习，在这种情境中，他自己的活动能产生观念，证实观念，坚守观念——即觉察到事物的意义或联系。”⑤杜威提出，“我们主张必须有一个实际的经验情境作为思维的开始阶段。……情境应该具有引起思维的性质”⑥。因此，杜威强调教学的第一步应是“儿童要有一个真实的经验情境——要有一个对活动本身感到兴趣的连续的活动”⑦。

教师基于儿童的最近发展区，将教学内容转化“恢复到它所被抽象出来的原来的经验”，将概括化的间接经验还原为情境性的直接经验，生成富有意义的经验情境。丰富的情境与经验被应用的实际情境相联系的程度越高，其意义也就越大。情境可以是自然真实的，也可以是虚拟的，能够反映经验在真实生活中的应用方式，并规定信息的复杂程度以维持儿童的好奇心和坚持性，并且是能为儿童提供丰富信息源的“情境场”，从而支持儿童的自主探索。有意义的经验“情境场”应是：情境隐含儿童当前最需要的经验，活动过程需要儿童付出努力，能使儿童体验到挑战感；与真实情境相似，或者就是真实的生活情境，为儿童熟悉；

① 杜威．民主主义与教育［M］．王承绪，译．北京：人民教育出版社，2001：168.
② 杜威．我们怎样思维·经验与教育［M］．姜文闵，译．北京：人民教育出版社，2005：87.
③ 杜威．民主主义与教育［M］．王承绪，译．北京：人民教育出版社，2001：119.
④ J·莱夫，E·温格．情境学习：合法的边缘性参与［M］．王文静，译．上海：华东师范大学出版社，2004：34.
⑤ 杜威．民主主义与教育［M］．王承绪，译．北京：人民教育出版社，2001：175.
⑥ 杜威．民主主义与教育［M］．王承绪，译．北京：人民教育出版社，2001：168-169.
⑦ 杜威．民主主义与教育［M］．王承绪，译．北京：人民教育出版社，2001：179.

情境是动态的、关联的，富含有利于达成活动目标的相关材料，有与活动相适应的规则，人与人之间、人与物之间存在明显的或隐藏的联系。

游戏为幼儿所喜闻乐见，其自主性、生成性、互动性与高度情境化特点可以为幼儿提供最有意义的经验“情境场”，可以使抽象的知识和观念转化为具体的、形象的、可以感知的直接经验；可以使幼儿“有意义”地学习知识，即通过游戏的方式，将其中包含的知识以生动、鲜活的“情境化”方式让幼儿获得属于他们自己的领悟。游戏的模式或结构的作用，即运用这个模式或结构（经验的转换情境），抽象的、概括的知识就可以转化为具体的、可感知的直接经验，就可以把学习变得“通俗易懂”、“印象深刻”、感染力强。通过提供一种具有丰富的时间、空间、人物甚至对生活的建议的丰富多彩的画面，游戏的结构给幼儿提供了想象、陈述和隐喻，促进幼儿对他人、世界和自己的认识。通过游戏，幼儿在无意识的、内隐的学习过程中非常自然地获得了生活体验，感知了世界，更新了经验。这种学习方式为幼儿提供了一种重新描述世界的模式，提供了幼儿生活的意义和归属。

（三）幼儿园课程游戏化的基本要求①

幼儿园课程游戏化是对现有课程的优化和完善，是《指南》理念指导下课程的适宜性和有效性。幼儿园课程游戏化需要体现在课程的内容和形式中，体现在幼儿园的环境中，体现在师幼互动的过程中，体现在教和学的实际中，体现在幼儿园的文化中。

1. 创新课程游戏化方案

幼儿园课程不同于中小学课程。幼儿园课程主要的不是书面的符号系统，不是静态的知识体系，而是与幼儿的生活紧密相连的，是具有游戏精神的，是动态性的、过程性的、游戏性和情境性的，是幼儿积极投入其中的多样化的活动，是幼儿尝试、思考、创造的过程，是幼儿在生活和游戏中获取直接经验的过程。《纲要》指出，幼儿园教育应从幼儿园的实际出发，从班级的实际出发，因地制宜地开展适宜于儿童的多样化的活动。因此，幼儿园课程应该是因地制宜的，不是千园一面、万班一貌的，也不是一成不变的。每一个幼儿园应该充分把握幼儿的身

① 虞永平．幼儿园课程游戏化项目的基本要求［J］. 早期教育（教育教学版），2018（4）：4–7.

心发展规律和学习特点，从幼儿园教师的实际专业水平出发，充分把握幼儿园周围的课程资源，关注幼儿的需要和兴趣，关注《指南》的目标，真正让幼儿在多样化的活动中获得有益的经验。幼儿园教师不是“教书匠”，不是简单地把书本中的知识灌输给幼儿。幼儿园教师要关注和研究幼儿的生活，关注和研究环境资源，规划真正适合幼儿实际的、生动有趣的、形式多样的活动。因此，从本质上说，幼儿园课程本来就是以园为本的，就是从幼儿园的现实出发的。幼儿园教师要有课程的理念，以《指南》为依据，理解并根据幼儿发展的实际确定本班幼儿发展的目标，选择有利于实现目标的课程内容，并创设适宜的环境，准备适宜的材料。

现成的课程方案是前人研究与实践的经验，可以为开展课程提供启示。教师可以借助现有的一套或多套课程方案（即教师用书），选择使用其中的活动计划和方案。这些方案是教师课程建设的“拐棍”，能够帮助和启发教师确定相应的活动。但现成的课程方案不一定适合本班幼儿，教师可以在借鉴、继承的基础上对现成方案做创造性完善和调整，从本园实际出发，基于本班幼儿的已有经验、现有水平、兴趣爱好和发展需要，不断创新和改造课程方案，实现课程方案的园本化、班本化和游戏化。课程游戏化项目要求幼儿园基于一套或多套现行课程方案，通过观察、记录、反思、研训、审议等方式，以适宜性和有效性为目的，通过环境设置、游戏区域、活动组织以及日常生活等各种途径，进行课程方案的游戏化、生活化、适宜性改造，形成以游戏为基本活动方式、全面涵盖幼儿发展领域的幼儿园教育课程体系。这是一个漫长的过程，需要长期的努力，需要在实践中不断改造，在实践中不断建构，在实践中不断完善，在实践中不断创新，最终形成真正适合幼儿实际的课程方案。在课程方案的改造中，核心的是幼儿的活动。要真正从幼儿发展的实际需要出发，选择适宜的活动形式。在幼儿园，一日生活中的各个环节都是课程实施的重要契机。集体教学活动、区域游戏活动以及日常生活活动都能让幼儿获得有益的经验。选择幼儿的活动形式要考虑活动的内容和性质，集体教学活动、区域游戏活动和日常生活活动具有各自的特点和作用，要充分发挥每种活动的优势，注重多种活动形式的相互配合，共同完成促进幼儿发展的目标。

2. 创建课程游戏化环境

幼儿园的环境是课程实施的重要条件，环境的改造和创建也是幼儿园课程改革的重要内容之一。幼儿园课程游戏化要求幼儿园的环境符合幼儿的身心发展规律和学习特点，既关注室内环境，也关注室外环境。要真正让室外环境具有生态性，要有生命气息，让幼儿感受生命的多样性，让室外环境真正成为幼儿获得多样化经验的活动场地。要为幼儿创设趣味化的活动空间，满足幼儿玩沙、玩水的兴趣，满足幼儿多样化的交往需要，让幼儿在户外活动中获得自然、审美、社会性、身体等多方面的经验。环境是课程游戏化的关键因素，幼儿园要根据课程实施的需要，适时、动态地对幼儿的活动环境进行改造、调整，从室内环境到室外环境，从显性环境到隐性环境，营造能让幼儿的探究、交往和表现的潜能真正得到充分展现的环境。要充分利用和优化室内的廊道环境、班级环境及其他公共环境，充分发挥环境的课程价值。要从课程目标出发，对幼儿园的室内环境进行总体规划、科学布局、充分利用和有效管理，使之真正成为促进幼儿获得新经验的机会和条件。

幼儿园要营造良好的心理环境，支持和鼓励幼儿主动探索、主动交往、充分表现；要充分调动幼儿的积极主动性和创造性，激发幼儿的主体性；要处理好规则与自由的关系，让幼儿参与规则的制定，让更多的幼儿真正理解规则、认同规则，从而达到真正的自由；要从幼儿的年龄特点出发，给予幼儿选择的机会，培养幼儿的任务意识和责任意识，帮助幼儿养成良好的行为习惯。

3. 构建游戏化活动区域

过去在幼儿园的各类活动中，区域活动获得的关注相对较少。我们强调区域活动，不是因为集体教学活动和日常生活活动不重要，而是因为部分幼儿园对区域活动有陌生感，在规划区域时遇到的问题和困难相对较多，在区域活动中出现的问题也相对较多，并不是说区域活动就一定优于其他活动。在一日生活中，活动类型的选择还是取决于活动的内容。幼儿园的活动区域是开展区域活动的基本条件。活动区域可以在室内，也可以安排在室外。但对于一个特定的幼儿园来说，区域如何规划，是因班而异的，是与幼儿园实际的空间资源相关的，甚至不同的季节、不同的天气及幼儿的兴致都可能影响区域的安排。要避免区域规划的教条主义和机械主义。区域的规划要有利于幼儿的活动，要符合幼儿身心发展规律和学习特点，有利于幼儿经验的获得。区域的规划应注重多样性、互补性、互动性和发展性。不同的区域有不同的活动和任务，性质也可能各异，不是所有的区域都具有完全相同的功能，但不同区域之间可以进行协调和互动。因此，有些区域可能自发性和游戏性更强一些，有些区域可能目的性和探究性更强一些。在规划区域时，一定要将幼儿游戏的需要作为区域设置的重要依据，确保幼儿的自由游戏时间和空间。

与集体教学活动相比，区域活动具有更多的选择性和自主性，但它也是课程实施的重要活动，也需要教师的观察和指导。因此，在区域活动中，教师应注重观察、适当介入、有效指导，为幼儿的主动发展提供条件。当然，也不能将区域活动当作小组教学，若教师介入过多，则会干扰幼儿的探索和发现。教师任何放任不管、过于随意的行为，都不可能引发幼儿的深层学习，不可能让幼儿不断面临挑战，形成新的经验。

要深入研究包括区域活动在内的各类活动的过程，研究活动过程中的各要素之间的关系，研究教师如何观察、发现问题，教师的指导是否合理和有效，研究幼儿在活动中与周围环境的相互作用，研究幼儿良好学习品质的养成，研究幼儿是如何获得经验的。要关注活动过程，向过程要质量。

4. 建设课程游戏化资源

幼儿是在行动中学习的，幼儿与周围环境，尤其是与材料的相互作用，是幼儿获得经验的重要途径。因此，无论是开展集体教学活动还是区域活动，都需要课程资源做保障。首先，要充分配足班级活动的基本资源，按照《幼儿园玩教具配备目录》的要求，确保基本资源的到位。其次，课程资源是幼儿园课程园本化、游戏化的重要支撑。在课程建设过程中，要充分调查幼儿园周围的课程资源，可建立资源地图，系统录入周围资源的种类和功能，形成一个包括自然资源、社会资源、文化资源、科技资源等在内的广泛的资源体系。

要深入研究每一种资源的挖掘、收集、利用和储存的过程，研究每一种资源的功能，研究不同资源之间的协同和配合，最大限度地发挥资源的教育价值。要根据幼儿的兴趣和需要，组织和改造资源，将基本资源和辅助资源有机结合起来。要从幼儿的年龄特点出发，确保活动资源的可选择性、可获得性、适宜性和挑战性，要真正满足幼儿活动的需要，促进幼儿持续学习。要深入关注幼儿利用资源进行互动的过程，发现问题、加强指导，使资源在活动的过程中真正转化为幼儿的经验。

5. 提高课程游戏化能力

所谓课程游戏化能力，就是指幼儿园课程的建设能力。幼儿园教师不仅要有课程实施能力，还要有课程建设能力，这也是幼儿园教师能力结构不同于中小学教师的关键因素。幼儿园课程建设不是高不可攀、遥不可及的工作，而是幼儿园最基本的工作，是每天都在进行的工作。对于幼儿园教师而言，课程建设就是学习和理解《指南》的要求，明确以儿童为本的基本教育理念，注重生活和游戏的教育价值，明确不同年龄班幼儿的发展目标，在观察幼儿现实表现的基础上，为幼儿各方面的发展创造条件，如创设环境、准备资源、开展多样化的活动，让幼儿在丰富多彩的活动中获得相应的经验。

课程建设能力包括教师观察分析的能力、计划和设计的能力、环境创设的能力、资源挖掘和利用的能力、各种活动的组织能力、评价和反思的能力，这些能力就是《幼儿园教师专业标准（试行）》中强调的教师的专业能力。这些能力是幼儿园教师有别于其他年龄阶段学校教师的能力，也是幼儿园教师的看家本领。当前，尤其要关注观察分析能力、课程审议能力、反思总结能力等能力的发展，要深入实践，只有实践才能提升专业能力。因此，幼儿园课程建设能力就是幼儿园教师专业能力的集合和灵活的组合。通过深入开展幼儿园课程的改革和实践，不断推进课程的适宜性和有效性，提升教师的专业化水平，普遍提升幼儿园课程游戏化实施水平，从而提高幼儿园教育质量，更好地促进幼儿的发展。

（四）幼儿园课程游戏化的实施路径

幼儿园课程游戏化是幼儿园课程发展的必然趋势，这不仅符合幼儿具体、形象的认知发展特点，同时还满足了幼儿童年幸福生活的需求。幼儿园课程游戏化的建设旨在引导幼教工作者树立正确的儿童观、游戏观和课程观，使幼儿园课程的组织与实施具有游戏的精神，以实现幼儿园课程的主体性、开放性、适宜性，推进实施符合幼儿身心发展规律的幼儿园课程，让幼儿在游戏中和在游戏化的活动中生动活泼、积极主动地发展。幼儿园课程游戏化除了确保幼儿的自发性游戏活动以外，还应当把游戏活动的要素与精神渗透入生活活动和教学活动中，体现活动的游戏精神，使幼儿在活动中获得游戏性体验。

1. 区域活动多元化

幼儿的活动是基于原有经验，在与他人、与环境的互动中自主生成的。幼儿的已有经验是幼儿活动的基础，互动性环境是幼儿活动的资源，互动性他人是幼儿活动的助力。

（1）环境引发

教师应观察、研究儿童，了解儿童的已有经验、现有发展水平，分析儿童的兴趣和需要，基于儿童的最近发展区，依据儿童的年龄特点，创设互动性活动环境；建立多元化活动区域，关注区域之间的开放性、互动性，充分发挥“环境是第三位老师”的教育作用，引发和支持幼儿与幼儿、幼儿与教师、幼儿与环境的积极互动，让幼儿在互动性环境中生成自发性游戏，并积极地参与游戏，生动地拓展游戏；为幼儿提供充足的多功能、多变性游戏材料，并以自然材料、半成品材料为主，培养幼儿以物代物的游戏能力，鼓励幼儿变废为宝，利用废旧物品自制游戏设施、材料和玩具；确保幼儿自由游戏的机会和条件，为幼儿提供充裕的自由活动时间，使幼儿能够有机会自由活动、有条件自由活动，保证每个幼儿都有自由活动、充分活动的时间和机会，让每一个幼儿都能获得不同的活动经历与体验。此外，还应尊重幼儿自主游戏的权利，保护幼儿的自发性游戏，鼓励与支持幼儿按照自己的意愿选择活动材料、伙伴及内容，决定对待和使用活动材料的方式与方法，即自己确定玩什么、和谁玩、怎么玩。

尊重幼儿自发游戏、自由游戏的权利和机会，并不意味着对幼儿游戏活动的“无视”与“放手”。除了确保幼儿的自发性游戏之外，教师还应依据幼儿的年龄特点和已有经验与兴趣，为幼儿提供多元化游戏活动的机会和条件，以保证幼儿活动的适宜性、发展性。同时，教师有必要设计与创新出具有多功能、多变性的活动，使幼儿的区域活动更为丰富多彩。例如，改编游戏便是基于对儿童自发性游戏的观察与分析，从中抽取出若干有价值的游戏因素，结合幼儿的已有经验，使之系统化，以赋予其更高的游戏价值。这种改编是筛选的深化与发展，通过对游戏因素有目的、系统地运用，从而提高游戏效益。如“卷炮仗”是一项传统的民间体育游戏，包含卷（跑螺旋队形）、燃放、纸屑飘落的环节。教师将民间体育游戏“卷炮仗”与歌曲《卷炮仗》有机结合，将其改编成音乐游戏，将原来单一的运动游戏丰富为有趣的歌唱游戏，让幼儿根据歌曲节奏的变化调整自己的步伐，通过自身的探索走出螺旋队形，进行合作游戏。幼儿在玩中学会了歌曲，感受了音乐节奏的变化，通过游戏表现了歌曲，发现了游戏的规则，并体验了成功与合作的快乐。

（2）持续观察

德国教育家第斯多惠认为：“无论是对一个医生还是一个教师来说，最重要的就是必须首先认识人的一般天性和特殊天性，然后才能对症下药，因材施教。”① 认识幼儿应是教育的必然前提与基础，了解幼儿应是教育工作者永恒的课题。教师如同医生，需要对幼儿进行“望、闻、问、切”，这样才能“对症下药”，因人施教，促进每一个幼儿获得个性化发展。观察是研究、了解幼儿的主要途径，观察幼儿在游戏活动中的言谈举止，以分析幼儿的游戏行为，研究幼儿的已有经验、现有水平、兴趣爱好和发展需要，据此为幼儿活动提供适宜性指导。

游戏活动的指导始于观察，教师首先应明确观察的目的，将观察、研究幼儿作为一切教育活动的基础。教师的观察应是在自然状态下，对活动中的幼儿进行持续性、全面性观察，以了解幼儿的活动表现，研究幼儿的游戏行为，分析幼儿的活动需求，为幼儿提供精准性有效指导。教师应留意观察每个幼儿的活动状况，关注幼儿在活动中的表现和反应，敏感地察觉他们的需要，捕捉反映幼儿某一活动发展水平的创造性表现，从而较准确地把握幼儿活动的动态和发展水平。教师还应了解幼儿的兴趣、需要和同伴交往情况，并对观察结果做进一步的分析、研究，获得有价值的教育信息。但目前教师普遍反映“师幼比”太低，教师分身乏术，加上担忧幼儿的安全，导致教师难以持续、细致地进行“扎根式”观察，基本上采取“瞭望式”观察或“眺望式”观察，关注的重点是幼儿的安全——教师成为“牧羊犬”，而不是一个观察者、合作者、引导者、支持者。教师的“走马观花”，难以获得全面、真实的幼儿活动信息，活动指导的适宜性因而大打折扣，这也是幼儿园区域活动在“低水平游走”的根源之所在。只有对区域活动进行持续性观察，才能充足地、透彻地认识幼儿的活动行为和发展需求，根据这种认识，加以勤恳地探索，才能充分发挥区域活动的教育功能与价值。

（3）即时记录

在活动过程中直接形成的、具有记录功能和保存价值的文字、图片、录音、录像等文件资料，是活动过程及其质量的客观记录，是进行教育研究和评价的有效证据。教师通过持续、细心地观察幼儿，利用如笔记本、录音笔、照相机、摄像机等不同的工具，从不同的角度对幼儿的行为进行持续地观察和记录，收集活动的原始材料，可以了解幼儿在活动中的表现，对幼儿在活动中产生的经验做细

① 第斯多惠.德国教师培养指南［M］.袁一安，译.北京：人民教育出版社，2001：99.

致的分析，以便引导幼儿进入下一个活动阶段。区域活动是一个持续性过程，教师应注意观察幼儿有意义的言行，抓拍生动的活动场景，随时记录、收集、存贮活动的过程性信息。教师通过对幼儿活动的持续关注，即时记录幼儿活动中所有的经验、反省、探讨，可以让幼儿的发展“看得见”。即时记录是真实活动生发、展开与深入过程的缩影，可使幼儿活动可视化，并作为回顾、分享、评价的媒介，为教师和幼儿再次观看、回忆活动过程提供资源，也为教师提供了一个研究与不断完善活动的重要工具。教师除了要养成即时记录“随手拍”的习惯外，还可以引导中、大班幼儿采取多种方式记录活动过程（如充分利用家长淘汰的手机对活动进展或作品进行“即时自拍”），作为活动成果进行交流与分享，以此帮助幼儿回顾活动过程、梳理活动经验、提升活动品质。

（4）优化指导

教师对幼儿活动的具体指导和帮助，可促使活动内容更加丰富、活动开展更加深入，引发幼儿与环境、同伴发生积极有效的互动，提高区域活动的水平。在游戏过程中，教师要成为幼儿游戏的支持者、合作者、引导者，以关怀、接纳、尊重的态度与幼儿交往，关注幼儿在游戏中的表现和反应，敏锐地觉察幼儿的需要，捕捉教育契机。教师应及时以适当的方式做出应答，与幼儿一起感受和体验，形成合作式的师幼互动关系；针对活动状况和出现的问题，基于活动的需要，适时地进行隐性的间接指导，支持幼儿的活动，引发幼儿探索、操作、发现、讨论，帮助幼儿拓展游戏情节，丰富活动内容，提升活动质量。值得注意的是，教师对幼儿活动的指导应以不改变活动的主客体关系为前提。为幼儿活动提供指导时，教师应避免直接指导，避免对幼儿的活动产生过度的“干扰”，避免凭自己的主观意志与愿望去充当“真实发言人”。在活动单一、互动匮乏、难以为继时，教师可以游戏角色身份介入活动，丰富游戏元素、拓展活动主题。

区域活动的特点是自主性，教师以间接指导为主，但这并不意味着教师指导作用的削弱和“放任自流”，而是更需要教师利用智慧促使区域活动优质化。教师应细心观察幼儿在区域活动中的行为，依据幼儿的不同活动表现，精准优化幼儿活动的品质，引导幼儿由边缘参与者转化为合作活动者：关注区域活动中的无所事事者，激发其参与区域活动的兴趣；对于活动中旁观的幼儿，针对幼儿的兴趣目标点，引导其积极参与目标活动；对于只专注于自我活动的独自游戏者，可以鼓励其与同伴交流、分享，以引发同伴联合活动；针对没有建立共同目标、还处于联合活动状态的幼儿，可以引发其探求共同的活动目标，并以共同的活动目标为中心，在游戏活动中进行明确分工、有效合作，以达成合作活动目标，获得互动性经验。教师可以通过材料的投放与更新、活动环境的变换来引发幼儿的区域活动行为，也可以通过丰富活动情境的方式，以活动参与者的身份进行言语或非言语（行为）引导，将幼儿的无所事事、旁观活动、独自活动、联合活动优化为合作活动，以确保幼儿区域活动的有效性和优质性。

（5）交流分享

幼儿的区域活动重在自主探究，但幼儿粗浅的、碎片化的自主探究经验需要梳理、提升为有益的经验。杜威认为，有益的经验具有连续性和相互作用性。这就意味着幼儿的经验不能是割裂的、相互分离的，而应是连续的、相互关联的。它既是从幼儿过去的经验中形成的，又对未来的经验有启发意义；它既建立在幼儿已有经验的基础之上，又能引起幼儿的活动兴趣，促使幼儿渴望获得未来的经验；它既能进一步引发幼儿与环境和材料的互动，又能引发幼儿与他人的互动。分享与交流是区域活动中必不可少的经验提升环节，具有不可取代性，应将分享与交流常规化。

幼儿对活动作品的展示和活动过程的回顾，一方面可以帮助幼儿及时梳理和提升活动经验，另一方面可以将个体经验群体化，在相互的交流分享中，幼儿获得默会知识，实现经验的个体建构和群体建构。分享交流的方式可以是小组汇报，也可以个别介绍；可以是成果展示和问题探讨，也可以是活动感受和过程体验：进行了什么活动？发生了哪些有趣的事？遇到了什么问题？是如何解决的？教师可以提供照片、视频等过程性资料，帮助幼儿回顾活动过程，关注幼儿活动经验的梳理、概括和提升，实现个体经验和群体经验的建构与整合，从而引导幼儿不断地活化经验，逐渐提升发现问题、解决问题的能力。同时，教师应鼓励幼儿积极地参与交流与分享的活动，大胆地表达，并通过高质量的交流与分享引发幼儿继续活动的兴趣，激发幼儿再次活动的愿望，将所获得的知识经验吸收内化，并将知识经验迁移运用到新的探索中去。

分享交流是幼儿在各自经验基础上彼此碰撞与交流的过程，也是对自己经验的过程进行反思与评价的过程，有利于提升活动价值。交流分享是为了激励，为了导向，也是为了因材施教。在具体的组织中，它则表现为师生共同参与，汇集活动中的信息，在共享快乐、交流经验、解决困惑中进一步引发活动兴趣。在区域活动的分享交流中，幼儿是分享交流的主体，教师应是一个忠实的倾听者、灵活的引导者和智慧的提升者。教师穿针引线，或有趣地导入点题，或简短地提问，或夸张地疑惑，或热情地鼓励，尽可能多地满足幼儿的感受与经验建构，彰显他们的主体显性地位。与此同时，教师还特别要注意尊重与理解不同幼儿的表达方式与习惯，鼓励幼儿大胆表达各种想法——介绍活动过程，交流各自的经验，展示活动成果，分享活动的快乐。幼儿通常用语言和作品讲述自己在活动中的经历、理解和想法，并相互询问、了解彼此的活动，提出困惑和问题。通过回忆活动过程，幼儿能看到他们的计划和活动之间的联系，能对他们自己的行为和思想有更清楚的意识。教师鼓励幼儿把自己在游戏中的所见所闻、感受体验表达出来，与同伴交流分享。这不仅能增强幼儿对游戏的兴趣，同时也有利于幼儿默会知识的获得，为幼儿提供学习的机会，以吸纳别人的经验，扩展自己的思维方式，既能增强幼儿的自信心，又能激发幼儿表达的兴趣。通过交流分享，引导幼儿发现问题、讨论问题、解决问题，激励幼儿协作创新，为活动出谋献策，不仅对幼儿活动方式有改进和调节作用，还能激发幼儿再学习和再次探索的欲望，为下次活动的开展提供良好的基础。

（6）作品展示

稚拙的作品透露出儿童的不同风格与智慧，反映了幼儿的心路历程。幼儿的活动作品展示也是一种活动成果的分享交流，它的直观、形象在某种程度上比语言更能引人入胜，更能激发幼儿同伴间的交往、关注与热爱，进而向同伴学习。通过展示幼儿的区域活动成果，激励幼儿关注所有的活动区，可促使幼儿对其他活动区产生积极情感，保护幼儿参与活动的积极心态，从而使幼儿始终感受到区域活动是快乐的活动，从而乐于参与区域活动。通过作品展示，幼儿能积极地展现自我，可以充分展示各自不同的才能。教师也可以了解幼儿在动作、思维、语言表达、交往合作等方面的发展水平，发现幼儿的闪光点，鼓励幼儿的优点及细微进步，引导幼儿对自己提出更高的要求，指出幼儿的努力方向，提高其积极性。

对教师而言，幼儿的活动作品可以使教师更自然地走近每个幼儿，走进他们的心灵。因此，幼儿的任何一件作品都应该珍惜，都应该尽可能地回归他们的生活，装点属于他们的空间。在作品展示过程中，教师首先应注意保持幼儿作品的原生态，不做多余的加工修饰，让作品释放出自然、稚拙的光彩。其次，教师可用桌面陈列、悬空垂吊、墙上悬挂、展板张贴等形式进行平面或立体的布置，同时可用背景法、装裱法等加以简单的衬托、美化和归类，使作品更具有童趣和情趣，让幼儿在移步换景中，主动与之“对话”，使幼儿真正成为活动环境的参与者与创造者，使区域活动作为幼儿的一种自我学习、自我探索、自我发现、自我完善的自主活动，能真正成为促进幼儿身心和谐发展的有效途径。

2. 集体教学活动游戏化

游戏化不仅仅是借用游戏的形式，游戏化的实质是使集体教学活动带有游戏的精神，需要寻求有效的整合策略，使集体教学活动与游戏自然、有机地融为一体。

集体教学活动是课程实施的重要途径，可以帮助幼儿梳理、提升活动经验，使经验系统化。将游戏因素与集体教学因素结合起来，实现集体教学活动游戏化是幼儿园课程发展的必然趋势。融合了游戏因素的集体教学活动更具生命力，可以更好地发挥其教育功能。渗透了游戏精神的集体教学活动凸显其情境性、生活性、互动性、愉悦性，实现了知识的情境化，为知识的解构与建构提供了平台。这不仅符合幼儿直觉形象思维的认知发展特征和需要，使学习活动主体化，使幼儿生动活泼、主动积极地学习，真正成为学习与发展的主体，同时还满足了幼儿童年幸福生活的需求。集体教学活动游戏化可制造高质量的互动机会以增强教学的效果，既在游戏中达成教学目标，又在教学中体验游戏快乐，使教育活动更具有效性、适宜性。但需明确游戏和教学各自的价值和功能，避免否定教学或游戏泛化的现象，最高效率地发挥游戏和教学这两类活动的教育价值，使适宜性和有效性得以兼顾。集体教学活动游戏化的根本目的是从游戏活动中提取可利用的游戏元素，使之与集体教学活动有机渗透与融合。游戏元素作为集体教学活动的外部形式，必须与集体教学活动的内容和谐统一，有机联系、相互融合，避免因一味追求形式上的“花哨”和“虚假繁荣”而导致教学活动的庸俗化、低效化。

集体教学活动游戏化，意味着“以游戏为中心的学习”，需要教师将教学和游戏融会贯通，选择的游戏形式和内容要注意趣味性，应是借助生动有趣的游戏情境、情节和形象可爱的角色来吸引幼儿，强调的是渗透在教学内容之中的游戏性特征，灵活地处理教学目标与游戏因素的有机融合。如数学活动“认识前后”就是以动画片《黑猫警长》作为游戏情境贯穿活动始终，设计了警员训练、出警、活捉“一只耳”等情节，将教学内容自然巧妙地融入游戏过程中。活动中，教师和幼儿都以游戏角色的身份参与游戏活动中，既让幼儿处于游戏的主动地位，获得游戏的体验，又达成了教学目标。

集体教学活动游戏化还可以体现于教学活动与游戏活动的互生。例如，在晨间活动的“踩影子”游戏中，教师发现幼儿对影子充满了兴趣，结合《指南》中大班幼儿的发展目标，及时生成主题活动“影子”。随着“影子”主题活动的开展，幼儿对光与影的经验不断丰富，主题活动的开展也不断推进着幼儿游戏的丰富和发展，生成了新的游戏如“皮影戏”。教师将皮影戏鉴赏与幼儿的形体展现巧妙结合起来，引导幼儿模仿日常生活动作，如拖地、跑步、做操、划船等，进行“人体皮影戏”表演。皮影戏动作的幽默性与生活性使得幼儿兴趣盎然，身心陶醉其中。在课程建构过程中，游戏生成了集体教学活动，教师依据课程内容和教学要求，进行游戏创编，并创设能够激发幼儿游戏的环境，让幼儿在环境中自然生成游戏。这一过程又是集体教学活动生成游戏的过程。

集体教学活动是一种传统的、基本的幼儿园教育活动形式，也是一种既经济又有效的活动形式，有其自身独特的特点和教育功能，具有不可替代性。同时，由于我国的幼儿园，特别是中小城市和城镇中的幼儿园，一般存在着班额偏大、师幼比低的问题，给小组教学造成了一定的困难。面临现实困难，有着丰富的集体教学经验的教师充分发挥集体教学的优良教育功能，不断优化集体教学活动的效果，将集体教学活动作为完成教育任务、实现教育目标的主要组织形式，成为目前我国幼儿园中普遍采用的一种活动类型。同时也应该看到，由于在课程改革中强调了幼儿自主、主动学习，强调了个别化游戏和教学，部分管理者和教师误以为开展集体教学活动就不是先进的教育理念，降低了对幼儿园集体教学活动的重视程度，甚至采取回避态度，一定程度上削弱了幼教管理者和教师对集体教学活动的研究，淡化了集体教学活动在幼儿园教育活动中的功能和地位。

幼儿园课程游戏化意在让幼儿教育更加贴近幼儿的生活，更加贴近幼儿的心灵，体现了对幼儿身心发展规律的敬畏与对幼儿学习特点的尊重，让幼儿在游戏的乐趣中形成专注活动的态度，在游戏的体验中学会合作探究的方法和习惯，在游戏的分享中体验交流的快乐，从而，通过游戏和游戏化的活动学会游戏、学会生活、学会学习。“培养它、哺育它吧，母亲！保护它、关心它吧，父亲！用一个真正懂得人类本性的人的平静而敏锐的眼光来看，在这一时期的儿童自发选择的游戏中显示出他未来的内心生活。这一年龄阶段的各种游戏是整个未来生活的胚芽，因为整个人的最纯洁的素质和最内在的思想就是在游戏中得到发展和表现的。”①

3. 生活活动趣味化

幼儿园的生活活动是从幼儿发展的现实需要出发，从幼儿所处的特定生活背景出发，基于幼儿的生活养成教育而进行合理组织安排的综合性活动，是幼儿园课程的重要组成部分，是幼儿教育的重要途径。对幼儿日常生活的关注，符合把幼儿的身体发展和良好的生活、卫生习惯养成放在首位的《纲要》精神，体现了让幼儿通过生活学会生活的教育宗旨，也是幼儿园课程特质的一个重要体现。缺失生活活动的幼儿园课程不是真正科学的幼儿园课程，忽视生活活动的幼儿教育不是全面和谐的幼儿教育。

将游戏因素、游戏精神渗透到生活活动中，是实现生活活动游戏化的重要策略。教师利用游戏因素，借助游戏的角色、情节和情境以及游戏性的语言，以多种简便易行的游戏方式组织幼儿的生活活动，使生活活动游戏化，让幼儿每天都有愉快的情绪体验。但利用游戏因素、保证轻松愉快的一日生活并非要求吃饭、睡觉、洗手、如厕各个环节都要创设游戏情景，重要的是教师可通过诙谐、幽默的言谈举止和以爱、尊重、平等为基础的教师行为与幼儿行为的交互作用，模拟、营造游戏发生的心理环境。在组织活动时，教师可根据活动的需要，以不同的游戏角色，利用生动有趣的游戏情节，串联活动的各个环节，增强生活活动的趣味性，减少和避免消极等待现象，提升生活活动的愉悦性。

集体教学活动、区域活动、生活活动是幼儿园课程实施的途径，具有不同的教育功能与价值。生活活动是指满足幼儿生命基本需要的活动，具有随机性、渗透性等特点。集体教学活动是一种面向班级全体幼儿所进行的专门的、正式的教学活动，具有鲜明的计划性、目标性、系统性、组织性、直接指导性等特点，便于儿童经验的体系化和群体化。幼儿园的集体教学活动，可以主要关注某一个学科领域的活动，如音乐活动、体育活动、科学活动等，也可以是整合某几个学科领域的综合活动；可以是较多关注教师预设和指导的，也可以是较多关注幼儿自发生成的；可以是低结构的，也可以是高结构的。区域活动是一种专门的、非正式的小组活动，具有自主探索性和间接指导性等特点，经验获得具有个体化和碎

① 福禄培尔 . 人的教育［M］. 孙祖复，译 . 北京：人民教育出版社，2001：39.

片化的特点，需要将个体经验体系化，更需要充分利用个体经验资源，将个体经验群体化，引发集体性探究。集体教学活动、区域活动、生活活动是幼儿园一日生活必不可少的活动，前一个活动应是后一个活动的基础，后一个活动应是前一个活动的自然延伸，不仅可以实现个体经验与群体经验的相互转化，也可实现个别活动、小组活动和集体活动的自由切换。在经验与活动的自然转换中，幼儿的生活、游戏和学习互相渗透、有机融合，在多元化活动中获得综合性的、有益的经验。

（本章作者　陶金玲）

第十一章

CONG YOUERYUAN KECHENG WENBEN DAO KECHENG WENHUA

从幼儿园课程文本到课程文化

一、课程文化的内涵释义：核心价值的体现

随着幼儿园课程的改革与发展，我们的关注点不能仅仅局限于课程文本上，围绕着目标、内容、组织和评价“兜圈子”，而应把重点聚焦于最能影响幼儿园课程发展的文化视角。课程和文化的关系是自然的、内在的，有课程就一定有文化的存在。课程的改革就是文化的改革，课程发展的历史，就是文化在课程中的发展过程，也是文化创生的过程。课程文化的含义可以从多个方面来理解，一是课程体现一定的社会传统和特征的文化，二是课程本身的文化特征。① 前者将课程看成文化的载体，这是从课程内容的角度来理解课程文化，认为文化是学生要学习的课程内容或可供教师选择的课程资源；后者将课程看成一种文化形式，课程本身就是文化的体现。严格来说，前者将课程文化理解为课程中的文化，是课程与文化两个概念的结合；后者将课程文化视为一个完整的概念，是具有自身特质的有机的文化存在。

幼儿园课程改革与发展更关注作为文化存在的课程，课程文化即课程本身的文化形态。这个概念表面上看起来是一个静态的名词性的课程文化，毋庸置疑，在课程史上，传统的课程观在很长时间里将课程置于一个静态的文化形态上。而近三十年以来，幼儿园课程处于从传统课程观与课程实践向建构主义课程观和课程实践转型的过程中。随着课程观与课程实践的逐步发展，幼儿园课程文化不可能是一个静态的、一成不变的存在，更不是人们在思想中一步到位、凭空构想出来的产物。课程文化几乎与课程同时产生，并随着课程建设过程而逐步发生变化。同时，它时时刻刻影响着课程建设的质量。

因此，从发展的视角来看，课程文化是在幼儿园课程实践过程中逐渐形成发

① 袁振国. 当代教育学［M］. 北京：教育科学出版社，2004：398.

展的核心价值的体现，具体体现在知识、理念、信仰及处事方式等[①]幼儿园课程的一切形式中。尽管很多时候，它体现在个体的理念与行为中，但核心价值观必须为幼儿园大多数成员认同和践行，才能称之为课程文化。它是教育领域一种独特的、重要的文化形态，核心价值是其深层的内核，决定着课程文化的性质，体现的是一所幼儿园的教育理想与教育追求。这里的核心价值是相对比较稳定的内在因素，而外在的文化形态并不是静态的，而是发展的、变化的。特别是自《规程》和《纲要》颁布以来，幼儿园课程改革与建设如火如荼。在持续的探索与发展过程中，幼儿园课程正经历着文化冲突与文化改造的迷茫与欣喜，我们不能仅仅将课程文化视为静态的、名词性的文化存在，更应该将它看成对话式的、流动性的文化过程。

如果需要用比喻来形容课程文化的话，我会选择“意义之网”[②]“交响乐”和“气息”来比喻课程文化可感知的形态。首先，课程文化是幼儿园内部人员（教师、儿童、幼儿园行政人员）与外部相关人员（家长、社区人员、教育部门行政人员等）共同编织的“意义之网”。可以说，课程文化是一种将教育共同体中的个人联结起来的那种特殊的存在，它不是物质，不是制度，不是某种行为本身，但其核心价值又存在于物质、制度、交往之中，是不同的个体在共同的课程空间里建构的关于“学习”的意义、“成长”的意义，并且其“意义之网”的结构是随着人员之间互动的变化而变化的。其次，课程文化是幼儿园课程的相关人员共同演奏的“交响乐”，乐团有很多人和很多乐器，有作曲家，有指挥，有演奏家，他们每个人都有自己擅长的“本领”和特别的资源。在同一个时间与空间里，他们既发挥着各自的优势，又与他人协调合作，共同演奏着课程的序曲、交响曲、协奏曲、进行曲、幻想曲、随想曲、交响诗等，时而讲述戏剧性的生命成长故事，时而赞美日常生活的美景，时而触及深刻的内心感受及哲学思考。“交响乐”意味着课程文化背后的每一位贡献者都是独特的，都是不可或缺的。最后，我愿意用“气息”而不是“氛围”来比喻课程文化，因为“气息”更易于被感官感受到，那是五种感官综合地自动捕捉到的一种直觉上的“喜欢”或“不喜欢”。当你走进一所幼儿园，你感受到的“气息”可能是清新的、自然的，可能是温暖的、

---

① 虞永平．试论幼儿园课程文化建设［J］．教育导刊（幼儿教育），2008（1）：4–7.

② 克利福德·格尔兹．文化的解释［M］．纳日碧力戈，译．上海：上海人民出版社，1999：5.

生活的，也可能是雅致的、艺术的，抑或是庸俗的、呆滞的。你所感受到的“气息”是一种从幼儿园的每个角落里散发出来的看不见的“味道”，却最容易感染他人。

在我看来，幼儿园课程文化是相关人员共同建构的“意义之网”、合作的“交响乐”、酝酿中散发出来的“气息”，需要教师、儿童、幼儿园工作人员、其他相关人员的共同参与，也需要我们用多种感官去感知与体验。正因为各个幼儿园的人员背景、价值观有所不同，也就没有一个标准的课程文化适用于所有幼儿园，也就是说，每所幼儿园都应该有自己独特的课程文化。课程文化本身不是一种单纯的发生在幼儿园的教育现象，也不是某种教育事件，课程文化的内涵体现在教与学的思维与行为模式中，是核心价值观的深度体现。课程文化决定了课程的品性，它反映了我们如何看待儿童，如何看待儿童的“学习”，如何看待儿童与他人的关系，以及如何看待儿童在幼儿园的生活意义等问题。

所以，从质的角度来看，课程文化有优劣之分，判断的依据是其核心价值观。课程问题一定涉及价值问题，不可能存在价值中立的课程。因此，无论是课程文化的研究者还是课程文化的建设者都无法回避课程的核心价值问题。课程的核心价值涉及如下三个不得不回答的问题，如何回答这三个问题反映出课程文化的基本立场。

第一，课程的目的是什么？

在课程的目的问题上，一直有“儿童中心”与“社会中心”的争论。“儿童中心”可以追溯到昆体良、夸美纽斯、卢梭、裴斯泰洛齐，“社会中心”可以追溯到亚里士多德、加尔文等。陷于二者的论争旋涡中没有任何意义，也不会给课程领域带来任何更深层的理论观照。儿童离不开社会，他们的成长需要社会的支持，他们当下与未来的发展都不可避免地受到社会的影响；而社会也离不开儿童，无论是现在还是将来，社会的发展都需要儿童这一群体的智慧，而且，儿童会以不同的方式反哺社会。那么，是否应该在两个端点“儿童”与“社会”之间找个平衡点呢？如果一定要找个平衡点的话，这种逻辑背后体现的是儿童与社会相互对立的观点。其实二者并不对立，这一点杜威早已论述过。儿童中心与社会中心的论争涉及对当下与未来的理解，关注当下的课程聚焦于儿童的生活经验、兴趣、需要与成长；关注未来的课程强调终身发展和社会发展所需要的品格与能力。可见，课程无论是出于满足儿童当下的需要还是未来社会发展的需要，结果都是殊途同归的。① 只是特别强调的是幼儿园课程应该以儿童为起点，促进儿童生长发展才是课程的真正目的所在。②

第二，儿童是如何学习的？

如何看待儿童的学习方式在很大程度上决定了课程文化的基调。儿童不是等待着被填满的器皿，而是积极主动的学习者，这应该是教育者一致认同的观点。儿童是主动的探索者，这一论点来自建构主义理论，他们认为儿童在原有的知识经验的基础上主动建构自己的认知结构和意义世界。然而，在皮亚杰和乔姆斯基的理论中，儿童是独自探索者，与他人没有主动的交集，而处在一个平静的逻辑世界里。维果茨基在儿童学习理论中有重大发现，那就是将社会互动作为主要的学习因素，他认为儿童的学习是在社会文化互动中达成的，在情境中互动合作更有利于儿童的学习。建立在建构主义理论基础上，我借用杜威提出的儿童的四种“兴趣”来归纳儿童是如何学习的，即主动探究（inquiry）、交流互动（communication）、建构制作（construction）、艺术性表达（artistic expression）。③ 杜威认为这四种兴趣来自本能，能够引导儿童更好地学习。

第三，学与教是什么样的关系？

建构主义理论认为，儿童是主动的探索者和发现者，教师是引导者和协助者，这已勾画出儿童的“学”与教师的“教”的基本样态。在这种样态的教育情境下，所谓知识的学习过程无非就是反思。在杜威看来，反省思维（即反思性思维）是求知的最好方式，是教学必须关注的核心，他指出：“一些博学多识的人，却时常陷在大堆知识中而不能自拔，这是因为他们的知识是靠记忆得来的，而不是靠思维的作用得来的。” ④ 因此，教与学的关系应该是反思性的关系，即教师在活动过程中持续地反思自己的语言与行为是如何支持及挑战儿童的思维参与的。同时，在儿童学习过程中，教师有意识地为儿童反思性思维提供足够的时间、空间以及情感支持。

---

① 蒋雅俊 . 课程哲学：儿童、经验与课程［M］. 北京：人民教育出版社，2015：21.

② DEWEY J. The child and the curriculum［M］. Chicago：The University of Chicago Press，1902：13.

③ DEWEY J. The school and society［M］. New Delhi：Aakar Books，2008：35.

④ 杜威 . 我们怎样思维·经验与教育［M］. 姜文闵，译 . 北京：人民教育出版社，2005：61.

二、课程文化的实践样态解读：意义的探究

课程文化是随着课程实践的发展而不断发展的，实践是幼儿园课程文化的根基，如果仅仅停留在观念上而没有落实到具体行动中，就不是真正的课程文化。因此，我将聚焦于实践层面上的问题来解读课程文化蕴含的意义，如教师的语言、课程资源、课程环境、师幼关系、课程活动，这几个方面在实践中不是绝对划分开来的，它们之间有交叉，并且相互影响，相互解释。

（一）教师的语言

语言是教师教学中最常用也是最强大的工具。我们不能简单地将语言仅仅看成思想、情感、经验的表达，在维果茨基看来，语言还塑造着人的思想、情感和经验，从根本上塑造新的行为模式。① 在海德格尔看来，“语言是存在之家”，人就生活在语言中。那么，教师的语言就是教师作为教育者的存在方式。在儿童面前，你的语言是什么样的，你就是什么样的老师；在教育面前，你的语言是什么样的，你就培养什么样的学生。教师的语言最能彰显课程文化的本质特点，因为教师的语言里藏着教师的课程信念，同时也影响着他们的课程实践。更重要的是，教师的语言塑造着儿童的思维模式，影响着儿童对自己的认知，教师的语言能帮助儿童更好地理解自己在游戏和学习中的思考，教师的语言还影响着儿童的行为发展以及师幼关系的建立。② 教师每天在活动中无意识地使用着很多类型的语言，这里，我将探讨两种教师常用的语言，也是教师应该避免使用的语言。

第一，表扬性语言。几乎每位幼儿教师都有类似这样的经历：当一名儿童完成拼搭积木作品时，你忍不住给予表扬，你可能会说：“哇，你一定很认真、很努力！”或者说：“你真聪明！”（“你真棒！”）两种不同的回应性语言传递了不同的思维方式（mindset）——前者属于鼓励性语言，有利于儿童成长型思维（growth mindset）的形成；后者属于表扬性语言，其结果是形成固定型思维（fixed mindset）。那些听到表扬性语言的孩子，接下来更可能选择简单的任务；而那些

① VYGOTSKY L S. Mind in society［M］. Cambridge, MA: Harvard University Press, 1978: 24.

② DENTON P. The power of our words: teacher language that helps children learn［M］. Massachusetts: Northeast Foundation for Children, Inc, 2014: 4-6.

得到鼓励性语言的孩子，则更容易获得满意感，有兴趣坚持下去，更能积极地为将来的学业付出努力。①

表扬性语言其实是一种外在的奖赏，容易让有些儿童对来自教师的外在评价产生依赖感，而不能从自身所处的实际情况作出判断。我们知道有些儿童常常问老师："我的画漂亮吗?""我能干吗?"这些儿童成了"表扬瘾君子"，把教师的表扬当成一种让自己感觉良好的方式。过度的表扬让儿童失去了判断自己是否进步的能力，失去了对活动发自内心的喜爱。表扬性语言就像摆在生日蛋糕中央的那支大大的粉红色的奶油玫瑰，很吸引人，吃第一口，那甜甜的味道真是美妙极了。接着，吃第二口、第三口，味道也不错。但很快，就觉得那甜味太过了，让人腻了。如果我们一次吃得太多，还会产生恶心的感觉。它可能在短时间内提供一些能量，但不能为儿童健康成长提供营养。②

第二，以教师个人情感为中心的语言。此类语言如"你的画很有创意，我很喜欢!"或者"我喜欢某某小朋友，他做得真好!"。一个教师总是以自己个人的喜好来判断儿童的行为，即使语气是积极温暖的，态度是真诚的，也只能给儿童传递这样一个信息：我做得好是为了让老师高兴，让老师喜欢我。这样的信息不是尊重、鼓励儿童的自主性发展，而是一种"甜甜的束缚"，束缚了儿童自我判断能力的发展。那么，如何表达我们对儿童成长最真实、最自然的喜欢呢?"描述事实"! ③或者称为镜式表达（mirror talk），也就是教师看到什么就说什么。描述事实是不带有任何评判性语言的陈述，只是描述某个儿童在做什么，如"我看到你的画上用了好几种颜色画树叶""我看到好几个小朋友互相帮忙收拾玩具，我听到很多很友好的声音"……描述事实并不是不表达教师的情感，而是不要将教师的情感作为中心。当教师真诚地描述事实时，儿童是能够透过你的语气、表情和肢体语言感受到你对他的关注与欣赏。因此，儿童会变得更加自主与自律，儿童也在教师的语言中学会欣赏发生的一切，更深刻地理解自己的想法与做法，也

① MUELLER C M，DWECK C S. Praise for intelligence can undermine children's motivation and performance［J］. Journal of personality and social psychology，1998：75（1），33-52.

② FEENEY S，MORAVCIK E，NOLTE S. Who am I in the lives of children：an introduction to early childhood education［M］. New York：Pearson，2019：188.

③ DENTON P. The power of our words: teacher language that helps children learn［M］. Massachusetts：Northeast Foundation for Children，Inc，2014：97.

更可能引起儿童进一步的思考与探索。特别值得注意的是，类似于“你的画真漂亮！”“你真聪明！”的表扬性语言并不是镜式表达。

懂得倾听也是教师语言的一个重要部分，作为教师，倾听意味着更好地与儿童交流，倾听带领教师进入儿童世界，从而更有效地影响儿童的学习。当教师倾听时，教师能够更好地认识儿童。教师越了解儿童，就越能做出适宜于个体儿童发展的课程决策。再者，倾听能够满足儿童被人理解的需要，使儿童产生归属感。教师倾听能够帮助儿童认识他们自己，当教师把自己听到的感受分享给儿童时，就是在帮助儿童更清晰地意识到他们自己的兴趣、能力，甚至他们的情绪状态，这种自我认知对儿童发展是非常重要的。教师倾听能够帮助班级建立学习共同体，促进儿童相互了解，同时为儿童树立榜样，儿童也会倾听彼此，并学会如何与人交流。当教师倾听时，儿童对他们的学习更认真。① 真正的倾听不仅仅在于倾听语言，更要关注身体姿势、动作、语气语调。积极的倾听传递给儿童一个重要的信息，那就是所有的情感和观点表达都是可接受的。② 毫无疑问，懂得倾听的教师一定懂得儿童的内心世界，他更能够成为儿童的伙伴，从而潜移默化地引导着儿童成为更独立、更自信的欣赏者、探索者。

另外，教师还应该多观察、反思自己的语言是否隐含着对某些儿童的过分宠爱及对其他儿童的偏见，以及是否隐含着某些刻板印象，如性别刻板印象。总之，无论是教师的话语还是倾听，都是儿童学习的榜样，潜移默化地影响着儿童的语言、个性、价值观的形成，影响着他们如何看待自己，以及如何看待自己与这个世界的关系。

（二）课程资源

课程离不开资源，课程资源可以来自艺术作品，如故事、诗歌、图画、影片、音乐、舞蹈等；可以来自不同的文化，如节日、饮食、服装、民间游戏等；可以来自自然环境，如动物、植物、水、太阳、气候等；可以来自社会，如交通工具、职业、商场等；也可以来自生活中的问题，如保护牙齿等。各种资源很

---

① DENTON P. The power of our words：teacher language that helps children learn［M］. Massachusetts：Northeast Foundation for Children，Inc，2014：72–77.

② FEENEY S，MORAVCIK E，NOLTE S. Who am I in the lives of children：an introduction to early childhood education［M］. New York：Pearson，2019：187.

多，并不是所有的资源都应该进入课程，进入课程的资源都不可避免地负载着某种可作用于儿童的发展与成长的价值。所以，如何选择课程资源以及如何使用课程资源都反映了课程文化的内涵。

面对众多的课程资源，我们如何做出选择才能满足儿童发展的需要呢？希望以下这个案例分析能够对教师有些启发。

某一幼儿园①以“家”“国”“天下”的文化作为课程的主要资源，以形成特色化园本课程建设，即“立足本土特色文化，传承中华优秀传统文化，放眼世界精彩多元文化”的三大主线。这样的资源选择有没有问题？没有问题，可以说园长和教师都非常有眼光，兼收并蓄，说明课程是开放的，面向几乎所有文化。然而，本土文化与外来文化，传统文化与现代文化，每一种文化都是独特的，都有其存在的合理性，可以说这些文化在不同程度上都有一定的教育价值，问题是我们是否应该将所有不同类型的文化都引入课程？不应该！不仅仅是因为那样会造成课程超载的问题，更因为儿童没必要面面俱到地学习所有文化。那么，课程资源选择的依据是什么？什么样的文化才有资格进入课程？选择的依据取决于教师的课程信念，如果教师认为现代的儿童既要立足于本土文化，又要放眼世界文化，所以应该掌握本土与外来文化，那么，教师可能就会事先研究各种文化元素与文化活动，在此基础上挑选一些他们公认的有价值的文化进入课程，供幼儿体验学习。以这样的方式建构出来的课程是一个非常稳定的课程，即所有的课程内容都可以提前设计好，比如地方本土特色文化体验课程、中华优秀传统文化体验课程、世界精彩多元文化体验课程等。教师提前收集课程资源，提前设计好活动，甚至可以年复一年重复使用。这种课程信念将课程的重心放在“文化”上，放在课程资源上，儿童等待着体验教师带来的新的或熟悉的文化课程。在此课程中，儿童或许也能有机会发挥自己的创造，但是，这种课程资源选择思路忽略了儿童与文化之间存在一种“居先关系”②，这种“居先关系”先于课程的开始，因为每个儿童都或多或少地暴露于或浸润于不同的文化环境中，这个文化环境可能是儿童的日常生活，也可能是媒体或者社会活动，如去某地旅游、会见来自其他文化环境的朋友等。也就是说，在进入幼儿园之前，儿童已或多或少留有不同的文化印象，

① 该案例来自广西北海市第一幼儿园，在此表示感谢！

② 何媛.幼儿园主题活动的基本视角：儿童的经验［J］.学前教育研究，2012(7)：37–41.

我们也可以称之为儿童的已有经验。这种儿童已有经验中的文化在儿童的头脑中可能是模糊不清晰的、间断不连续的、片面不完整的，当然也可能是活泼有趣的、精彩深刻的。本着儿童是课程的起点这一根本理念，该幼儿园课程建设的思路应该从儿童与文化的“居先关系”出发，来选择和组织文化作为课程资源，即从儿童的生活经验出发，将三种文化带出来，然后以体验探究的方式将儿童卷入课程活动中。这就需要教师捕捉儿童的生活经验中呈现出来的各种地域性、中华传统性、世界性文化，借助环境、教师、文化中他者的参与性鹰架，儿童在与文化资源“周旋”的过程中建构着对三类文化的理解并创造新的文化。可以说，每一次的体验与创造都可能带出新的文化体验与创造活动，儿童创造新的文化与原有的文化又互相印证、互相诠释、互相促成。进入课程的三种文化也不应该是按照“地域—中国—世界”这样排序的，因为它们在儿童的生活中可能就是交叉或者重合的，不同儿童的生活经验中，三种文化的呈现方式也是不同的。这就让课程变得比较具有不确定性。一个好的课程一定具有不确定性和复杂性，因为课程的本质是实践，实践本身就具有不确定性和复杂性，需要教师和儿童共同在其中建构意义。课程的不确定性给教师带来很大的挑战，然而，好的课程激发教师和儿童在一起学习探究，好的课程就是让教师成为终身学习者和探究者。与儿童不同的是，教师除了自身是学习者外，还知道如何组织和支持儿童的学习和探究。

回到前面的问题，课程资源选择的依据是什么？答曰：依据是儿童的生活经验。什么样的文化才有资格进入课程？答曰：与儿童有“居先关系”的文化。

（三）课程环境

幼儿园课程，就是要通过引导幼儿与精心设计和安排的环境互动，促进幼儿在身体、认知、情感等各个方面得到发展。① 这里主要讨论物质环境，幼儿园物质环境处处透露着无声的课程文化。

幼儿园物质环境包括室内环境和室外环境，室外环境最引人注目的就是植物和动物。在杜威看来，“自然界并不是一个偶然的背景，而是发展的材料和媒介”②。那么，蕴含人的意图的室外环境更不是一个背景，但是室外环境并不是自

① 虞永平．从物质环境中感知幼儿园课程文化［J］．教育导刊（幼儿教育），2008（7）：4-6.

② 杜威．民主主义与教育［M］．王承绪，译．北京：人民教育出版社，1990：235.

动成为课程环境的，只有室外环境被有意识地变成帮助儿童发展的媒介，我们才能称其为课程环境。室外环境中的大树、小草、花朵、蝴蝶、蜜蜂等自然美景要成为课程环境的一部分，还需要教师的教育机智，将其与儿童的活动联结起来。

例如，幼儿园里的大树本身不是文化，也不是课程文化。但是，如果我们看到儿童与大树的联结性活动，如在儿童的画中看到幼儿园里的大树，在儿童创作的诗歌或歌曲里听到幼儿园里的大树，在儿童的测量、观察记录里发现了幼儿园里的大树，在儿童的游戏中感受到幼儿园里大树的存在……那么，环境中的“大树”这个因子就体现了课程文化。否则，充其量只能说大树从绿化的角度体现了校园文化，而不是课程文化。体现课程文化的环境一定是与儿童发生了互动，并且在与儿童互动的过程中彰显出其存在的意义。因为那棵大树不仅是一种物的存在，一种自然的存在，更是通过儿童的认知、情感、语言的力量，变成了一种特殊的文化存在，是课程中教师与儿童共同的活动意图成全了大树的文化存在，使其具有了艺术与科学的魅力，赋予了大树在教育情境中的意义。

室外的大树因为与儿童的联结活动获得了课程文化的意义，那么，幼儿园的种植园更是特别的课程环境的代表。为了让种植园更具有课程文化的意味，幼儿园的种植要注重品种的多样化，目的是让幼儿充分认识和感受到不同的植物有不同的开花、结果、换叶等规律，应尽可能让幼儿在不同的时节看到不同的植物在开花、结果。幼儿园的种植还应该有高有矮、层次分明、错落有致，这也是幼儿园课程文化中关于种植的文化要领。①

更重要的是，整个种植过程应该有幼儿的积极参与，不仅是体力性参与，还应该有认知性、情感性、社会性、审美性参与及语言参与（包括交流性语言、图画性语言、书面语言等）。因此，幼儿园的植物必须超越绿化的概念，应该将植物生长以及种植过程放置于课程的框架中加以考虑，以促进“全儿童”（whole child）发展。

室内物质环境更是处处体现课程文化。桌椅的摆放方式、空间的布局、墙面的布置、材料的结构与种类，以及室内的颜色主体和光线明暗程度都“诉说”着这个班级的课程文化。走进任何一个班级，作为“第三位老师”的环境无声地告诉我们这样的信息：课程是如何对待和处理儿童的好奇心、兴趣和需要的；课程

① 虞永平．从物质环境中感知幼儿园课程文化［J］．教育导刊（幼儿教育），2008（7）：4–6.

在多大程度上鼓励和支持儿童的参与；课程在多大程度上接纳、欣赏儿童之间的差异性；课程对幼儿园以外的环境与文化的态度与立场。透过室内物质环境，我们感受到的是这里的儿童与教师的关系、儿童与儿童的关系，以及教师作为教育者的内心世界和儿童作为学习者的体验感受，他们或许欣喜、惊奇、自信、坚持、友好，或许担心、焦虑、孤立、冲突、无助……

（四）师幼关系

幼儿园里的师幼关系直接影响着课程文化的质量。教师与每个儿童建立的关系就是最直接的教育方式，也是最有效或最无效的教育方法。当儿童体验到与教师之间真实的、关爱的关系，他们更容易学会必需的社会技能，更容易融入班集体。安全的师幼关系让教师和儿童更喜欢彼此，更信任彼此。当儿童信任教师，感受到教师喜欢和尊重他们，他们就会以教师为榜样，友善地与其他人交流，也更愿意接受教师的指导。当儿童体验到教师理解他们，满足他们的需求，回应充满关爱，他们就会产生信任，认为这个世界是安全的，他们是受欢迎的。信任是所有社会情感发展的基础。①

师幼关系的质量还影响着儿童的社会性发展和学业成绩。积极的师幼关系是温暖的、尊重的、亲密的，儿童更容易把老师视为安全的庇护所。温暖积极的师幼关系更有利于儿童适应学校的过渡阶段，②影响着儿童的小学生活，以及长远的学业成就。③相反，消极的师幼关系充满着冲突，不利于儿童日后的学业与成长。

《纲要》指出：“教师应成为幼儿学习活动的支持者、合作者、引导者。”“以关怀、接纳、尊重的态度与幼儿交往。耐心倾听，努力理解儿童的想法和感受，支持、鼓励他们大胆探索与表达。”“关注幼儿在活动中的表现和反应，敏感地察觉他们的需要，及时以适当的方式应答，形成合作探究式的师幼互动。”《纲要》

---

① FEENEY S，MORAVCIK E，NOLTE S. Who am I in the lives of children：an introduction to early childhood education［M］. New York：Pearson，2019：174–175.

② BAKER J A，GRANT S，MORLOCK L. The teacher-student relationship as a developmental context for children with internalizing and externalizing behavior problems［J］. School psychology quarterly，2008：23，3–15.

③ BLAIR C，MCKINNON R D，THE FAMILY LIFE PROJECT INVESTIGATORS. Moderating effects of executive functions and the teacher-child relationship on the development of mathematics ability in kindergarten［J］. Learning and instruction，2016：41，85–93.

表明师幼关系的建立是依靠教师与儿童的互动交往来实现的。具体来说，师幼关系是在教师每天与儿童在一起的每一个细微的、共享的经验中建立起来的，如共读一本图画书，在沙池里挖隧道，一起唱歌、散步等活动。经验丰富的教师都非常享受与儿童互动的过程，把儿童看成合作伙伴而不是对手。① 师幼关系是教师与儿童在活动中通过互动而建立起来的，因此，教师要让自己身心"在场"，让儿童知道教师"看到"他们的所作所为并对他们的行为与思考感兴趣，以此培养儿童的信任感与自信心，这样强有力的师幼关系更有利于儿童的学习与成长。

教师的个人特点和专业背景影响着他们与儿童的互动方式以及师幼关系的建立。② 首先，作为个人的教师有着不同的个性、不同的背景、不同的价值观，特别是他们童年经历的文化对他们的思维与行事方式有着重大的影响，并且这种影响持续一生。教师个人经历的文化背景还会影响他们班上的儿童甚至儿童的家庭教育。③ 教师对自己的了解（即自我知识）越深刻，就越能意识到自己的个性及价值观对儿童的影响，也就越能主动采取更有效的互动方式，与儿童建立积极的师幼关系。其次，作为专业者的教师是受过专业训练的人，能够运用专业知识和技能与儿童互动，以促进儿童发展与成长。幼儿园教师应具备的专业知识与专业能力在《幼儿园教师专业标准（试行）》里已明确阐述，如儿童发展知识、儿童保育和教育知识、通识性知识、环境的创设与利用的专业能力等。除了专业知识和专业能力影响着教师与儿童的互动方式，教师的职业道德修养也对儿童有着很大的影响力。教师个人的态度、价值观与道德水平直接影响与儿童的关系，作为专业者的教师，应该将幼儿园教师职业道德规范作为重要专业修养，做到关爱、尊重每一个儿童，平等对待每一个儿童。

---

① FEENEY S，MORAVCIK E，NOLTE S. Who am I in the lives of children：an introduction to early childhood education［M］. New York：Pearson，2019：175.

② DICKINSON D K，HOFER K G，BARNES E M，et al. Examining teachers' language in head start classrooms from a systemic linguistics approach［J］. Early childhood research quarterly，2014，29（3）：231-244.

③ FEENEY S，MORAVCIK E，NOLTE S. Who am I in the lives of children：an introduction to early childhood education［M］. New York：Pearson，2019：8.

（五）课程活动

幼儿园课程通过一系列有组织的活动来实现，活动最能体现其课程文化。多少年来，我们一直倡导活动的适宜性。活动的适宜性并不是我们认为是正确的就是适宜的，而是基于对儿童发展与学习理论的理解，基于对个体儿童的认识而生发出来的。活动的适宜性意味着意义的产生，所以，课程活动不是教师教知识的过程，而是儿童与教师共同创造意义的过程。众所周知，有意义的活动基本具有这样几个特点：多领域整合性的活动、满足儿童兴趣和需要的多样性活动、儿童积极参与的活动、具有智力挑战性的活动、允许适度冒险的活动、鼓励情感表达的活动。关于活动，要展开的点太多，已有很多学者就课程活动讨论过。这里，我只重点讨论两个问题。

第一个问题，生活化、游戏化应是幼儿园课程活动追求的目标。这也是近些年来中国学前教育界一致倡导的幼儿园课程应该有的特点。杜威极力维护儿童在生活和游戏中学习的权利："儿童通过种植花木而学习栽培的经验，通过给洋娃娃做衣服而学会缝纫的经验，就是把儿童在自由时间所做的事纳入学校课程之中，充分利用'儿童游戏的本能'，叫他们以活动为媒介而间接地学到知识，而且这种教学不是把学生由死记别人知识纲要的环境仅仅转移到自由活动的环境而已，而是把他们由乱碰的活动移入经过选择指导而学习的环境。"① 维果茨基更是推崇游戏在儿童发展中的作用："游戏为儿童创造了最近发展区，游戏中儿童的行为表现总超越于他的日常行为，游戏中的儿童比他自己高出一个头。游戏就像放大镜，将发展的所有可能性压缩于自身形式中，并成为发展的主要源泉。"②

游戏与课程在年幼的儿童那里本应该是一体的，然而，一旦进入教育机构，二者的矛盾就被人为地制造出来。一些教师认为游戏不是学习，因为游戏很难被测量，教师无法把握儿童是否在游戏中获得了特定的知识与技能。"游戏与学校教育之间的矛盾导致人们相信二者之间存在不可协调的差异性，而这又促使人们围绕着游戏和学习做些改变，即'游戏'这个概念应该被'探究'或'认真玩'

① 杜威．民主主义与教育［M］．王承绪，译．北京：人民教育出版社，1990：24.

② VYGOTSKY L S. The role of play in development［M］//Mind in society. M. Cole Trans. MA：Harvard University Press，1978：102.

(serious play)所代替。”① 这种调和式的做法在一定程度上也能改变课程的僵化性操作方式。但是，作为早期儿童教育者，我认为“坚持游戏是儿童发展的最佳途径”是我们的专业信念。信念是对“看不见的存在”的一种确信。游戏中儿童的发展是看不见的，是很难测量与把握的，但是游戏中儿童学习到的知识技能远远超过“教师中心”的传授性学习，其情感体验的丰富性更是“教师中心”的学习方式无法企及的，这需要教师以精深的专业知识来判断。

另一个问题，也是课程活动中常常忽略的问题，那就是价值教育。专业人士对布鲁姆的教育目标分类已经耳熟能详，即认知目标、情感目标、行为目标。而目前的课程活动大多集中于认知目标，其实，情感目标从本质上说才是教育目的的重点所在。情感目标的核心是价值领域，主要指价值判断、价值结构的组织、价值导向的行为。多元化使我们的社会充满价值冲突，“人们不知道该相信什么，因为他们没有经历过如何澄清他们自己目前的价值观，也没有经历过如何采纳新的价值观，学校没有教过人的生命的真正价值和价值所呈现出来的模式。这种价值困境就是价值真空(values vacuum)”。② 虽然这一论断已经过去四十多年了，然而在当今的学校教育中，价值教育仍然是个被人忽视的真空地带。所以，幼儿园课程活动中应该体现价值启蒙教育。在每个具体的活动中渗透人类的基本价值品质，如平等、公平、悲悯、和平、诚信、团结、宽容、节俭、体恤弱小等。③ 这些价值品质比知识更重要，为儿童生活方式的正当性奠基。当然，教师不应该直接告诉儿童什么是有价值的，而是应在具体的活动情境中协助儿童进行价值澄清和价值判断。“没有人真正把一样东西视为是有价值的，除非他自己自由选择并做价值判断，除非他将其融入自己的生活空间和模式中。”④ 所以说，价值观是真正根植于个人的主观意识，是不能从外界强加的。如果儿童在幼儿园学习关于价值判断的知识，他们就有机会在多种可能中做自由选择，在选择过程中寻求多种

---

① SUTTERBY J A，KHAROD D. Re-examining play in the early childhood curriculum［M］// MUELLER J J，FILE N. Curriculum in early childhood education：re-examined，reclaimed，renewed. NewYork：Routledge，2020：131.

② DOLL R C. Curriculum improvement：decision making and process［M］. 4th Ed. Boston：Allyn and Baxon，Inc，1978：98.

③ 石中英.价值教育的时代使命［J］.中国民族教育，2009（1）：18-20.

④ RATHS L E，HARMIN M，SIMON S B. Values and teaching working with values in the classroom［M］. Columbus，Ohio：Charles E. Merill，1996：46.

可能性，考虑他们自己真正想要的是什么，考虑可供选择的各种影响或结果，理智地分析和支持自己的选择，并且在行动上与自己的选择保持一致。表现在儿童观念与行为中的价值品质更具文化意味，仅仅进行知识教育而缺乏价值教育，则会形成课程文化的荒野。

三、课程文化建设的方法探索：基于信念的行动

图画书《望远镜：关于信念的故事》讲述了这样一个故事：在一个土地贫瘠的王国，人们住着破败不堪的房子，穿着破衣烂衫，他们的精神世界也是非常萧索的，人人都整天抱怨和发脾气。有一天，一位老者路过这个小国家，他请求国王赐予他一个地方留宿一晚，作为交换，他将告诉国王为什么这个国家这么糟糕，国王同意了。第二天，老者离开之前，他将国王带到城堡最高的站台上，递给他一个望远镜。透过望远镜，国王看到了美丽的农场和花园，还有雄伟壮丽的城堡和大教堂，原来贫瘠的荒地也变成了一望无垠、麦浪滚滚的美景，人们在田间劳作，四轮马车载满麦子……

但是，当国王拿下望远镜，他的王国又是原来的样子。国王失望地说道："没有任何改变！"老者回应道："不，改变是需要行动的，但是在行动之前，你必须'看到'。"国王又一次拿起望远镜："啊！多么美好的王国啊！"老者说道："你已经看到一个王国应该有的样子了，那么，现在你就去把它变成现实。"

就像这位老者用一个神奇的望远镜让国王看到一个王国的美好愿景，我们在建设（或者说改变）幼儿园课程文化之前，也应该通过"望远镜""看到"幼儿园课程文化理想的样子。这个"望远镜"或者是国家的法规和政策，如《规程》《纲要》《指南》等；或者是科学理论，包括儿童发展理论、学习理论、教育理论等；或者是典型经验，如其他幼儿园在课程文化建设实践中形成的成功经验。① 综合以上三点，我尝试着简要描述理想的幼儿园课程文化愿景如下，以供幼儿园参考。

坚持课程的"过程文化"论，课程就是儿童在有指导的情境中不断探究、交

① 虞永平．幼儿园课程游戏化实践中如何聚焦问题和解决问题［J］．早期教育（教育教学），2020（9）：4-7.

往、建构和表达的过程。①

教师虔诚地相信儿童是天生的学习者与创造者，儿童是课程的最大贡献者；教师敏锐地捕捉教育契机，并信心满满地引导儿童学习，因为他不仅熟悉儿童发展与学习的理论，而且了解每个儿童的兴趣与需要；教师或者忙碌于儿童的探索活动中，与儿童共同学习，或者安静地观察儿童的行为，研究儿童的学习；教师的语言充满着爱与关怀，真实性与超越性同在；活动室的每个角落都有故事，散发着召唤力……

课程中，儿童是忙碌的，各种感官参与探索这个世界，乐于合作与表达；儿童是自信的，在活动中勇于挑战自己、面对困难不放弃；儿童是诗意的，在活动中展示自己的创造力与想象力，热爱生活并超越生活；儿童是诚实的，真实地面对自己和他人，哪怕在冲突中也诚实地表达自己的想法……

因为儿童、教师、课程三者的“周旋”，幼儿园里的其他人员以及一草一木都被卷入课程文化之中，甚至幼儿园外的家长、社区人员与环境也被课程文化所浸染……

课程文化愿景并不是课程文化本身，课程文化愿景是对课程的立场与信仰的一种想象与描述。需要说清楚的是，即使愿景相同，但各个幼儿园的课程文化呈现出来的样态应该有各自的特点。那么，如何在课程文化愿景的基础上建设适合自己幼儿园的课程文化？回答这个问题之前，让我们先来讨论这样两个问题：第一，谁有资格参与建设幼儿园课程文化？第二，从哪里开始建设幼儿园课程文化？第一个问题，毋庸置疑，幼儿园课程文化建设主体应该是一个“共同体”，儿童、教师、园长、幼儿园行政与后勤员工、家长、社区人员等所有与课程有关的人都有资格参与建设课程文化，当然，教师是主力军。第二个问题，幼儿园不可能从零开始建设课程文化，课程文化建设回避不了幼儿园现有的课程文化，每所幼儿园都有自己或长或短的历史积淀，也就是说，每所幼儿园都有自己现有的课程文化，现有的课程文化也许离前面提到的课程文化愿景比较近，也可能很远，甚至是背道而驰。

那么，幼儿园现有的课程文化是什么样的？这个问题一定让很多园长和教师迷茫，因为“在大多数情况下，大多数的人都会深深地陷于自己所在的文化之

① 虞永平. 从园长和教师的信念透视课程文化［J］. 教育导刊（幼儿教育），2008（3）：4–6.

中”。[1]就像鱼儿很难看清水的真相，特定文化中的人很难真正看清自己所处的文化。本尼迪克特曾指出：“个体生活历史首先是适应由他的社区代代相传下来的生活模式和标准。从他出生之时起，他生于其中的风俗就在塑造着他的经验和行为，到他能说话时，他就成了自己文化的小小的创造物，而当他长大成人并能参与这种文化的活动时，其文化的习惯就是他的习惯，其文化的信仰就是他的信仰，其文化的不可能性亦就是他的不可能性。”[2]就如风俗文化对人的行为的塑造与规范，现有的课程文化先于现有课程活动而存在，它无形地规定着每日课程活动的运行。为了弄清现有的课程文化，我们需要一面镜子照见处于课程文化中的“我”和“我们”，照出自己所处文化中的价值，从这面镜子中审视幼儿园的课程文化，将熟悉变陌生，对现有的价值观进行梳理，从而找出新的发展可能性。

在此，我借用解释性现象学方法作为一面镜子来帮助幼儿园“照见”自己。现象学的口号是“回到事物本身”。对海德格尔来说，现象学就是这样一种方法：“通过这种方法让那主动显现自身者如其所是地显现自身。”[3]即坚持从事物“自身显现”的属性中认识和理解事物，正如体验者自己所看到和经历的那样，其目的主要是理解和解释人在生活世界中特定情景下的某种体验的本质，揭示其蕴含的意义。[4]其研究结果是全面的反思性的文本，神奇地将读者引入一个参与性情境中，从而探索特定的问题，使读者领会特定人群经验的意义。[5]将现象学方法引入幼儿园的目的是尽可能让“事物自身”显现出来，即揭示现有的课程文化本质及其意义。

本着“回到事物本身”，以揭示现有课程文化本质与意义为目的，解释性现象学给我们提供了一个让参与者的经验自身“发声”而呈现自身最好的机会。用现象学方法分析幼儿园课程文化可以从以下三个方面入手。

第一，对流动的、每日进行着的课程活动保持现象学的敏感性。可以请教师

① 顾建光．文化与行为——文化人类学巡礼［M］．成都：四川人民出版社，1988：98.

② 露丝·本尼迪克特．文化模式［M］．何锡章，黄欢，译．北京：华夏出版社，1987：2.

③ 约瑟夫·科克尔曼斯．海德格尔的《存在与时间》［M］．陈小文，李超杰，刘宗坤，译．北京：商务印书馆，1996：38.

④ 黄广芳．从描述到解释：现象学研究路径转向［J］．社会科学家，2017（10）：52–56.

⑤ MANEN M V. But is it phenomenology?［J］. Qualitative health research，2017，27（6）：775–779.

之间互相观摩每日课程活动，园长观摩课程活动，或者邀请幼教同行来幼儿园观摩课程活动，幼教同行可以是其他幼儿园的同行，也可以是高校的教授和学生。在观摩的同时做记录，如记录教师的语言、师幼互动的过程、活动展开的过程。事后，观摩者与幼儿园课程团队（教师和园长）进行课程审议，审议意味着对所发生的一切做“周全反思”。反思是探索现象本质的一部分，现象学就是对活生生的人类存在的经验的反思。① 现象学的反思并不是内省式的，而是回顾式的，对活生生的经验进行反思就是回忆（回想），也就是对过去或现在正在经历的经验进行反思。所有参与人员应在事先确定的语境标准的指导下积极合作，共同对现象做出合理的解释，因为只有共同建构才使得对现象的解释具有意义。② 例如针对观摩过程中发现的教师对告状儿童的回应方式，通过集体反思性分析，其他教师将他们类似的经验带进集体反思中来，发现其实没有一种最好的方式去回应所有的告状事件，而是要将回应方式建立在了解每个儿童和解读当时情境的基础之上，并且还要将后续的关注与支持，以及与家长的合作等方面都考虑进去，甚至要考虑变动现有的课程设计与实施。现象学的反思性分析使那些日常生活中熟悉的、不证自明的、容易被人忽略的东西变得陌生化，又具有新奇性，最终目的是警示自己和他人，以保持一种现象学的敏感性，从而理解课程对于儿童的教育意义。③

第二，对环境中那些无声的“诉说者”进行现象学分析。幼儿园环境中的一草一木、一字一画都是课程文化的“诉说者”。对环境中那些无声的“诉说者”进行现象学分析，有利于幼儿园深刻把握现有课程文化的内涵。这里的现象学分析是一个将环境中那些无声的、静止的“存在物”进行还原的过程，将其还原到人的生活世界中，考察其在教师与儿童日常生活中的作用及价值。如将墙上挂着的儿童作品还原到“生产”或“创造”作品的活动中去，将幼儿园里的种植园还原到种植过程以及与蔬菜有关的艺术创作和健康饮食等活动中去，这其中蕴藏着课程的故事与情感，需要倾听教师和幼儿的解释与分享，才能帮助我们理解其中的经验。至此，我们还没有完成现象学的分析，除了将环境中的“存在物”还原

① MANEN M V. Phenomenology of practice［J］. Phenomenology & practice，2007，1（1）：11–30.
② 黄广芳．从描述到解释：现象学研究路径转向［J］. 社会科学家，2017（10）：52–56.
③ 何媛．学前理解课程研究［D］. 南京师范大学，2010：11.

到活动过程中，还有一个重要的环节就是对还原过来的过程进行反思，解释在课程语境中的经验是如何生成的，揭示环境中那些“存在物”对教育场域中儿童的存在意义。这样，我们才真正得到现象学的“自身显现”。

第三，对文字性的文本进行现象学解释。文字性文本是指教师或园长书写的那些与课程有关的文本，如教案、活动反思、观察记录、教育笔记、听课笔记、课程审议记录、教研组会议记录等。对这些文字性文本进行现象学解释的目的是更深层次地理解教师与儿童在课程中的经历的本质与意义。对文本进行现象学解释需要开启解释性现象学的“解释循环”策略。“从根本上说，理解总是一种处于这样一种循环中的自我运动，这就是为什么从整体到部分和从部分到整体的不断循环往返是本质性的道理。而且这种循环经常在不断地扩大，因为整体的概念是相对的，对个别东西的理解常常需要把它安置在愈来愈大的关系之中。”① 正因为整体是一个相对的概念，对部分的意义的把握往往要把部分放在更大的整体中来理解。换句话说，前面提到的与课程有关的文本本身是片段化的，是整体中的部分，为了让其充分显现其本质，应运用“解释循环”策略，将文字性文本放入更大的整体语境中去理解。因为任何一种观念、策略、行为都发生在一定的语境中。例如对语词的理解，语境可能就是语句或整篇文章；对某个人行为的理解，语境可能包括这个人的个性特征、生活背景、受教育背景等；对某个事件的理解，语境可能包括情境特征，甚至整个时代精神。② 如教师的教育笔记中记录了区域活动中有些幼儿不能遵守规则，过于兴奋而不能真正地投入活动。这个文本中描述的是让教师苦恼的某些幼儿的行为，运用“解释循环”的策略，我们要考虑的是这些行为的整体语境，即这些幼儿在幼儿园和在家里的生活经历，以及课程包括区域活动的设置问题。具体来说，我们要探讨的问题是：这些幼儿是否有位权威型而不是民主型的家长？班级的每日课程活动是否以集体教学活动为主，而儿童自主性活动不够？区域活动的规则是否不明确？平时教师与这些幼儿的互动方式是否隐含着不公正的偏见？……总之，语境不仅包括文本中描述的情境与观点，还包括其背后更大的整体系统。并且，解释循环应该是开放的、无限的，这种开放性与无限性允许经验中的意义单位不断浮现且得到反复的修改与整

① 加达默尔．真理与方法［M］．洪汉鼎，译．上海：上海译文出版社，2004：247.

② 何媛．学前理解课程研究［D］．南京师范大学，2010：27.

合。[①]“循环中的运动越多，循环就变得越大，语境就越来越大，对部分的阐释就越来越明晰。”[②]循环的过程也是反思的过程，是对问题不断解释、不断探究的过程，直到找到满意的解决办法。

现象学这面镜子帮助我们“照见”教师与幼儿在课程中经验的本质与意义，与此同时，与来自不同文化的人进行交流以及深度阅读也是审视自己课程文化的很好的方式。对幼儿园课程文化的审视一定要保持现象学的开放性和无限性，并且坚持创造民主对话的氛围，这是建设新课程文化的前提。透过现象学分析幼儿园现有的课程文化，为我们建设新课程文化做好了前期的准备。其实，进行现象学分析的过程就是课程文化建设的过程。课程文化不是一个名词，不是一个建设的结果，而是一个动词，一个建设的过程，是伴随着幼儿园课程建设过程而存在的生生不息的过程。因此，课程文化不能从另一所幼儿园复制而来，只能通过欣赏、理解与反思，在“照见”自己的基础上进行创生。并且，课程文化建设要顺着这个思路继续探讨过程中的一些可能出现的问题，如多主体参与问题、多元文化对话问题等。

第一，多主体参与，在张力之间保持持续的反思与探索。幼儿园课程文化建设需要多主体参与，并且要在多主体中形成长期的共识。当然，多主体参与使得课程文化建设过程变得复杂起来，所以，主体之间的对话是必须的。对话建立在核心价值之上，是对核心价值的认同，当然，也不可避免出现价值观之间的冲突。如家长的价值观与教师的价值观在某些方面是很不同的，这个时候，不是以教师的观念压倒家长的观念，如果这样的话，恰恰在建构一种封闭性文化；如果教师担心家长对自己产生不满，而一味地顺从家长的观念与要求，也是不可取的，这样则又在建构一种缺失专业自信的文化。这两种方式都不能建构理想的课程文化。

库恩曾提出“在对立的两级保持必要的张力”，张力保持不是使对立的两级相互排斥，也不是以一方取代另一方，而是双方愿意通过对话理解对方，而且这个对话的过程是生生不息的，可以无限循环下去，这个生生不息的“对话”理解

① LAVERTY S M. Hermeneutic phenomenology and phenomenology: a comparison of historical and methodological considerations [J]. International journal of qualitative methods, 2003, 2 (3): 21–35.

② 肖恩·加拉格尔. 解释学与教育 [M]. 张光陆，译. 上海：华东师范大学出版社，2009: 49.

过程成就了新课程文化。所以，教师要深入了解家长的想法，理解他们。当然，理解家长并不意味着要一味地顺从他们，而是邀请家长共同参与儿童教育。在此过程中，教师与家长理解彼此的价值观，在彼此尊重的基础上改变自己、改变对方。张力不仅体现在不同人群的价值观之间，而且体现在个体内部，教师作为教育者个人，其内部也有传统价值观与现代价值观之间的张力。以我个人为例，我虽然一直在学前教育领域学习、工作，可以说一直学习着先进的教育理念，应该说在教育自己孩子的时候一定是采用比较先进的观念和方法。然而，因为我在童年时代一直接受的是传统教育，就算我在新的理念中熏陶了十几年，那些传统的东西仍然隐藏在我的身体里，有时在不经意间冒出来，表现在我的语言与行为中，总让具有专业敏感性的我惊讶不已。所以，我们也应该意识到，教师作为从传统中走来的教育专业者，也存在着内在的价值冲突，处理好这二者之间的张力需要教师个人内部对自身经验的不断反省和外部的培训与学习交流。因此，课程文化的建设不是以园长或教师的价值观为中心，也不是以家长的价值观为中心，而是各方力量围绕着“儿童”“儿童的生命意义”展开的协商过程，甚至包括每个个体内部的自我协商过程。

第二，多元文化对话，在文化自觉过程中实现“美美与共”。①幼儿园课程文化建设避免不了也必须与更多文化交流与对话，如安吉游戏、田野课程、瑞吉欧课程、蒙台梭利课程、高瞻课程、华德福课程等国内外优秀的课程模式，它们有自己的课程文化。当然，有些地方性幼儿园也在课程文化方面做得有声有色。无论是什么级别的幼儿园，都不应该闭关自守，而应该将其他幼儿园的课程文化作为一个窗口，建立对话的机会。幼儿园课程文化建设要在尊重其他多元文化的基础上，批判性吸收，取长补短，这是文化对话的目的之一。②尊重与欣赏文化的多元性，是文化自觉的起点，通过欣赏文化“他者”，认识自己的课程文化，建设自己的课程文化。然而，有的幼儿园长期以来课程摇摆不定，经常改弦易辙，积极跟风，让老师们捉摸不透，忙于应付。教师无法真正在课程中融入自己的思想，无法形成真正有效的课程方案，更难以形成课程文化。③这种现象反映了园

---

① 费孝通．反思·对话·文化自觉［J］．北京大学学报（哲学社会科学版），1997（3）：15–22.

② 何媛．文化自觉与幼儿园课程文化建设［J］．教育导刊（幼儿教育），2009（4）：4–6.

③ 虞永平．幼儿园课程游戏化实践中如何聚焦问题和解决问题［J］．早期教育（教育教学），2020（9）：4–7.

长在面对多元课程模式与课程文化时产生的迷茫与混乱，在课程建设过程中没有把握好自主地位，丧失了文化建设的自主权。文化自觉要求我们在接触不同文化时，不要盲目崇拜跟风，而要充分理解不同的课程文化，弄明白其历史背景与特点，弄清楚生活于其中的教师与儿童的实际状态，这样我们才能领会这些多元文化与我们的关系，从而敏锐地洞察自身文化的发展方向，树立文化自信，走上健康的文化发展道路。也就是说，园长应成为课程领导者，在文化对话的过程中不断地把“他者”引进来，从“他者”的视角来认识自己，批判性地吸纳“他者”的优秀文化，不断地让“他者”来挑战自己，从而在同多元文化的对话中逐步建构具有自身特色的课程文化。① 只有通过文化间的对话，获得一种高度的文化自觉，如此才能达到“美美与共”。也只有在这样的文化境界中，幼儿园课程文化才具有生生不息的活力。

多主体参与、多文化对话意味着课程文化建设过程是一个各方人员互动方式与关系的建立以及价值系统建立的过程，一个没有结束的过程，即使有结束的样子，也只是暂时的结束，并且是新的建设的开始。因此，课程文化的建设是一个任重道远的长期性追求。

四、结语：课程文化·照亮实践的灯塔

我们处在信息技术高速发展所带来的社会变革的浪潮中，教育领域课程实践的变革在近四十年里从来没有变弱。五花八门的课程改革方案层出不穷，各种课程理论与实践的交流培训学习机会多如满天星，改革与机会也意味着挑战与冒险。课程领域不再是一片宁静的传授知识的世界，它变得奔腾不息，甚至“混乱”得让人捉摸不透。这样的改革带来对儿童、对知识、对学习的重新理解与定义。一方面，它激起园长与教师对追求幼儿园课程个性化发展的激情与行动，让课程改革风生水起；另一方面，它可能将幼儿园置于某种困境中，即园长与教师无法把握自己所追求的一切是否被他人接受，从而怀疑自己所做的一切，于是有些园长常常朝令夕改，令教师们无所适从。

处于这样变革的时代里，我们更需要文化来照亮课程实践的未来发展道路，

---

① 何媛. 文化自觉与幼儿园课程文化建设［J］. 教育导刊（幼儿教育），2009（4）：4-6.

建设课程文化就是建设照亮课程未来的灯塔，让我们在改革浪潮中有着前进的激情而不迷失方向，有清晰、活跃的思维与行动，坚守儿童发展的立场不动摇。“幼儿园课程文化的核心是信念和围绕信念形成的行动方式和团队默契。有了信念和默契，幼儿园课程才不会随风摇摆；有了信念和默契，幼儿园课程就不再是随意的和杂乱无序的；有了信念和默契，幼儿园课程才有坚实的基础和正确的前进方向。因此，文化是幼儿园课程前进和发展的灯塔。”①

毋庸置疑，课程文化就如灯塔发出的光那样无处不在，在幼儿园教育中起着特殊的作用。课程文化的特殊作用就是通过“照亮”的功能展示课程的核心价值，让儿童和教师看到自身和他者的观点、行动与情绪状态等，看到周围世界，以及自身与周围世界的联系；课程文化的作用还体现在规范和引领课程中人的行为，特别对于新教师来说，课程文化的引领比师傅的带领更具有润物细无声的效果；课程文化还具有凝聚幼儿园内外各方力量的作用，课程的建设离不开幼儿园内外各类人员的支持与参与，凝聚力量有赖于对文化的认同。总之，课程文化引领课程实践，就如灯塔照亮了课程实践的每个细节，也照亮了课程建设中的“我”与“你”，更照亮了通往未来的课程发展的道路。

特别需要强调的是，课程文化及其作用不能仅仅从文化自身得到解释。课程文化改革的背后是社会价值观的变革；课程文化争论的背后是社会对“儿童”这个概念的争论，对儿童当下生活与儿童未来发展这个问题的争论。

写到此处，我联想起我女儿小时候玩耍的一个情景：

一天，不到 3 岁的笑笑在户外蹦蹦跳跳，这样简单的动作就足以让她满足地一遍一遍地重复。突然，跳得正欢的笑笑停了下来，指着周围的大树、房子还有车子惊奇地说：“咦！它也跳，它也跳……”在惊奇与欢乐之中，笑笑跳得更欢了……②

这个情景中，笑笑在跳，大树在跳，房子在跳，车子在跳，整个世界都在跳，课程文化就如这个孩子在跳动的过程中体验到的喜悦、惊奇与自由。课程文

① 虞永平．文化引领幼儿园课程的未来［J］．教育导刊（幼儿教育），2008（12）：4–6.
② 摘自《笑笑成长日记》，2008 年 5 月 20 日。

化不是某个跳动的孩子，也不是孩子看到的房子、车子、大树，而是那份体验：自由、喜悦与惊奇，那是一份看不见的、只能用心去感受的美好与力量。这就是课程文化的作用，引领你的不是抽象的理念，也不是具体的某种活动，而是那种课程的“魂”：抑或是喜悦，抑或是惊奇，抑或是自由，抑或是深思……课程中的人在这种文化熏陶中建构“意义世界”……

（本章作者　何　媛）

第十二章

ZOUXIANG SHENGTAI WENMING DE
YOUERYUAN KECHENG

走向生态文明的幼儿园课程

地球是一个独立而完整的生态体系，每一个生物物种在此生态系统中都有其独特的价值功能及自身独有的生存空间和法则。同时，万物之间又彼此联系，共同运作，形成良性的互动网络。人类是大自然的一部分，与万物连为一体，也需遵循大自然的规律。人类欲维持其可持续性发展，需尊重自然、顺应自然、保护自然，这样才能维护生态平衡，实现人与自然的动态协调。但是，随着人类认识外部世界的能力不断提高，科技迅猛发展，人类充分享受到了技术带来的便捷和舒适，同时也滋生了"人类中心主义"的傲慢，将大自然视为客体而采取掠夺行为，致使生态环境遭到破坏，人类也因此受到大自然的惩罚，比如海啸、山体滑坡、地震等自然灾害，它们严重威胁着人类的生命安全。在人与大自然愈行愈远的当下，不断改善自然环境，促进生态文明，是人类的不二选择。儿童是人类的一部分，是自然之子，他们具有亲自然的本性，顺应他们的自然天性并满足他们的自然需求，在学前教育领域开展自然教育，实施生态课程，是可行且必须的。

一、自然不能缺席儿童的世界

（一）儿童与自然积极互动的关系

1. 自然对儿童具有吸引力

儿童与自然的亲密关系是本能的，而非后天人为训练的结果。儿童以独特、直接体验的方式将自然世界视为美丽、神秘之地。世界上最好的人工制造的教育设备和所有室内的教玩具都不能替代儿童与自然全方位互动而获得的经验，因为那些人工制品缺乏生命力，无法吸引儿童的注意力。比如，树林中斑驳的光影、植物在风中摇摆的声音、蝴蝶或蚂蚁群所引发的想象、正方形院子里的尘土世界、冷水的感官体验以及鸢尾花中的无限空间……这些鲜活的大自然现象才是儿童的兴趣所在。自然环境具有开放性、多样性、可操控性、探索性、野性和永恒性的特质，拥有童话和神话中所描述的种种美景与神奇现象。在这样的环境中，儿童不仅可以自由地奔跑、喊叫，野性地释放自己的精力，而且可以与环境自由互动，掌控自己的领地并形成他们独特的游戏规则。多项研究结果表明，动物、植物和开放的绿色空间在儿童的生活中起着举足轻重的作用，自然对儿童的吸引力独特、永恒且永远无法被代替。

2. 儿童具有亲生物性

生态心理学和进化心理学表明，人类通过不断进化具有对自然的天生亲和力。进化心理学家使用“亲生物性”一词来指代人类对自然和其他生物的一种先天性、遗传性的情感吸引力。亲生物性是一种基于人类遗传、重视自然并与栩栩如生的生命密切联系的一种需求。为什么这么说？因为在人类历史进程中，人类与动物共同生活在大自然中。相对而言，城市社会的存在时间在人类历史长河中不过一瞬间。人类原始的、基于自然的进化遗传编码和直觉直到现在仍然是我们不可或缺的一部分，并将继续塑造我们的行为和对自然的反应。

自然对儿童具有童话般的吸引力，儿童对自然环境的体验与成年人不同。“成人通常将大自然视为他们工作的背景，而儿童将其作为刺激和体验活动的组成部分”①，是纯粹的感官体验。并且，儿童对自然环境的特殊亲和力与儿童道德的发展及认知方式有关，他们不是根据自然环境的美感，而是通过与环境的相互作用来判断自然环境。儿童的环境推理有两种主要形式：以人类为中心和以生物为中心。以人类为中心的推理涉及人的需求，包括环境提供给个人的偏爱、美、正义以及身体、心理和物质等福利；以生物为中心的推理在考虑到人类利益的同时，从根本上关注自然的地位，包括承认自然的内在价值、尊重自然运行的规律、保护自然的各种物种（比如确保动物的生存权利）等。儿童天生就有探索周围世界的强烈愿望，这种好奇感和探索欲望需要得到保护，在自然环境中，它们会被有效地激发出来。“我们要为深埋在儿童心灵深处的自然种子提供良好的土壤和环境，让它们不断生长。”②与此同时，大自然也为儿童的发展提供丰富的外部资源和内部动力。

---

① SEBBA R. The landscape of childhood, the reflection of childhood’s environment in adult memories and in children’s attitudes［J］. Environment and behavior, 1991, 23（4）: 395–422.

② 虞永平．在疫情中重新认识学前教育可持续发展［J］. 学前教育研究，2020（6）: 3–8.

（二）户外自然对儿童发展的益处

越来越多的科学研究表明，在一个多样化的、自然的环境中玩耍，对儿童各方面的发展都有广泛的益处。

1. 刺激大脑的发育，促进认知的发展

促进认知的发展。认知植根于感知，而户外活动是感知的主要来源。对幼儿来说，他们对户外体验的反应比成年人要积极得多，因为他们尚未适应不自然的、人造的室内环境，户外活动的丰富性和新颖性可以刺激他们大脑的发育，提高注意力，抑制最初的冲动并提高自律性。研究表明，“每天浸润在自然环境中可以增强儿童的注意力和认知能力，提高他们信息回忆能力和创造力。”① 可见，在相对熟悉的环境中直接、持续地体验自然仍然是儿童身体、情感和智力发展的重要支撑。

提高学业成绩。系列研究表明，使用户外教室和基于自然开展体验式教育的学校，学生们在社会、科学、语言、艺术和数学方面的学业成绩都有显著的进步。2005 年，美国的一家研究机构对经常与大自然接触的儿童进行测验，他们的科学成绩提高了 27%。美国林业局支持的一项伊利诺伊大学景观与人类健康实验室的研究表明：接触自然后，儿童注意力缺失、注意缺陷与多动障碍症状得到缓解。② 如果不具备与大自然亲密接触的条件，哪怕是经常在城市的公园里短距离散步，也能提高儿童的注意力，进而提高他们的学习成绩。

2. 产生积极的生理和心理反应

相关数据表明，在过去 20 年中，世界上 6 至 11 岁超重儿童的数量增加了一倍多。超重和肥胖儿童面临着许多健康问题，包括心血管疾病、糖尿病、骨骼和关节问题，以及睡眠呼吸暂停的风险更高。③ 这些健康问题如此严重，务必要引起人们的警惕，而大自然能改善儿童的生理和心理状况。

---

① WELLS N M. At home with nature：effects of “greenness” on children’s cognitive functioning［J］. Environment and behavior，2000，32（6）：775–795.

② KUO F E，TAYLOR A F. A potential natural treatment for attention deficit/ hyperactivity disorder：evidence from a national study［J］. American journal of public health，2004，94（9）：1580–1586.

③ OGDEN C L，et al. Prevalence of overweight and obesity in the United States，1994–2004［Z］. 2006，295：1549–1555.

改善营养，促进身体健康。研究发现，孩子们自己种植食物，他们更有可能吃水果和蔬菜而不偏食①，并拥有更多、更高水平的营养知识②，也更有可能在一生中保持健康的饮食习惯③。另外，在户外玩耍的孩子通常比那些大部分时间待在室内的孩子更健康，他们的运动体能显著改善，具有更好的协调性、平衡性和灵活性。④户外活动是体育活动的重要组成部分。户外活动能够促进儿童大小肌肉协调发展、心肺等各个脏器的发展，降低儿童肥胖症的发生率，减轻儿童生活和学业压力，提高生活幸福指数。

保护心理健康。美国目前有大约 11% 的儿童被诊断出患有注意缺陷与多动障碍（ADHD）等疾病，从 2006 年起，每年约增加 5%，数据触目惊心。但如果儿童生活的周围有自然环境，或是仅有一个可以看到自然景观的房间，都有助于保护儿童的心理健康，哪怕儿童每天仅仅观赏自然风景就可以减少他们的压力，提高他们的兴趣和注意力，并减少恐惧和愤怒情绪。⑤自然环境可以减少生活压力对儿童的影响，帮助他们应对逆境；自然环境还可以帮助儿童提高自我调节能力，减少精神压力和攻击性。

3. 激发积极情感，培养独立能力

儿童成长过程中需要积极地与成人互动，广泛地参与社区活动；同样，他们也需要与自然积极地交往。当儿童和伙伴在大自然中嬉戏时，他们更有可能对彼此和对周围环境产生积极的情感，⑥心情会更加愉悦，更加热爱大自然和周围的

---

① DYMENT J E，BELL A C. Grounds for movement：green school grounds as sites for promoting physical activity［J］. Health educ. res，2008，23（6）：952–962.

② WALICZEK T M，BRADLEY R D，ZAJICEK J M. The effect of school gardens on children's interpersonal relationships and attitudes toward school［J］. HortTechnology，2001，11（3）：466–468.

③ MORRIS J L，ZIDENBERG-CHERR S. Garden-enhanced nutrition curriculum improves fourth-grade school children's knowledge of nutrition and preference for vegetables［J］. Journal of the American dietetic association，2002，102（1）：91–93.

④ FJøRTOFT I. The natural environment as a playground for children：the impact of outdoor play activities in pre-Primary school children［J］. Early childhood education journal，2001，29（2）：111–117.

⑤ BURDETTE H L，WHITAKER R C. Resurrecting free play in young children：looking beyond fitness and to attention，affiliation，and affect［J］. Archives of pediatrics & adolescent medicine，2005，159（1）：46–50.

⑥ MOORE R C. Compact nature：the role of playing and learning gardens on children's lives［J］. Journal of therapeutic horticulture，1996：72–82.

人群，也会更加乐于与他人交流并积极参与社会活动。另外，户外空间使儿童可以逐渐尝试远离看护者，室外安全的空间极大地增加了儿童尝试独立的机会与信心，提高了儿童的独立能力。

4. 培养创造力，树立人文价值观

充满迷人的自然材料的户外教室可以激发儿童的想象力，启发他们创造不同的游戏。自然材料与许多人造玩具相反，人造玩具的玩法通常是可以预测的，而诸如树枝、木块、沙子和雪之类的自然物却是儿童想要的且可以不断变化的事物。儿童通过与这些自然物互动，培养发散思维能力，进而提高创造力。儿童在户外活动的时候会用立体材料来解决自己遇到的问题，可充分培养他们的创造力。大自然为儿童的成长提供了丰富资源，能促进其各种心理能力的发展。更重要的是，在与自然进行自在、自由、自主的互动过程中，儿童的各种能力逐步提升，奠定了成为“全面发展的人”的基础，即具有“自主发展能力、社会参与能力和人文素养能力”[①]，以便成为未来良好的地球管家。

（三）儿童自然缺失症的原因分析

尽管大自然为儿童提供了无数种免费的游戏，户外活动有诸多好处，但现代儿童并没有充分而自由地与大自然亲密接触。以前，儿童通常可以自由地进入自然世界，无论是市内的空地和公园，还是郊区和乡村的田野、森林，他们可以在很少或没有约束及监督的情况下玩耍，探索自然世界并与之互动。如今，儿童的生活更加结构化且处于被监督状态，形成了久坐不动的生活方式。是什么原因导致这样的现状呢？

1. 成人的监管

父母的工作方式。现代社会高速运行的模式导致了许多父母忙于工作或在外地工作，根本没有过多的时间带孩子去户外活动，因此大多数孩子只能在室内进行有监督的活动：5 岁以下孩子的游戏几乎都在监管下进行，即使是 5 ～ 10 岁的孩子也受到一定程度的监督。这样的教育势必造就“跛脚”的孩子。

妖怪综合征。当下，交通事故、紫外线伤害、昆虫传播疾病以及各种污染等伤害性问题的存在，导致许多父母认为户外是一个危险的地方。另外，父母对

---

① 林松柏 . 基于能力范式的教学改革理论创新和实践［M］. 北京：科学出版社，2022：28.

“陌生人危险”的紧张情绪不断增加，他们的这种行为被称为“妖怪综合征”，指父母害怕孩子在户外玩耍时被诱拐、被绑架或身体受到伤害。① 另外，媒体耸人听闻的报道大大加强了父母对这个问题的偏执和过度反应，这导致了一种高度的扭曲现状——父母认为“妖怪”出现在孩子生活中的每个角落，他们会再次限制孩子们的户外活动。即使是懂得户外游戏重要性的父母，也会发现自己夹在允许孩子自由和无理性担心后果之间而不能自拔。

2. 学校的监管

学校既是一个培养人才的地方，也是一个监管场所。学校对儿童的监管主要表现在以下两个方面：首先是校园硬件设施的建设。现代学校操场的设计通常限于沥青、铁丝网、草皮和某些大型电机的组合以及一些禁止性告示，这一切无时无刻不在传递着控制、权威和不友好的讯信。这样的学校感觉更像是一个监狱，它与一个有树木、草地和鲜花的学校相比，儿童会更喜欢哪个呢？难怪现在儿童的童年被称为“受禁的童年”。其次，侵占儿童户外活动的时间。由于学校对儿童学习的要求越来越高，儿童的游戏时间被更严格地安排并不断减少。许多家庭的孩子在课外被安排上满满的课程，几乎没有户外自由玩耍的时间。在美国，儿童在校的休息时间正逐步减少，这直接违反了《儿童权利公约》规定的“儿童有休息和放松的权利”。② 这种状况在全世界各地均存在，维护儿童权利，仍是前路漫漫。

3. 户外游戏空间的减少

儿童可以在大街上、空旷的城市里和乡村中自由奔跑的户外玩耍时代已经过去，现在尤其是城市中的儿童，几乎没有可以自由玩耍的地方。在汽车没有盛行的时代，街道不过是连接房屋和商店的地方，它为儿童进行各种游戏活动提供了公共空间。而现在，街道上充斥着各种汽车，街道不再是儿童自由玩耍的地方。即使是为儿童而建的各种公共娱乐场，其设计、维护或监督也往往不尽如人意。另外，城市土地成本的上升、空置用地上建设的增加、公共资源从公园和娱乐活动向公共服务的转型，以及大多数国家缺乏空间分配的法定规范，持续强化了这

---

① KIMBELL A R，SCHUHMANN A，BROWN H. More kids in the woods：reconnecting Americans with nature［J］. Journal of forestry，2009，10（11）：373-377.

② GUDDEMI M，JAMBOR T. A right to play：proceedings of the American affiliate of the international association for the child's right to play［M］. Southern Early Children Association，1992：17-20.

一趋势。这反映了一种国际现状，即将公共资金投资于其他领域，而不是用于建造儿童自由运动的多种选择空间。

4. 技术的泛化

由于成人要求儿童在考试中获得更高的分数，这导致儿童休息时间不断减少。如今的儿童更不活跃，与自然的联系也更少。当儿童确实有空闲时间时，通常会花更多的时间在室内看电视、玩电子游戏以及使用其他电子媒体。特别是户外没有足够有吸引力和多样化的地方吸引他们出去玩耍和探索时，更加剧了儿童对电子媒体的依赖，这就使儿童与自然关系恶性循环。如果人在生命的早期没有形成对自然的喜爱，那么就可能形成相反的自然恐惧症，即对自然的厌恶。自然恐惧症的表现范围很广，从处于自然环境中的不适到将自然视为一种可抛弃的资源。形成自然恐惧症，会加剧儿童与自然的疏离关系，更不利于生态文明的建设。当下的危险现状需要人们思考：限制儿童自主户外探索和亲身体验大自然，对儿童的发展造成了多大程度的伤害？这些变化对社会和地球有什么影响？

二、人与万物的关系是课程的核心

古希腊智者普罗泰戈拉有一句名言："人是万物的尺度，是存在的事物存在的尺度，也是不存在的事物不存在的尺度。"① 此处的"人"，既可以指个体，也可以指人类整体，也就是说，任何个人都可以将自己的感觉与判断作为评判事物的标准，也可以将全人类的认知、判断作为评判世界的准绳。"人是万物的尺度"，儿童是人，从逻辑上说"儿童是万物的尺度"是成立的。当然这个尺度既可以指单个儿童，也可以指儿童群体。课程是万物之一，因此说"人是课程的尺度"，或者再进一步说"儿童是课程的尺度"，也是成立的，这一逻辑关系就把人、儿童、万物和课程连接起来。

（一）人与万物的关系

自然是生命之母、文明之基。人与自然的关系是人类社会最原始、最基本的

① 北京大学哲学系外国哲学史教研室．古希腊罗马哲学［M］．北京：生活·读书·新知三联书店，1957：138.

关系，人类文明每一段的历史进程首先是人对自然认识的结果。要可持续地坚持人与自然和谐共生，促进生态文明的发展，就需要处理好人与自然的关系。

1. 尊重自然

地球已存在了至少45亿年，目前来看，它仍会生生不息地继续存在下去。大自然在长期的运作中孕育了人类，给人类以生命的同时，也为人类提供了生存所需要的一切。大自然是人类之母，人类是大自然之子，母子之间是一种共存共荣的关系。所以，人类首先应给予大自然必要的尊重，在人类生活的历史和现实交汇的时空里，人与自然是你中有我、我中有你的命运共同体关系。尊重自然生态，也是尊重人类自己，彼此尊重，就会产生携手合作、互利共赢的良好效果。

2. 顺应自然

大自然的运行有自身的规律。春夏秋冬，依次运转；春耕秋收，不夺农时；昼夜更替，不可更改。在自然母亲面前，人类这个孩子，老老实实地按照她的要求行事即可。美国生态伦理学者罗尔斯顿非常重视人与自然的关系，认为我们应当像遵循导师的教导那样遵循大自然的规律。因为大自然具有某种神奇的引导功能，它指导我们知道自己是谁、来自哪里、置身于何处、又将走向何方；它也引导我们在有限的生命里，知道我们的职责是什么、我们的期待是什么、我们的满足点在哪里。只有顺应大自然的规律，我们才能通过不断反思而学会如何生存，否则的话，就会受到大自然的惩罚。

3. 保护自然

尽管大自然拥有丰富的资源，但是人类不可无限制地攫取，否则势必会吸尽大自然的营养而使它渐趋枯竭。这就需要人类不断地警示自己，克制自己的欲望，本着与友交往的节度之心，在满足人类基本生活需求的同时，懂得适可而止，而不是固执坚持“人定胜天”的“人类中心主义”的观点，对大自然进行掠夺式地侵犯。在人类人口数量飞速增长的今天，我们更要增强节约、环保和生态意识，形成善待自然的人文情怀。只有这样的话，大自然才会继续滋养我们，和谐共处、携手共进的生态时代才会长久保持。

（二）课程是儿童与万物的有机连接

初生的婴儿发育不成熟，如果听任他们自行其是，没有别人的指导和援助，他们甚至不能获得生存所必需的基本能力。这就凸显了教育的重要性。这些懵懂的孩子如何和大自然相处？人类如何利用大自然更全面地促进儿童的发展？这都是教育需要思考的问题。教育首要的职责在于解决人与物的问题，然后转向人与人的问题。课程是连接儿童与自然的载体，儿童的成长与课程间存在着一种必然的依赖关系，因为课程设置囊括儿童与万物交往的方方面面，包括他们如何与自然、社会和他人交流，如何通过交流互动促进儿童的认知、健康、社会、语言和艺术五大领域的发展。所以，课程是儿童与万物联系的有机载体，课程设置的合理与否，决定了学校教育的成功与否。

（三）自然教育与儿童发展的关系

环境是人类生存的基本要素，儿童周围的自然环境对他们的成长具有重要作用。胎儿一旦在母亲的子宫中开始发育，他就会对环境保持敏感。在他出生后，他从周围环境中受到的刺激会促进他的身体、认知、社交和情感的发展。一个人既处于环境的中心，又是该环境的要素，他既受环境影响，又受其活动影响，他以这种交互方式不断地塑造自己的行为。因此，环境和行为是相互关联的，自然环境以不同的方式影响儿童的行为。

1. 使儿童成为地球管家

自然教育可以帮助儿童增长知识，并帮助他们采取积极的态度和行为，成为有环保意识的公民。在适当的榜样的指导下，为儿童提供许多积极的户外体验，他们便可以学习理解、尊重和照顾环境及其相关问题，这不仅有助于培养儿童的责任心，提高儿童的阅读、写作和口头表达能力，甚至还可以提高人类整体的教育水平。

2. 加强与社区的联系

通过参与花园种植的活动，儿童将学习自己种植可食用的植物，并通过参与学校、城市和社区主办的种植水果和蔬菜的活动，了解社区。当儿童参与种植，他们在花园里从事的工作会使他们感到自己特别有力量，会获得巨大的成就感并增强共同维护社区的责任感。自然教育还使学生对保护环境持积极态度，因为我们只能保护我们所知道的。① 此外，自然教育还为儿童提供了与当地社区中的动

---

① DRISSNER J，HAASE H，NIKOLAJEK M，et al. Environmental education in a "green classroom"［J］. Resonance，2011，16（2），180-187.

植物建立联系的机会，形成对社区环境积极的欣赏态度。

3. 支持儿童的发展

儿童学习环境的概念中有两项主要活动：其一是在学校课程范围内由教师管理的正式活动，其二是由儿童根据自己的喜好而开展的非正式活动。两种活动类型都有助于儿童的身体、认知、社交和情感发展。这些环境空间是儿童的活动区，教师可利用环境，激发儿童的创造潜力并帮助儿童推出他们研发的新产品。这些区域活动，能够为儿童提供与社会中其他人相处的机会以及有关生物、生命周期和环境事件的信息，从而促进儿童社会性发展。

十年树木，百年树人。在儿童、教师和社会协调一致的情况下，自然教育正在以一种民主的方式解决环境问题。自然教育既是一种思维方式，也是一种实践方式，其目的是“使儿童了解生态平衡及其在平衡中的作用，使他们能够提出有关如何与地球和谐相处的观点，并使他们获得有效和负责任地参与保护环境所需的必要技能。”① 儿童在户外空间玩水、沙子和泥浆，进行户外探索，如收集落叶，为鸟类、蚂蚁和蜥蜴等创造生活空间的活动，有利于他们树立环境敏感性和责任感。我们需要为儿童提供这种机会，因为最好和最永久的学习方式是通过经验而获得的。在这种经历中，儿童与环境之间建立的纽带将使儿童对环境更加敏感。在校外时间，儿童与环境之间的互动也很重要，因为许多研究都强调了儿童在户外游戏，体验环境，通过看、摸、听和感觉进行学习的重要性，以这种方式获得的有关生活和环境的经验和信息也至关重要②。换句话说，课程必须给儿童提供直接体验自然环境的机会。

三、充分开发自然课程

自然是一种实然的存在，它所提供的资源是人类生存与发展的物质基础和前提。所有人类的活动本质上都发生在自然中。陈鹤琴先生很早就在“活教育”理论中明确提出，儿童是自然的产物，要以大自然、大社会为教学内容，大自然、

① DAVIS J. Young children, environmental education, and the future [J]. Early Childhood Education Journal, 1998, 26 (2): 117-123.

② 宫盛花，虞永平，宫于彤. 创建希望生态：幼儿自然场所教育的国际研究综述 [J]. 教育学术月刊，2022 (5): 29-36.

大社会才是活教材。苏联教育家苏霍姆林斯基也曾赞美大自然，将它视为儿童的第一本教科书，世界上最有趣的老师。大自然对儿童的教益无穷无尽，在学前阶段开设自然课程，具有充分的必要性。

（一）自然课程的魅力

1. 野外课程可以满足儿童丰富的感官本能

人类文明的进程就是从感官走向理性的历程，感官教育于儿童而言，不可忽视。历史上像柏拉图、亚里士多德、夸美纽斯、维柯、卢梭、蒙台梭利、皮亚杰和加德纳等思想家或教育家，都强调过儿童感觉的重要性。加德纳著名的多元智能理论中就包括自然智能，它是指儿童对自然界中的动植物及其他事物的认知与分类的能力。具备自然智能的儿童往往会在好奇心、求知欲和观察能力上更具优势，而想要培养自然智能，就要让儿童经常接触自然。正是这种接触自然的要求，使得儿童的自然教育与其他形式的教育相比更加注重感觉的作用。通过感觉通道，儿童不仅能认识外在的自然物，更能触及内在的自然性。野外课程能充分刺激儿童的感官，促使他们真正融入自然中。有在野外活动的小朋友分享其喜悦的感悟：“我在我家旁边的林地里收集黑莓、野营、用火做饭。林地里有泉水，每天都可以取水浇菜，也可以寻找并食用野生西洋菜。在户外，我学到的是热爱和享受户外活动——看风景、听声音、闻篝火的气味。”① 林地为儿童探索自然环境提供了自由，并提升了儿童与自然世界亲密交往的能力。例如：倒下的原木或原木堆为儿童攀登、平衡、翻越、穿越并“猎杀”野兽提供了机会；篝火坑和休息区是儿童进行小组活动优先选择的美好场所，儿童可以收集柴火、休憩和烘烤。儿童与周围环境自然接触而产生的兴奋，加深了他们对外界的了解，并产生出敬畏自然和惊奇的感觉。儿童希望以有意义的方式与自然联系，而这种充满可持续性和灵性的野外课程需要不断推广，应成为学校课程的重要组成部分。

2. 自然课程开启探索之旅，满足儿童冒险的欲望

通过自然课程，学生可以了解地球上诸生物的许多奥秘。儿童在户外活动极为重要，它不仅是儿童释放能量的重要途径，而且也是支持其创造力发展的必要

---

① MALONE K，TRANTER P. School grounds as sites for learning：making the most of environmental opportunities［J］. Environmental education research，2003，9（3）：283-303.

手段。儿童产生创造力的前提是其探索欲望得到满足。“欲望”一词强调了儿童在不受成人干预的环境中冒险所产生的一种感觉力量。有儿童分享了他冒险欲望得到满足后的快乐感：“我喜欢在家乡的冒险游乐区玩耍，我所居住的村庄周围是一大片田野。我可以冒险爬上村里的跷跷板，上下摇摆，看看我在杠铃上能攀过多少个横档……真是太好了！因为那里没有大人喋喋不休地告诉我们要小心。在那里，我学会了保持平衡、攀爬，并尽我所能去做各种刺激的动作。”①儿童每天在户外参与冒险活动，享受移动的空间、新鲜的空气、自由的对话、轻松的经验，这些都是激发儿童创造力的基础。在大自然中，他们可以行动自如、自由地观察自然世界并自发地爱护环境。这些成人认为风险太大的活动，恰恰是允许儿童挑战自己身体和心理的契机。例如，一个儿童注意到地面上有块岩石，尝试爬上去并保持身体平衡。如果他成功地爬上去，就会为自己的成就感到自豪。儿童就是在自我冒险的过程中，不断地促进自我的成长。所以，自然课程就是基于儿童的自然体验来整合各种户外活动的课程。

3. 自然课程可以为儿童提供自由的户外游戏空间，打开创想之门

户外游戏活动是一种个性化的学习方式，也是建构特色课程的基础，孩子们在其中自由、自主地寻找乐趣。有成人用自身经历证实了自然教育的重要性：“我的小学生活是在一片普通的树林里度过的。我们在那里自由地漫步，收集各种植物和其他物品。老师给这些植物和物品起了名字，并讲解自然栖息地等知识。即使那是59年前，我仍然记得我们看过的植物的名字！”②同样，老师们也很享受自然生活：“我喜欢在花园里进行各种试验，并让孩子们参与其中。孩子们看到种子发芽、生长，感受到浑浊的泥土、泥炭、树皮、鹅卵石时，他们就异常兴奋。这些自然的经历都是无价之宝！”③有教师认为，户外环境不仅能关照某些儿童个性化的需求，也能为具有行为问题的儿童带来好处，因为它提供了开

---

① ZEMBYLAS M. Risks and pleasures: a deleuzo-guattarian pedagogy of desire in education [J]. British education research journal, 2007, 33 (3): 331-348.

② DENNIS S F Jr., WELLS A, BISHOP C. A post-occupancy study of nature-based outdoor classrooms in early childhood education [J]. Children, youth and environments, greening early childhood education, 2014, 24 (2): 35-52.

③ DENNIS S F Jr., WELLS A, BISHOP C. A post-occupancy study of nature-based outdoor classrooms in early childhood education [J]. Children, youth and environments, greening early Childhood education, 2014, 24 (2): 35-52.

放的、自由的环境。儿童在户外创造着属于自己的乐趣，自然也给了他们创造力。户外学习使课程可以从不同的角度来开展，儿童快乐地参加户外的各种活动，也会使社区受益，因为这些儿童的行为也会在一定程度上对成年人产生积极的影响。

（二）自然课程的设置

1. 自然课程设置的范例

幼儿的发展是多层面、多领域和多维度的，那么幼儿园课程不仅要注重幼儿的身体发展和认知启蒙，而且要关注幼儿心理、情感和社会性发展，幼儿园自然课程同样也要关注幼儿的全面发展。幼儿园自然课程与幼儿之间的关系是双向互动的，教育环境与幼儿之间的互动、自然界与幼儿心灵之间的互通可以在不经意间将幼儿导向自然，使他们在与自然的互动中发现自然的美并不断完善自我的心灵。那么该如何开发幼儿园的自然课程呢？康斯托克在她的《自然研究手册》中透彻地讲解了这个问题。这本手册分为四个部分：动物、植物、地球和天空的教学。鸟类是动物研究的第一个主题，下文以此为例说明自然课程的开发问题。康斯托克提醒教师，研究鸟类不仅仅是认识鸟类，真正的目的是要了解鸟类的生活习性。① 有关鸟的课程可以这样设计：观察普通鸟的羽毛、作为装饰品的羽毛，观察鸟类如何用羽毛飞翔与迁徙，观察鸟的眼睛、耳朵、喙、脚等，感受鸟的歌声，分析这类鸟的价值，探讨如何在冬天研究鸟类的巢穴以及鸟类的生活历史等。她建议教师制作用于观察知更鸟的笔记本，以帮助儿童理解这种普通小鸟的习性。与此同时，康斯托克还给教师提供了一系列可用来帮助学生进行观察的问题，这些问题将在适当的时间范围内逐步呈现出来。比如，第一个系列问题与知更鸟的到来有关：你注意到知更鸟是在春天的第一天到达的吗？知更鸟一到北方便开始唱歌吗……第二个系列问题是鼓励儿童观察知更鸟：喙的颜色是什么？尾羽的颜色是什么……第三个系列问题与筑巢、观察卵与幼虫有关；最后一系列问题是在暑假期间如何观察知更鸟。② 这本专著给教师开发自然课程提供了一个很

---

① COMSTOCK A B. Handbook of nature study（Ithaca）[M]. New York：Comstock Publishing Co.，1911：27.

② COMSTOCK A B. Handbook of nature study（Ithaca）[M]. New York：Comstock Publishing Co.，1911：61–62.

好的范例。

2. 充分利用好“现代自然礼物”

福禄培尔当年创造了“恩物”一词，旨在感恩大自然给予儿童的恩赐，他所指的恩物主要是指久坐的创意性游戏、健康的活动等。现代的自然礼物应该超越一定的时空限制，包含城市的自然与农村的自然、群体的自然和个体的自然、园内的自然和园外的自然、天然的自然物和利用自然物加工制作的各种创作物。例如用手、松果、手电筒或乐高玩具绘画，用铅笔或洗手盆发明一种乐器，采集鸟的歌声、人的尖叫声等，即兴地将它们混合在一起创编歌曲等。如何利用好“现代自然礼物”，需要不断地思考如下问题：现代自然的特性是什么？如何将这些元素组合在一起？我们以什么方式与现代自然共享财产？我们以什么方式成为现代自然？从某种意义上说，“现代自然礼物”是一种元操纵手段，即无需过多地操纵现代技术，就可以使用它们来探索现代自然本身。

四、践行生态文明之举措

（一）什么是生态文明

生态文明指的是人类社会在实现可持续发展的过程中，建立和发展的一种全新的文明模式，旨在实现经济、社会和生态的协调与平衡发展。它强调人与自然的和谐共生，强调经济发展要以保护环境为前提，促进生产方式、生活方式、价值观念的全面变革，实现可持续发展的目标。

（二）生态文明与幼儿园课程的关系是什么

生态文明和幼儿园课程之间存在密切的关系。幼儿园是儿童接触和了解自然的重要场所，幼儿园关于生态文明课程的设计可以帮助儿童建立正确的环保意识和行为习惯，培养对自然的尊重和爱护，从小树立可持续发展的观念，为未来的生态文明建设奠定基础。

（三）如何践行生态文明

幼儿园课程主要通过广义的生态环境教育，让幼儿参与生态保护和环境建设与整治中来，学习环境保护知识，增强幼儿的环保意识和自我保护能力。通过这些教育手段，幼儿园可以帮助幼儿养成保护环境的行为习惯，激发幼儿的环保意识，促进生态文明的建设。具体措施如下：

1. 创建城市绿色校园

（1）绿色校园建设的益处

随着人们环境意识的不断增强，在城市中开展绿色校园建设的活动逐步流行开来，即将城市可持续发展和生态设计理念、儿童福祉、公共卫生和社区参与结合起来并统一在校园内，充分发挥绿色环境的优势。绿色环境的优势首先体现在可以促进儿童的健康成长，预防肥胖症、减轻压力、改善健康状况、提倡更健康的生活方式等；其次，绿色校园通过将贫瘠的沥青和普通草地转变为充满活力的学习和娱乐环境，将大自然带回城市；再次，绿色校园可以使用天然材料和植被，为儿童提供开放式的游戏机会，从而开展活跃而富有想象力的游戏。① 最后，绿色校园由当地天然材料和本地植物建造而成，每一个校园都是独一无二的，不仅反映了其社区的地理、生态和文化，而且还为在其中度过时光的儿童和成年人营造了一种独特的本土优越感。② 绿色校园是恢复我们与自然世界关系的核心，现在该是在全国各地大量投资、建设绿色校园的时候了。

（2）创设充满生态元素的绿色空间

儿童对自然环境的需求与成年人不同，设计儿童户外环境的时候，应该以满足儿童的需要为第一要务，尽可能将景观和植被作为游戏设施，并充分利用自然资源作为游戏材料。③ 教师创设环境的时候，首先应该知晓儿童的喜好，儿童喜欢的自然元素包括水、植被、动物等。植被包括树木、灌木、花卉和草，动物包括池塘中的生物和其他生物，沙子最好是与水混合在一起，以表现出多样性和变化的自然色彩。与传统的游戏材料相比，树枝、树叶、石头、沙子、泥浆和其他天然材料可引发儿童进行更长时间的探索、更多的合作以及更广泛的游戏行为。值得一提的是水这种元素，它对儿童和成人均具有镇静作用，尽管水上游戏很难

---

① DANKS S. Living schoolyard activity guide：United States edition［M］. Green Schoolyards America，2017：6.

② DANKS S. Living schoolyard activity guide：United States edition［M］. Green Schoolyards America，2017：5.

③ SHELLE R. Kids don't need equipment，they need opportunity［J］. Smithsonian magazine，1994，25（4）：78-87.

获得上级批准并会带来许多维护上的挑战，但这些区域被认为是户外场所中最吸引人的空间。另外，花园作为一种学习环境越来越受欢迎，在这种环境中，儿童可以构建新的知识体系，学习与生态意识相关的文化和社会价值观，并培养儿童的实践技能。① 基于儿童的喜好，绿色空间的创建需要遵循以下原则：

半完成式设备。绿色校园中的自然空间应尽可能由天然材料制成，其结构和设备不需要全部制造。例如可以将原木、树桩和巨石以自然的方式将它们与景观、堤岸和土墩一起使用；还可以设计用于管理雨水的部分设备，既美观又具有教育意义，同时也可以容纳和保存雨水。

重视个性化需求。绿色校园区域建设必须考虑到不同特点、不同性别、不同种族、不同风格的儿童的个性化需求，尤其是有特殊需求的儿童。比如为盲童设计特殊的走道，设计体现不同国家、不同文化元素的自然景观等。

重视植被作用。将当地植被和环境生态纳入绿色校园非常重要，这样儿童才能体验并了解当地环境的特点。许多游乐区可以植被生态为主题来创建。例如，可以在沼泽或溪流栖息地设置交互式水上游乐设施，还可以补充当地的栖息地保护计划，并增加土地以满足野生动植物的生存需要；考虑到气候因素，可以种植树木，为儿童和学校建筑提供树荫，缓解城市热岛效应，降低学校建筑内部制冷的成本。② 遵循上述创作原则，儿童所生活的绿色空间生机盎然，儿童必定会茁壮地成长。

（3）如何参与其中

迷人的绿色校园的建设离不开校园所有管理者、教师和儿童的积极参与，离不开家长和社会各界人士的支持，可通过以下途径开展绿色校园活动：设计项目，通过在校工作日自愿提供服务帮助当地学校；利用学校现有的绿色空间组织各种庆祝活动；宣传国际校园活动月和本地校园活动月；建议政府将校园生态系统纳入其绿色城市计划的一部分。

汇集社会各界力量，助力绿色校园发展，是人类支持儿童成长的一大善举。美国北卡罗来纳州布克斯顿市蒙奇金学院的儿童保育专业人士分享了该中心重建

---

① BLAIR D. The child in the garden：an evaluative review of the benefits of school gardening ［J］. The journal of environmental education，2009，40（2）：15–38.

② DANKS S. Living schoolyard activity guide：United States edition ［M］. Green Schoolyards America，2017：6.

绿色校园环境后带给孩子们的积极影响："整个操场更吸引人了，孩子们既不会不知所措，也不会感到无聊。以前他们不跑……现在他们跑了。我们最自豪的时刻是看着孩子们与自然，如花朵、树枝玩耍，克服了对蜜蜂、蠕虫、蝴蝶和蟋蟀的恐惧。"① 相信这样的绿色校园会越来越多。

2. 创建户外教室

户外空间为所有年龄段的儿童提供了丰富的学习环境，儿童通过游戏的方式与自然对话，这实际上就是一种隐形的课程。户外教室的灵活性被认为是使景观发生变化的最重要的属性，天然建筑材料、植物的大量使用以及易于移动的地面材料（例如沙子、覆盖物和木屑），使那些装有固定设备而无法移动的空间发生了改变。成功的户外教室设计的特征包括材料的丰富性、设置的多样化和游戏功能的最大化。创建户外教室应遵循以下原则：

（1）选择的最大化

首先，要考虑儿童在哪里玩和与谁一起玩的问题。丰富的天然材料支持开放式游戏并鼓励群体的广泛参与；数量和种类越多，儿童发生争夺资源的冲突就越少，像杂乱的材料、打沙场、可移动的空间元素都可充分利用。丰富的自然游戏材料如树桩和大树枝等，以及足够的空间（可供几个小组同时使用的区域）最受儿童的欢迎，它们能够为儿童提供诸多的游戏选择。总之，多种质地、多种颜色、多种声音的元素也可为儿童带来丰富的感官体验。

（2）狭小空间的魅力

户外空间的设置不能遗漏狭小的空间，因为狭小空间与儿童创造力的发展密切关联。比如说像舒适的角落、窝点和隧道等是自然教室中最重要的空间类型，这些空间通常位于边界更清晰的区域（例如灌木下面）的边缘，它们为儿童开展一系列积极的活动和促进情感的发展提供了支持。这些空间可以满足不同儿童的不同需求，比如自我镇定、需要与众人分开、帮助自我从强烈的感觉刺激中恢复过来，以及与特殊地方保持牢固联系等，这些属于儿童的空间需要成人尽量为他们保护好。同时，也需要考虑到儿童的安全，为了方便工作人员随时看到儿童，

① COOPER A. Nature and the outdoor learning environment: the forgotten 85 resource in early childhood education [J]. International journal of early childhood environmental education: addressing policy, practice, and research that matters, 2015, 3 (1): 85–97.

可以安装一面镜子。这样，儿童既能够在成人的视野之内安全活动，又可以自由地体验他们向往的隐蔽感。

（3）空间设计的灵活性

户外空间中的固定游乐场设备应尽量减少，以腾出更大空间便于教师灵活处理场地，因为儿童对户外教室的需求会随着时间的推移和情景的变化而变化。有了足够的空间，教师和儿童可以根据实际情况随时调整空间，比如随时减少或增加活动区域，增加或改变适应儿童游戏方式的路径，以及改变可以完全移动的区域以改善其功能。例如，可以依据儿童的需求，不断增加沙盒面积以减少使用该空间的儿童之间的冲突。

（4）积极地参与

轻松自然的户外发展空间为儿童与父母、捐助者、邻居、社区团体和当地企业家等的互动提供了更多机会。儿童经常会根据自身需要，提出整改某些设施的要求，这些要求提高了不同群体的参与度。例如，一个平时特别粗暴、不守规矩的男孩在户外发现了一个燕窝，他为了保护燕窝，就会警告其他人不要打扰这个燕窝，这种行为无形中加强了这个男孩与其他儿童和成人的间接交往。同样，给某个空间命名或重命名、制作新的标志、安装新的设备、种植新的植物等都是在不同地点通过设计、改编吸引儿童参与的极好方式。另外，这类设计、建造和改造的过程也是连接成人和儿童的一种有意义的方式。例如，父母参与户外教室的建设如建造棚屋或铺设覆盖物等，这类活动为成人提供了与儿童接触的宝贵机会。

创建户外教室是一个系统的工程，既满足儿童的需要，也满足了成人的需要，它是连接儿童与社会的一个重要的媒介。

（5）案例呈现

以下是一个使用自然材料创建“自然创造区”以支持创意游戏的案例。可以将该区域设定为一次自然创造活动，也可以将其永久设置在操场或户外教室中，以便儿童在休息期间使用。

材料使用：

从学校或者其他地方收集各种天然材料，包括树叶、岩石、树枝、花朵、种子、豆荚、木材、贝壳、草茎、树皮、海藻、沙子、泥浆和水等。

天然材料的大小、类型和数量应适合儿童的年龄段和区域的大小。

提供少量的材料可以促进儿童创造力的发展，帮助儿童更好地学会协作和分享，根据需要，可以保留一些物料以备补充。

可以从木材服务公司以及公园等免费获得一些树桩，作为区域的边界、工作台面或儿童的座位。

指导建议：

使用粉笔线、树桩、长凳、花槽或现有的墙壁和小路创建区域边界。一个舒适的区域可促进儿童分享、激发灵感和增强彼此间的协作。在区域边缘设置一个“自然博物馆”，便于儿童对自然材料进行布局和分类；放置垃圾桶或篮子，有助于他们存放、运输和收集要使用的物品。

如果该区域不在人行道上，就寻找一些表面平坦的物体，例如踏脚石或有年轮的树桩，可在上面放置一些比较小的物体。

使儿童适应该区域。该区域创设的目的是让儿童参与活动时获得乐趣，而不是固定其流程。教师可以与儿童一起创建一个作品，然后快速回收它。之后，让儿童使用相同的材料制作一个新作品，重复此过程。教师可以依据儿童的年龄制订一些词汇表，例如：低于 / 超过，对称 / 不对称，抽象 / 具有代表性等。

教师也需要制定一些规则。比如，活动结束时应将资料放回“自然博物馆”中；明确是否鼓励儿童从附近自然界继续获取材料，以及对保护环境有何期望等。如果该区域是永久性的，请张贴一个标志说明应如何使用该区域。

该区域还可以作为户外教室，通过结构化的活动和作业来达成所有学科的课程目标。①

3. 设计充满野性的游乐场

（1）探索性游乐场

儿童对自然的体验是野性的。探索性游乐场可为儿童提供探索自然和与其他儿童互动的机会，这些环境鼓励儿童创设丰富而复杂的游戏，并极大地扩展了传统游乐场的功能。儿童发现游乐场是他们可以充分发挥自己的想象力，并能提升学习能力的地方。儿童探索性游乐场与专为成年人设计的风景区完全不同，成年人更喜欢修剪整齐的草坪和整洁的景观，探索性游乐场的设计则要宽松得多，因

---

① DANKS S. Living schoolyard activity guide：United States edition［M］. Green Schoolyards America，2017：14

为儿童喜欢可隐藏的地方、神秘的荒野、宽敞且参差不齐的冒险区。儿童需要多样化的工具、开放的空间、挑战的机会来控制和操纵环境。儿童将自己置身于景观之中，赋予景观重要意义并体验他们自己改变环境的行为力量。在探索性游乐场中，尽管可能会有一些常规的游乐设备，但许多空间都是非正式的和自然的，因此它们能激发儿童高质量的自由游戏并促使他们发现、学习。作为创造力的媒介，自然空间和材料激发了儿童无限的想象力。

（2）零散性游乐区

户外游乐区彼此之间不应该是孤立的、隔离的，而应从一个区域流向另一个区域，需要保持其流动的连续性，并应尽可能地开放和简洁化，以鼓励儿童发挥想象力。户外游乐场的设计应刺激儿童的感官、激发儿童的好奇心，并使其与其他儿童、成年人以及游戏空间中的资源进行互动。这种流动性的户外运动需要很多装备才能完成，沙子、水、道具等是儿童游戏的重要工具。自然物具有无限的游戏可能性，儿童可随心所欲地利用它们。西蒙·尼科尔森于 1971 年写道："在任何环境下，发明和创造的程度以及发现的可能性都与其中的变量和种类成正比。"①他首次提出了儿童游戏中的零散理论。儿童通过处理、操纵以及与材料和自然环境的互动，了解了世界运转的规则。

需要强调的是，无论是何种室外教室的建构，最好让儿童、教师和家长都参与，尤其要让儿童参与环境的规划和设计，因为这种参与性活动可培养儿童的自尊感、赋权感和民主感。

4. 指导儿童撰写自然日记

大自然从来都是而且永远都是人类灵感的来源，人类最伟大的思想家、艺术家、博物学家和科学家都积极利用日记从自然中汲取灵感。通过日记，人们可以发现、跟踪自然界的模式和观察结果，否则这些模式和观察结果可能不会引起人们的注意而被忽视。在教育领域，鼓励学生撰写自然日记已被较为广泛地推广。这种学习模式是一种跨自然课程的学习工具，可以培养学生专注观察的技能，增强学生的生态智能并加强他们与自然世界的联系。在儿童早期教育中，引导儿童撰写自然日记也是一种有价值的做法，可促使儿童与自然连接的纽带越来越紧

① NICHOLSON S. How not to cheat children: the theory of loose parts [J]. Landscape architecture, 1971 (62): 30-35.

密。另外，在儿童早期语言敏感时期，自然世界也可以作为灵感激发儿童对口语和书面语言的兴趣。将经验和文字联系起来非常重要，因为任一词的词源都充分显示了该词与其本意即经验的关系。如果单词或文字没有体现人类的经验，那么它就没有实际意义。通过语言和文字处理，儿童的自然经历可以促使他们更深层次地与自然联系并能够产生出一生热爱学习的奇迹。那么，该如何引导儿童撰写日记呢？

（1）日记引导

对于 18 个月至 3 岁的儿童而言，鼓励他们参加日记记录的过程很重要。在儿童开展户外活动的过程中，日记本已成为准备好的户外环境的重要组成部分，并且需要一以贯之地使用。有的儿童最初不喜欢日记，这需要成人不断地引导，但绝对不要强迫他们。比如，可以通过师幼一对一的自然探索活动，将撰写日记过程整合到户外活动中。成人跟随儿童在花园中探索的时候，当儿童遇到新奇的或不懂的事情时会询问成人，成人则可提示他们运用自己的感官进一步探索，并为儿童提供交流其发现的机会，然后成年人再以书面的形式记录儿童口头表达的观察内容。随着儿童的成长，当他们看到同龄人对日记感兴趣时，这些儿童对日记的兴趣也会随之而来。

（2）物理准备

将操场的部分空间创建为户外教室，并将其重新命名。户外教室的环境应包括多个种植有花卉和蔬菜的大花盆或菜地，指定的免费挖掘场所，自然攀爬区如矮小的树木等，有儿童可随意操纵和探索的堆肥、刷子、蠕虫、喂鸟器等野生区，用于游乐、创作和开展艺术活动的自然物等。①

（3）心理准备

在活动前，教师需要与儿童讨论利用身体、感官和想象探索户外教室。要达到良好的效果，需要将环境设置为一个有创意的空间，而不是一个所有人可以随意尖叫、吵闹的自由场所。基于圆圈的感官观察活动是让儿童适应空间的好方法——邀请儿童安静地围坐成一圈，引导他们进行几次深呼吸；然后，让儿童在

① JOHNSON K. Creative connecting: early childhood nature journaling sparks wonder and develops ecological literacy［J］. International journal of early childhood environmental education，2014，2（1）：126-140.

每个环节集中注意力，闭上眼睛，真正感受来自自然环境的感官体验。这种做法可以使儿童平静下来。

（4）组织活动

孩子们每天在室外玩耍，每天都可以进行一次基于自然日记的活动。这些活动可能是使用变色树叶的季节性活动，也可能是将室内课程与自然联系起来的基于学业的活动，例如用木棍搭起字母“A”并将其粘贴在纸上。在每天指定的自然日记中，教师应为孩子们提供一定的时间，以记录他们在户外教室环境中的发现或激发他们的创造。孩子们可把这些发现或者创造画在图片上，由成年人进行口头叙述；或者孩子们口头叙述，成年人帮忙记录。之后，是圆圈分享时间。孩子们围坐成一圈，把自己的记录呈现出来，相互分享观察记录的结果。交流经验和观察是让孩子们吸纳彼此的发现并萌生智慧的一种极好的方法，同时加强了孩子与同伴之间以及孩子与自然之间的关系。在这期间，教师可以同伴的身份加入，因为在大自然面前，成人和孩子都是学生。师幼共同探索和研究对自然的感觉，孩子们会感受到这种师幼间的平等并开始喜欢、接受这种新的活动。

（5）日记评估

儿童记完日记后，教师请儿童分享日记中最喜欢的图画或想法，这是鼓励儿童吸收经验并评估他们观察学习情况的好方法。然后，教师根据儿童的发展需要，依据主题进行分组，开始小组研究项目，以详细的说明来深化儿童的发现；也可以在故事和图画书中探索任何儿童都无法识别的自然物体；最后，在家长活动中或在公共区域的公告板上展示儿童的作品。

（6）制作日记本

自然日记本可以用任何笔记本或速写本制作，每个页面上方要加上日期，并考虑记录自然的方式（例如记录天气、温度等，沿海地区可记录潮汐）。另外，要让儿童知道，日记是用文字和图片记录他们在自然界中看到和发现事物的地方，以及记录他们有关自然的问题和感受的地方。儿童和教师的日记越多，他们在自然观察、记录和检测方面的能力就越强。这种实践建立了教师户外教学的信心，并激发了教师和儿童的创造力，创造力和信心的结合又有效地激发了教师探索儿童户外教育的热情。

5. 开展社区自然活动

社区是连接家庭、学校以及社会的纽带，自然课程不仅仅在家庭和学校中开展，社区中的自然元素也不可忽视。如果全体社区成员具有一定的生态理念，如果儿童能够生活在“绿色”的地方，有“绿色”的父母，上“绿色”的学校，在“绿色”政府管理的“绿色”社会中，那么“绿色儿童”就会成为未来拯救地球免于毁灭的中坚力量。社区成员可以尝试以下做法：

在日常家庭生活中，父母应经常创造条件带孩子到大自然中去；在去幼儿园的路上或者外出游玩的时候，如果距离比较近，尽量让孩子步行或骑小自行车上学，而不是坐汽车。

保持与邻里密切合作的关系。父母可与邻居们制订值日表，轮流看护孩子，以便孩子们可以在较广阔的户外安全地带玩耍，锻炼想象力并体验自由创造的游戏。

每月与朋友、家人和邻居一起郊游，让孩子们成为邻里、兴趣小组或社区家庭自然俱乐部的一员。

借助私营企业、学校、慈善机构的创造力和奉献精神，共建社区。清除铺满沥青的运动场，在运动场边缘种上绿色植物；为儿童提供共用的游戏空间，或在屋顶建造有天然植被的游戏空间；在社区建造各种花园，并使街道变窄，以使儿童可以更安全地过马路或在附近骑自行车。

经常接触政策制定者和各种团体，与他们交流，强调保护野生植物和动物的重要性。

上述成人在不同社区所做的种种努力，一定会形成一股强大的生态合力。

6. 创设各种自然教育研究所，开展自然教育学术研究和实践

学习是一个终生的过程，所有从业人员需要树立终身学习的理念。自然教育研究所可以为幼教从业者提供学习如何为幼儿创建高质量、适合幼儿发展的室内和室外学习环境的机会。自然教育研究所可以帮助幼教从业者学习规划儿童保育、早期教育和早期启蒙环境的基本原理，这些环境可以满足儿童的需求并保护自然环境。研究的主题可以包括：场地和建筑物评估、婴幼儿和学龄前儿童的个性化设计、设计过程了解、与建筑师和设计师合作、合同谈判、高质量的空间创建、文化在设计中的作用、可持续设计实践、绿色建材选择、关于可持续环境的资源等，重点将放在创造有趣和高质量的户外环境上。研究的问题包括：为什么儿童需要自然？如何设计户外空间？可利用哪些自然资源？如何让教师和儿童参与设计过程？户外空间的设计都有哪些注意事项？……

随着人类特别是儿童与自然的联系在人类整个生命中的重要性的研究不断得到推广和普及，人们的绿色观念也在不断增强。在主流教育和文化完全接受健康的自然世界对健康人群的重要性观念之前，所有具有创造性的正规和非正规机构中的教育者都应将儿童带到大自然中，并保持儿童与大自然固有的联系，从创设户外教室环境开始，通过感官体验活动促进儿童有意义地与大自然联系。要使生态文明的观念从新奇感转变为永久性，要在儿童的生命中恢复健康、自然的平衡，还有许多工作要做。所有人都有责任提供机会来推动这一发展，使儿童与自然重新联系，使人类与自然的关系恢复。

（本章作者　宫盛花）